길을 떠나니 길이 보였다

이현정·김옥희의 짐바브웨 시니어 선교 이야기

| 이현정 지음 |

쿰란출판사

길을 떠나니
길이 보였다

추천사

 이현정(사무엘) 선교사님은 대학생성경읽기선교회(UBF)에서 40년 간 성공적으로 사역했습니다. 주된 사역은 대학생들을 양육하여 제자로 키우고, 전문인 선교사로 파송하는 것이었습니다. 이 선교사님은 본국 사역 동안 26년간 세계선교 부장직도 겸하여 섬기며, 전문인 자비량 선교사 양성과 파송, 1,500명의 파송된 선교사를 지원하는 일을 했습니다. 저는 이 선교회의 대표로서 이현정 선교사님과 28년간 동역을 했습니다. 이 선교사님은 본국 사역에서 은퇴하시고 아프리카 남단에 있는 짐바브웨에서 시니어 전문인 선교사로서 7년간 섬겼고, 지금은 일선에 있는 선교사님들이 한국에 오시면 초대하여 영육 간의 쉼과 재충전을 돕는 축령산 리트릿홈 사역을 섬기고 계십니다.

 이 책에서 이 선교사님은 자신의 사역을 자세하고 흥미롭게 기록하였습니다. 이 선교사님은 짐바브웨 국립대학교에서 7년간 한국어 방문 교수로서 섬겼습니다. 한국어가 인기가 있어서 지원자가 너무 많아 광고를 붙인 지 3일 만에 등록자 200명에서 마감을 했다고 합니다. 그리고 매년 200명 정도 참석을 하였다고 합니다. 이 선교사님 부부는 마음을 다하여 한국어를 가르쳐서 많은 학생들이 계속해서 모였습니다. 그중 원하는 학생들에게 일대일로 성경을 가르쳤고, 상당수의 학생들이 주일 예배에 참석하게 되었습니다. 그 결과 많은 학생들이 복음을 영접하는 성령의 역사가 있었습니다. 그 가운데 두 명은 다른 나라에 선교사로 파송되는 역사도 있었습니다. 저자는 짐바브웨 국립대학에서 한 사역뿐만 아니라 짐바브웨 나라와 자연에 대해 매우 흥미롭게 소개하고 있습니다.

이 책에서 저자는 어떻게 하나님께서 사역을 인도하셨는가를 중점적으로 기록하였습니다. 그의 사역을 마치 비디오를 보듯이 생생하게 기록하였습니다. 그가 직접 체험해서 나온 기록이므로 생동감 있고 은혜롭게 기록하였습니다. 이 책은 아프리카나 미전도국 선교사로 가시려는 분이나 선교에 관심이 있는 분들에게 매우 도움이 될 것입니다.

한국의 장기 선교사 파송이 2019년에는 28,089명이나 되었습니다. 그러나 2020년부터 코로나 팬데믹의 영향으로 한국 교회나 선교단체에서 파송했던 선교사 수가 5,800명이나 줄어서 지금은 22,259명입니다. 그 후 코로나 문제가 해결되었는데도 파송된 선교사의 수가 답보 상태에 있습니다. 그리고 한국에서 파송된 장기선교사가 고령화되어 가는 추세입니다. 현재 파송된 선교사는 60대 이상이 29.36%나 되고 반면에 20대, 30대의 수는 6.9%밖에 되지 않습니다.

예수님께서 사역을 마치시고 유언과 같이 주신 명령이 무엇입니까? "또 이르시되 너희는 온 천하에 다니며 만민에게 복음을 전파하라."(막 16:15) 우리는 무엇보다도 예수님께서 가장 원하시는 세계선교 명령에 순종해야겠습니다. 앞으로 한국 교회가 20대, 30대 선교사를 많이 양성하여 파송하기를 원합니다.

우리는 이제 100세 시대에 살고 있습니다. 직장에서 은퇴하여도 육체적, 정신적, 영적으로 건강하고 활동적인 많은 시니어들이 한국 선교의 귀한 자원이기도 합니다. 시니어들의 장점은 풍부한 경험과 지혜가 축적되어 있다는 것입니다. 이런 시니어들이 이 선교사님과 같이 7년이나 10년간 선교 사역을 감당하는 것이 그들의 생애에도 매우 가치 있는 일이라고 생각됩니다.

결론적으로 이현정 선교사님 부부처럼 많은 시니어 선교사님들이 선교 일선에 나갈 수 있길 바랍니다. 한국 교계에서 20대, 30대 선교사를 더 적극적으로 양성하여 주님의 선교 명령에 순종할 수 있길 원합니다.

전요한
(대학생성경읽기선교회 전 세계대표)

추천사

이 책은 이현정 선교사가 UBF 한국대표로서 대학생 선교 및 한국 교회 연합 사역을 마치고, 시니어(실버) 선교사로 아프리카로 향한 저자의 용기가 배어 있는 책입니다. 이 목사님은 "길을 떠나니 길이 보였다"고 고백합니다. 백 년 후에 일어날 열매를 바라보며 짐바브웨라는 생소한 나라에서 한 그루의 사과나무를 심듯, 짐바브웨 국립대학교 학생들에게 복음의 씨를 심은 그의 열정에 감동이 됩니다. 무가베 대통령이 망친 나라로 엄청난 인플레이션으로 국민이 도탄에 빠지고, 치안 문제로 밤이면 보안경보장치를 켜고 긴장 가운데 잠을 자야 하는 나라임을 일주일간 짐바브웨를 방문하여 체험한 나로서는 이 목사님의 '매혹의 땅, 사랑스러운 사람들'이란 표현이 이해가 안 되었습니다. 그는 정말로 예수님의 심장으로 그곳에 갔고, 세상 사람들의 눈이 아닌 예수님의 사랑의 눈으로 보니 그렇게 그 땅이 아름다웠으리라 생각합니다.

시니어 선교사로 그곳을 향해 갔기에 현지 적응에 더 어려움이 있었을 텐데, 그가 사역한 대학교를 방문하고 그의 집을 찾았을 때 먼지가 뽀얗게 덮인 뽕나무의 오디를 따먹던 기억이 내게 새로웠고, 오랜 시절 영국인들이 식민지 땅 짐바브웨(당시는 로디지아)에 심은 보라색 자카란다 꽃이 너무 아름다워 대조를 이루었습니다. 이현정 선교사님은 다소 과묵했던 분이었는데 이곳에서 무언가 재미가 붙었는지, 캠퍼스 사역을 소개하고 다소 유머를 섞어가며 살아가는 진솔한 얘기를 하며 들었던 커피 한 잔의 기억이 잊혀지지 않습니다. 따라서 이 책은 재미있는 그의 간증 이야기와 자비량 선교사로 살아갔던 소소한 이야기가 어우러져, 마치 독자들이 아프리카 한 현장에 와 있는 기분을 갖게 할 것입니다. 그의 책을 읽다 보면 선교사가 이렇게 재미있을 수 있으며, 늦은 은퇴 나이에 떠난 그의 모험적 결단이 인생을 더욱 값지게 한 것이 아닌가 생각됩니다.

특히 명예 은퇴를 한 젊은 시니어들에게 이 책은 좋은 길라잡이가 될 수도 있겠습니다. 그리고 교회 후원이 보장되지 않은 가운데서도, 즉 자비량 선교사로서 홀가분히 떠나는 그의 용기 있는 간증은 많은 시니어들에게 깊은 도전이 될 수 있을 것입니다.

선교는 그리스도인 누구나 해야 하지만 아무나 할 수 있는 게 아니듯, 선교는 사랑처럼 쉬운 게 아닙니다. 누가 쉽다고 하는가? 그러나 이 책은 선교와 사랑이 쉽게 내 생애 속에서 이루어질 수 있다는 비결의 실마리를 주고 있다고 생각합니다. 나는 그의 한국 내 사역을 지근거리에서 보아왔고, 그의 자비량 선교 학위 논문을 읽고 추천하였는데, 그의 짐바브웨 사역 현장을 방문한 기억을 더듬으며 이 책을 읽으니 더욱 재미있어 많은 성도들에게 일독을 강력히 권하는 바입니다.

한정국
[선교사색가, 한국세계선교협의회(KWMA) 전 사무총장]

추천사

이현정 선교사님의 저서 《길을 떠나니 길이 보였다》는 은퇴 후 삶의 의미와 선교적 비전에 대한 학술적·실천적 통찰을 제시하는 탁월한 작품으로 평가됩니다. 본 저서는 은퇴를 앞둔 기독교 신자들에게 은퇴가 단순한 사역 종료가 아니라 새로운 사역적 전환점이 될 수 있음을 생생하게 전달하며, 특히 평신도 자비량 선교의 가능성과 비전을 강력히 제시하고 있습니다.

두 분 선교사님은 60대 후반이라는 인생의 전환점에서 본국 사역을 은퇴한 이후 아프리카 짐바브웨로 떠나, 짐바브웨 국립대학교에 한국어 과정을 개설하고 현지 학생들에게 복음을 전파하는 사역을 통해 지역사회의 변화를 이끌어내셨습니다. 특히 두 분은 복음 전파에 그치지 않고, 현지 청년들에게 꿈과 비전을 심어주어 이들이 국가와 세계를 섬기는 지도자로 성장할 수 있도록 돕는 장기적이고 지속 가능한 사역 모델을 구현하셨습니다.

이 책은 은퇴 이후의 사역을 준비하는 기독교인들에게 하나의 실질적이고 모범적인 사례를 제공하며, 은퇴 후에도 하나님께 헌신할 때 삶이 얼마나 풍성해질 수 있는지를 구체적인 사례를 통해 입증합니다. 선교사님들의 사역은 단순한 복음 전파를 넘어선 지역사회와 개인의 삶의 질적 향상이라는 실천적 선교학의 구현으로 평가될 수 있습니다.

또한, 두 분은 평신도 자비량 선교사로서의 활동을 마친 이후, 본국에 귀환하여 축령산 리트릿홈 사역을 통해 지친 선교사들과 사역자들에게 쉼과 재충전의 공간을 제공하고 계십니다. 이는 사역의 지속 가능성과 영적 재생산을 도모하는 의미 있는 사역으로, 전 세대에 걸쳐 깊은 도전과 영감을 주고 있습니다.

이 저서는 은퇴 후 사역에 대한 새로운 비전을 모색하는 모든 기독교인들, 특히 선교에 관심 있는 이들에게 반드시 읽혀져야 할 필독서입니다. 본 저서가 독자들에게 감동을 줄 뿐만 아니라, 신앙의 실천적 도전을 제시하고 나아가 선교적 사명을 재확인하도록 돕는 귀중한 자료가 되리라 확신합니다.

정준기

[광신대학교 경건신학연구소 수석연구원,
국제학술지 *Pharos Journal of Theology*(Scopus Q1 Journal) 편집이사]

추천사

　이현정 선교사! 누가 이 사람이 크리스천이 되고, 성직자가 되고, 선교사가 되어 일생을 주님에게 드릴 사람이라 생각했겠습니까? 이 책은 이현정 선교사님의 삶이 인생에서 누구를 만남으로 인해 결정되는지를 보여주는 자전적 고백입니다. 무신론자로 태어나 대학생 때 영어 공부하려고 외국 선교사님을 만났고, 그때 예수님을 만났으며, 이후 은행에서의 안정적인 직업을 포기하고 주님을 따르기로, 자신의 삶을 주님께 드리기로 결정하였으며, 이후 인생의 마지막 70대를 시니어 선교사로 주님에게 드린 아프리카 순례 여정을 기록한 글입니다.

　이현정 선교사님은 삶의 목적을 주님께 두었고, 이후 자신의 삶 전체를 주님께 헌신한 분입니다. 선교사님의 사역 모토는 주변의 젊은이들이 예수님을 만나도록 하는 것이고, 예수님을 닮은 제자들이 많이 일어나도록 하는 것, 그래서 하나님의 나라가 확장되고 하나님께서 영광을 받으시도록 하는 것이 이 책의 이곳저곳에 녹아 있습니다.

　이현정 선교사님 나이 68세, 사모님 나이 63세에 국내 상황 속에서 은퇴 이후에 소극적으로 편하게 사는 대신에 주님이 주신 마음으로 아프리카 선교에 도전을 하였습니다. 짐바브웨로 가셔서 국립대학교에 한국어 과정을 개설하여 가르치며 복음을 전하여 제자를 만드는 사역을 하였는데, 눈에는 아무것도 안 보이는 일이지만 기도하면서 길을 하나씩 만들어 가셨습니다. 저자의 삶의 철학을 다른 말로 표현하면 "길을 떠나니 길이 보였습니다"라고 하겠습니다. 이현정 선교사님의 사역 철학은 또 한 사람의 영혼을 귀하게 생각하시고 그를 위해 내가 갖고 있는 모든 것을 투자해서 영혼을 구한다는 것입니다. 이 책을 통과하는 큰 흐름 중 하나는 그가 만나는 학생들과 일대일 성경공부를 하였고, 그들과 개인적이고 인격적인 교제를 한 것입니다. 그 열매 중 두드러진 사람이 아폴로니아와 치쿠라입니다. 이들의 간증은 감동적입니다.

다른 하나는 이 선교사님의 도전 정신입니다. 그는 은퇴 이후에 삶을 사는 그리스도인에게 외칩니다. "믿음으로 떠나라! 그러면 하나님이 길을 보여주신다." 그는 자기 백성에게는 예비하신 길이 있음을 믿으라고 도전하고 있습니다. 무모하게 보이는 일이지만 믿음으로 도전했을 때 하나님께서 그를 위해 길을 내셨고, 귀하게 사용하셨습니다. 그리고 지금은 모든 젊은 은퇴자들에게 '나를 보라!'고 외치는 신앙 고백적 책을 저술하신 것입니다.

이 책의 내용은 매일 일기를 쓰지 않았다면 디테일과 내용이 없는 무미건조한 책이 될 뻔하였는데 저자가 매일 만나는 일상을 기록함으로써 그 귀한 삶이 세상에 선보이게 된 것입니다. 이 책은 그의 선교 사역 일기요, 사람을 세우는 선교 철학을 보여주는 선교 서신입니다. 은퇴하신 성도들은 이 책을 꼭 읽어보시기 바랍니다. 주님이 보여주시는 도전을 외면하지 마십시오! 캠퍼스에서 사역하신 여러분의 제자 양육 경험을 다시 꽃피우세요! 이 책을 읽는 독자들에게 성령님의 도우심이 함께하시기를 바랍니다.

강대흥
[GMS 순회선교사, 한국세계선교협의회(KWMA) 사무총장]

추천사

이현정(사무엘) 선교사님의 책 《길을 떠나니 길이 보였다》를 읽으면서 마치 한 편의 영화를 보는 것 같은 느낌을 받았습니다. 첫 장면으로 흑백 영상이 나오다가 잠시 후 컬러 영상이 나오면서 선교사님의 60년 사역이 과거와 현재를 넘나들면서 파노라마처럼 펼쳐지는 것 같았습니다.

선교사님의 생애는 격동의 한국사와 맞물려 있기도 하고, 부흥과 시련기의 UBF 역사와 맞물려 있기도 합니다. 가난한 시골 소년이 치열한 노력 끝에 당시 선망의 직업인 은행원이 되는 성공(?)을 일구었습니다. 그러나 예수님을 만나고, 주님께서 부어주신 거룩한 열정 때문에 이를 과감하게 내려놓고 험난한 주의 종의 길을 선택했습니다.

전주에서 서울로, 광주로, 다시 서울의 여러 지부로, 그리고 아프리카로 여러 차례 사역지를 옮기며 헌신하셨습니다. 젊은 날 그 가슴에 새겨진 뜨거운 비전과 열정이 선교사님의 인생을 종횡무진 전 세계를 누비게 하였습니다.

저의 기억에 선교사님은 세계선교 보고 대회 때마다 고 이사무엘 선교사님의 우렁찬 메시지를 명쾌하게 통역하시던 모습입니다. 본부 선교부장으로서 수많은 선교사들을 파송할 때 김포공항에서 파송기도모임을 인도하시던 모습이었습니다. 그러나 이 책에는 예수님을 배우고 한 영혼을 섬기고자 고뇌하며 몸부림치셨던 목자로서의 내적인 투쟁과 헌신들이 고스란히 기록되어 있어서 깊은 감명을 받았습니다.

선교사님은 국내와 선교지에서 복음 역사를 섬기시면서도 학자적인 식견과 역사적인 안목을 가지고 우리의 장래를 고민하시고 구체적인 시도들을 하셨습니다. 전문인 선교의 이론과 실제를 연구하여 《평신도 전문인 자비량 선교》라는 책을 출판한 것, 68세에 짐바브웨에 나아가 시니어 선교사로서 헌신한 것, 선교사님들을 위한 영육간의 쉼과 재충전을 위한 축령산 리트릿홈을 만들어 섬기고 계시는 것 등이 그 대표적인 사례들입니다. 그러므로 이 책은 후배들이 앞으로 어떤 비전과 역사의식을 가지고 복음 역사를 섬겨야 하는가에 대한 좋은 조언이 됩니다. 척박한 현실 속에서 캠퍼스 선교와 전문인 세계선교의 역사를 일구어내신 1세대 개척자로서 이 생생한 증언들이 다음 세대들에게 큰 교훈과 도전이 되리라 믿습니다.

또한 김옥희(안나) 사모 선교사님의 단상들은 한 여인이 캠퍼스 사명을 영접하고 내조하면서 겪었던 내적 갈등과 환희, 신앙적 해답들을 솔직하면서도 설득력 있게 전달해 주고 있습니다. 이는 말 없이 주의 종의 동역자로 살아가는 이 땅의 많은 믿음의 여인들에게 큰 위로요, 멘토링이 될 것입니다.

김느헤미야(재흥)
[대학생성경읽기선교회(UBF) 한국대표]

인생의 길이 바뀌었습니다

〈1〉

J은행 서대문 지점장실, 나는 S지점장 앞에 서 있었다.
S지점장은 내게 버럭 화를 내며 한 마디를 내뱉었다.
"J은행 은행원이 무슨 헌 고무신짝이나 된다는 말이오?"
나는 정색을 하고 지점장께 대답했다.
"지점장님, 그런 뜻이 아닙니다. 오랫동안 심사숙고하여 내린 결정입니다."
"그럼, 왜 사직서를 내민 것이오?"
"저의 인생의 길이 바뀌었습니다."
"이현정 씨, 아직 젊으니 여러 가지 생각을 할 수는 있소. 내가 이해하오. 하지만 이는 결코 가볍게 생각할 문제가 아니요. 매우 중요한 문제요. 어쨌든 좀 더 생각할 시간을 주겠소."

이후 몇 주가 지났다.
나는 다시 지점장실을 노크했다.
"지점장님, 그동안 베풀어주신 호의에 감사드립니다. 저의 결정은 변함이 없습니다. 사직서를 수리해주십시오."

"정 그렇다면 알았소. 행운을 비오."

나는 이렇게 경영학을 전공한 대학을 졸업하고 들어갔던 첫 번째며 마지막이 된 회사 J은행을 사직했다.

군 복무 기간을 포함하면 J은행에서 일한 지 만 5년이 된 때였다.

은행에 사직서를 낸 때는 내 나이 28세(당시의 한국 나이)였다.

당시 나는 몇 달 동안 마음에 이런 중압감을 느끼며 고민하고 있었다.

"나이 30이 되기 전에 내가 평생 무엇을 하면서 살 것인가? 어디에 내 인생을 올인할 것인가를 결정해야 한다."

은행원은 안정된 직업이긴 했으나 나의 전 생애를 바쳐야 하는가 확신이 서지 않았다. 높은 경쟁률의 공채시험을 통과해서 힘들게 들어온 직장이고, 젊은이들이 선망하는 직장인데 그만둔다는 것도 쉽지는 않은 일이었다.

그런데 나는 당시 5년 만에 사라 배리 선교사한테 일대일로 창세기 말씀을 배우고 있었다.

그동안 하나님을 떠나서 방황했던 나의 영혼은 마치 스펀지가 물을 빨아들이듯 하나님의 말씀을 빨아들였다.

창세기 공부를 통해서 내 인생의 존재 의미와 목적이 창조주이신 하나님께 영광을 돌리는 데 있음을 알게 되었다. 동시에 나를 창조하신 하나님께서 선하신 계획과 섭리 안에서 나의 인생을 인도하고

계신다는 것을 믿게 되었다.

그리고 하나님의 무한한 사랑과 축복을 받았으면서도 금지된 선악과를 따먹는 죄를 짓고 나무 사이에 숨어 있는 아담을 찾아와 그 이름을 부르시는 하나님의 음성을 듣게 되었다. "아담아, 네가 어디 있느냐?"(창 3:9) 나는 그동안 하나님의 품을 떠나 방황하며 온갖 죄악에 빠져 살았던 지난날의 죄들을 눈물로 회개하고 하나님의 사랑의 품에 안기게 되었다.

그리고 창세기 12장을 공부할 때, 아브람을 향한 하나님의 부르심을 곧 나를 향한 부르심으로 영접하게 되었다.

> "여호와께서 아브람에게 이르시되 너는 고향과 친척과 아버지의 집을 떠나 내가 네게 보여줄 땅으로 가라. 내가 너로 큰 민족을 이루고 네게 복을 주어 네 이름을 창대하게 하리니 너는 복이 될지라."(창 12:1, 2)

신기한 일이었다. 이는 성령님의 강권적인 일하심이라고밖에는 설명할 길이 없다.

나는 은행에 사직서를 냈다.

그리고 대학생 선교사역 전임사역자가 되었다.

인생의 길이 바뀐 것이다.

〈2〉

성탄절을 며칠 앞둔 어느 날이었다.
대학 1학년을 마친 내게 첫 겨울 방학이 시작되었다.
나는 학교 게시판에서 한 광고를 보게 되었다.
"영어 회화 및 영어 성경 공부
강사는 미스 사라 배리 미국 선교사
장소는 중부교회 예배당
수강료는 무료"

이 광고는 긴 겨울 방학 동안 뭘 하며 지낼까 고심하고 있던 나의 눈을 번쩍 뜨게 만들었다.
나의 친족 중에 기독교인은 한 사람도 없었고, 성경을 접해보지도 못했던 나였지만 원어민에게 영어 회화를 공부한다는 것에 마음이 강하게 끌렸던 것이다.
당시는 원어민을 만나는 것조차 쉽지 않은 때였다.
나는 시내에 있는 중부교회를 찾아갔다.
열댓 명의 대학생들이 모였고, 당시 33살의 밝고, 유머가 많고, 영화배우처럼 아름다운 사라 배리 선교사는 재미있게 영어 회화와 성경을 가르쳤다.
한국말도 꽤 잘하셨다.
어느 날 사라 선교사는 우리를 자기 집에 초대한다고 했다.

프롤로그

당시 미국 선교사들은 시 외곽에 서양식으로 집을 짓고 살면서 밖에 나와서 선교 활동을 하고 있었다. 치안이나 위생시설이 너무나 열악했기 때문이었을 것이다. 나는 그런 미국 사람의 집을 상상하며 조금은 들떠 있었다.

그런데 사라 선교사가 우리를 데려간 집은 연탄을 때는 작은 단칸 온돌방이었다.

살림살이는 모포 한 장과 몇 권의 책이 전부였다.

나는 큰 충격을 받았다.

그리고 한 가지 질문이 내 마음을 떠나지 않았다.

"이렇게 아름답고 발랄한 미국인 처녀가 전해주고자 하는 그 예수가 과연 누구시기에 머나먼 한국 땅까지 와서 이렇게 살면서 애를 쓴단 말인가? 그러면서도 이렇게 밝고 행복하단 말인가?"

이후로 나는 마음을 열고 진지한 마음으로 성경공부에 임했다.

성령님께서는 요한복음 3장 16절 말씀으로 나를 찾아오셨다.

"하나님이 세상을 이처럼 사랑하사 독생자를 주셨으니 이는 그를 믿는 자마다 멸망하지 않고 영생을 얻게 하려 하심이니라."

나는 창조주 하나님을 알지 못하고 온갖 죄를 지으며 살아온 죄인이라는 것, 그래서 참 행복을 맛보지 못하고 살고 있으며 결국은 멸망할 운명임을 알게 되었다. 그리고 십자가에 못 박혀 죽으시고 부활하신 하나님의 독생자 예수 그리스도가 나의 구주임을 영접하게 되었다. 이는 성령님의 역사로 베풀어주신 놀라운 은혜였다.

80대가 된 지금도 생각해보면, 이 일은 내 인생에 임한 가장 큰 복이다.

나는 후에 내가 학교 게시판에 붙은 광고를 보게 된 것, 사라 배리 선교사를 만난 것도 우연이 아니었음을 알게 되었다. 이 모든 일이 하나님의 선하신 섭리와 주권 가운데 일어난 것임을 믿게 되었다.

그 방학이 끝나자 사라 배리 선교사는 광주로 돌아갔고, 마지막까지 남았던 학생들 중에서 네 명의 형제들이 의기투합이 되었다. 우리는 3월 초부터 캠퍼스에서 기도 모임을 시작했다.

임병선, 장창식, 강영용, 그리고 나.

이 소식이 사라 배리 선교사를 통해서 광주에 있는 선교회 본부에 전해졌다. 그리하여 우리는 일 년에 서너 차례, 곧 부활절, 여름 수양회, 가을 수양회, 성탄절마다 광주 본부의 초청을 받았다.

내가 몸 담게 된 선교회는 1961년 9월에 전라남도 광주에서 시작되었다.

1960년의 4.19 학생혁명과 1961년의 5.16 군사 쿠데타가 있었던 한국 근대사의 격동기였다. 이 선교회의 탄생은 이런 시대적인 상황과 무관하지 않은 하나님의 섭리였다고 생각한다.

광주에 가서 보니 학생들의 눈들은 이글거리는 숯불처럼 타오르

프롤로그

고 있었다. 그들의 가슴은 뜨거웠다. 이들은 어려운 시대 상황에서 하나님의 말씀을 통해 개인의 길과 희망, 그리고 조국의 희망을 찾은 것 같았다. 여기에서 평생의 신앙의 친구요 사역의 동지가 된 전창선(요한), 정규해(요셉), 김관옥(모세), 이남균(여호수아), 최정한(에스더), 김선지(사라), 이낙승(다니엘) 등 많은 학생들을 만날 수 있었다.

당시 그들은 모임이 있을 때마다 이런 선서문을 외치고 있었다.

"하나. 우리는 주 예수 그리스도의 십자군이다. 진리의 말씀을 옳게 분변하여 기독교 인생관을 확립한다.

하나. 우리는 주 예수 그리스도의 십자군이다. 하나님의 영광과 조국을 위해 자진 그리스도의 고난에 동참한다."

후에 두 번째 선서문의 "하나님의 영광과 조국을 위해"는 "성서한국과 세계선교를 위해"로 바뀌었다.

이들을 만난 후 나의 가슴도 뜨겁게 달아올랐다. 이후로 남은 3년 동안 나는 하나의 슬로건을 붙들고 캠퍼스 복음 운동에 젊음과 열정을 쏟아부었다. "이 나라의 희망은 내일의 지도자들이 될 오늘의 대학생들이 진리의 말씀으로 변화되는 데 있다."

당시 이 모임에 참여했던 학생들의 열정은 지금 생각해도 정말 대단했다.

캠퍼스에서 기도 모임을 시작했던 우리 네 사람은 졸업 후에 각기 다른 모양으로 하나님께 쓰임을 받았지만 모두 목회자, 선교사가 되어 하나님께 헌신하게 되었다. 지금까지도 평생을 하나님의 나라와 복음을 위한 방향 가운데 살고 있다. 두 사람은 미국에, 나는 한국에 살고 있다. 임 목사는 3년 전에 하나님의 부름을 받았다. 우리는 현재도 '믿음의 동지'라는 이름의 단톡방을 통해서 만나고 있다.

나는 대학 4학년 1학기에 졸업에 필요한 학점을 모두 이수했다. 그러므로 마지막 한 학기는 수업을 듣지 않아도 졸업을 할 수 있게 되었다. 나는 전공 책들을 노끈으로 묶어서 창고에 던졌다. 그리고 여름방학이 막 시작되었을 때, 선교회 책임자를 만나기 위해서 서울로 올라갔다.

몇 년 사이에 이 학생복음운동이 광주에서부터 전주와 대구와 대전으로 번져나가는 것을 본 두 공동설립자들은 이제 서울에 있는 대학들을 개척하기 위해서 서울로 올라왔다. 그리고 당시 서울대학교가 위치했던 종로구 동숭동에 조그만 셋집을 얻어 개척역사를 섬기고 있었다.

나는 이창우 대표를 만나 단도직입적으로 말했다.

"대표님, 저는 졸업학점을 모두 마쳤습니다. 이제부터 우리 모임의 전임사역자가 되어 대학생복음운동에 저의 생애를 쏟아부으려 합니다."

뜻밖의 말을 들은 이창우 대표는 조금 놀란 듯 보였다. 그리고 곰곰이 생각하더니 이렇게 대답했다.

"이현정 형제, 그 문제에 대해서는 좀 시간을 두고 천천히 생각해 봅시다."

프롤로그

완곡한 거절의 답이었다.

지금 돌이켜 봐도 책임자의 입장에서는 나의 갑작스런 제안이 매우 난감했을 것이다. 아직 예수님도 잘 모르는 내가 열정과 젊음의 패기 하나로 쉽게 인생의 길을 결정한 것처럼 보였을 것이다. 또한 이 젊은 청년의 장래와 일생을 책임질 수도 없는 노릇이었을 것이다.

하지만 나의 입장에서는 적지 않은 실망이었다. 나는 속으로 생각했다.

"아니, 캠퍼스복음운동을 위해서 내 한 몸과 일생을 바치겠다는 엄청난 결단을 했는데…. 시골에서 평생을 농부로 살면서 나에게 모든 희망을 걸고 계시는 부모님들의 기대까지도 희생하고 이 결단을 했는데…. 이 대표님이 나의 이런 결단을 몰라주는구먼. 지난 3년 동안 캠퍼스 전도와 대학생복음운동에 거의 올인하다시피 살아왔는데 이럴 수가 있는가?"

나는 맥없이 전주로 내려와서 창고에 던져 넣었던 전공 책들을 모두 꺼내어 짐을 쌌다.

나는 고향으로 내려갔다.

부활하신 예수님을 만났으나 예수님이 떠나신 후 믿음이 없었던 시몬 베드로가 맥없이 고향 갈릴리로 내려가 창고에서 먼지 낀 그물을 끄집어내었던 것처럼….

그동안 대학생복음운동에 빠져서 살았는데 막막하기도 했고, 조급한 마음도 들었다.

〈3〉

나는 고등학생 때까지도 전기가 들어오지 않은 덕유산 줄기 아래 있는 시골에서 농부의 아들로 태어났다. 두 살 때 해방이 되었으니 일제강점기 말이었다. 하지만 일제강점기 때의 기억은 없다.

어릴 때는 동네 꼬마들과 함께 그저 산과 들과 개울가로 뛰어다니며 즐겁게 놀았던 기억이 생생하다. 진달래 꽃을 따먹고, 찔레도 꺾어 먹었다. 칡뿌리도 캐서 먹었다. 개울에서 붕어와 가재를 잡았다. 가을이면 산에서 머루와 다래를 따 먹었다.

일곱 살 때 6.25 한국전쟁이 터졌다. 온 마을 사람들과 함께 나무 숲으로 덮인 덕유산 깊은 계곡에서 얼마간 살았던 기억이 난다. 3년 후에 휴전이 되었다. 전쟁 후에는 먹을 것이 없었다. 풀뿌리를 캐어 먹고, 소나무껍질을 벗겨서 속살을 먹었던 기억이 난다. 말 그대로 초근목피를 먹었던 시절이 있었다.

초등학생이 되어서는 2킬로미터를 걸어서 학교를 다녔다. 학교에서 돌아온 후에는 소를 몰고 이곳저곳을 다니며 풀을 뜯기는 '소 밥 먹이기'가 나의 임무였다.

중학생이었던 어느 날, 그날도 나는 소 밥 먹이기를 하던 중이었다. 나는 소들이 자유롭게 풀을 뜯어 먹도록 놔두고, 야산 등성이에 드러누워 뭉게구름이 떠다니는 푸른 하늘을 바라보았다.

그때 나는 "저 푸른 하늘, 아니 이 아름다운 자연과 사람, 이 땅이 어떻게 존재하게 되었을까?" "나는 누구이며, 어디에서 와서 어

프롤로그

디로 가는 것일까?" "나의 앞날은 어떻게 전개될까?" 아련히 공상을 하곤 했었다.

나는 성직자라는 직업(?)을 좋아하지 않았다. 세속적인 성공에 대한 집념으로 꽉 차 있었기 때문이었을 것이다. 내가 크리스천이 되고, 목회자가 되고, 아프리카 시니어 선교사가 되리라는 것은 나의 상상 리스트에 아예 없었던 것이다. 정말 우리의 아버지 하나님은 신비롭고 신기한 일을 내 인생에 행하셨다. 사도 바울이 고백했듯이 모든 것이 하나님의 은혜다.

나의 고향 마을에서 두어 시간 정도 걸어가면 덕유산 자락에 작은 사찰이 하나 있었다. 이 사찰의 주지는 가족이 있는 대처승이었다. 주지 스님에게 세 아들이 있었는데, 그 막내가 나와 또래이고 친구였다. 그런데 그는 일자리를 찾아 고향을 떠나고 집에 없었다. 또한 이 사찰은 행정구역상 우리 동네에 속했기 때문에 우리 부모님들과 이 사찰의 가족들이 평소에 잘 알고 지내던 사이였다.

나는 한 짐의 책을 짊어지고 이 사찰로 올라가서 취직시험 준비를 위해서 머물 것을 부탁했다. 주지 스님인 내 친구의 아버지는 따로 여유 있는 방이 없으니 부처상을 모셔놓은 불당에 기거하라고 했다. 나는 부처상 아래 좁은 공간에 기거하면서 몇 달 동안 취직시험 준비에 몰두하였다.

〈4〉

내가 은행에 사직서를 낼 때, 나는 미국에 유학생 선교사로 나아가서 박사학위도 받고 선교도 하고 싶은 꿈이 있었다. 그래서 우리 모임에서 최초의 미국 선교사 후보생이 되어 김바울, 이영옥 다른 두 선교 후보와 함께 선교사 훈련을 받게 되었다.

이 과정에서 나는 평생의 신앙의 동지요 친구가 된 아내 김옥희를 만났다. 그녀는 국립의료원에서 일하고 있는 간호사였다.

그해 6월에 팀 수양관에서 여름수양회 준비를 위한 스태프 수양회가 열렸다.

수양회 도중에 나는 광주지부에 전임사역자로 파송을 받았다.

김옥희와 나는 결혼을 하였다.

이후 종로본부에서 광주, 종로5부, 한양지부 개척, 종로3부, 한양지부로 옮겨가며 한국에서 40년을 대학생성경읽기선교회에서 전임사역자로 쓰임 받았고, 마지막 6년은 본 선교회의 한국 대표로 쓰임 받았다.

한국에서의 전임사역자로서 은퇴를 하게 되었을 때,

하나님은 저와 아내를 아프리카 짐바브웨의 시니어 선교사로 부르셨다.

아프리카로 떠날 때 내 나이 68세, 아내의 나이 63세였다.

이는 인생 제3막의 열림이었다.

예수님을 알지 못하고 살았던 20년의 제1막,
예수님을 만난 후 48년의 제2막,
아프리카 시니어 선교사의 제3막.

이 책에 담긴 글들은
나와 아내의 인생 제3막 동안에 썼던 글들 중에서
뽑은 것들이다.
나와 아내에게 아프리카에서의 시니어 선교사의 삶은
하루하루가 감격이요 설렘이었다.
나와 아내는 성령님께서 우리의 삶을 어떻게 인도하시고
어떤 은혜를 베푸시고
하나님의 선교역사에 어떻게 사용하시는가를
틈나는 대로 기록했다.

이 글들을 다섯 개의 주제로 나눠봤다.
제1부, 길을 떠나니 길이 보였다.
제2부, 백 년 후를 바라보며
제3부, 매혹의 땅, 사랑스러운 사람들
제4부, 이름 없는 선교의 영웅들
제5부, 김옥희의 단상들

부끄러운 글들이지만

생생한 체험을 기록한 이 글들을
아프리카 선교를 위한 기도와 함께
책으로 묶어 펴냄으로써
세계선교를 위해 기도하시는 분들,
은퇴 후의 삶, 특히 시니어 선교에 관심이 있는 분들과 함께 나누고,
또 현직에서 은퇴를 했거나 은퇴를 앞두고 있는 분들에게
은퇴 후에도 어떻게 새로운 인생을 사는 복을 누릴 수 있는가
하나의 예가 될 수 있을 것이라고
권고하는 분들이 있어서
용기를 냈다.
스위스의 개혁신학자 에밀 브루너(Emil Brunner, 1889-1966)가
"불이 타오름으로 존재하듯이 교회는 선교함으로 존재한다."
(The Church exists by mission, just as fire exists by burning.)고 말했듯이
선교는 교회와 신자의 존재 이유 중 하나이니 말이다.

모든 것은 주님께서 행하셨습니다.
모든 영광은 주님의 것입니다.

차례

추천사   전요한[대학생성경읽기선교회 전 세계대표] • 4
　　　　한정국[선교사색가, 한국세계선교협의회(KWMA) 전 사무총장] • 7
　　　　정준기[광신대학교 경건신학연구소 수석연구원, 국제학술지
　　　　　　　Pharos Journal of Theology(Scopus Q1 Journal) 편집이사] • 9
　　　　강대흥[GMS 순회선교사, 한국세계선교협의회(KWMA) 사무총장] • 11
　　　　김느헤미야(재흥)[대학생성경읽기선교회(UBF) 한국대표] • 14

프롤로그 • 16

Part 1　길을 떠나니 길이 보였다

짐바브웨에 첫발을 딛다	36
짐바브웨에서의 첫 주일	40
문과대학장 마쉬리 박사를 만나다	44
짐대에 한국어 강좌가 개설되다	50
멋지고 아름다운 선택입니다	54
한국어 강좌 첫 수료식을 갖다	59
길을 떠나니 길이 보였다	67
소박한 열무 물냉면 파티	72
고대교회의 순교자들	78

Part 2 백 년 후를 바라보며

때가 찼고 하나님의 나라가 가까이 왔다	86
작은 자야, 네 죄 사함을 받았느니라	91
추수할 일꾼을 보내어 주소서	95
한 사람이 순종함으로	100
그로 말미암아 연단을 받은 자들은	107
예수님이라면 어떻게 하셨을까	112
무엇이 이들에게 해답인가	120
여름 성경수양회	128
백 년 후를 바라보며	133
치쿠라를 한국에 유학생 선교사로 파송하시다	138

Part 3 매혹의 땅, 사랑스러운 사람들

세계 3대 폭포 빅토리아	148
돔보샤와 돌산을 오르다	156
예쁜 얼굴을 보여준 키다리 선인장	163
사라스 자매들과 치베로 호수공원을 가다	167
고아들의 아버지, 우리들의 아버지	173
그 한 사람이 되게 하소서	178
벽난로의 장작불	185
이 나이에 테니스를	191

차례

Part 4 이름 없는 선교의 영웅들

선한 싸움을 싸우고 달려갈 길을 마쳤다	198
나미비아 심방 길을 여시다	204
체코와 폴란드의 개척선교사들	208
현지인 리더십이 세워진 영국 런던	214
새벽이슬 같은 주의 청년들이	218
데이빗 킴과 샘 어거스틴 선교사 이야기	223
꿈꾸는 자와 눈물로 씨를 뿌리는 자	229
인생은 건축이다	234
인생은 항해다	238
인생은 장거리 경주다	243
모든 것을 가르쳐 지키게 하라	249
우리의 사귐 – 독일 쾰른을 다시 방문하다	255
적은 무리여 무서워 말라	259
그의 영광을 나타내실 때에	264
너희는 왕 같은 제사장들이요	269
너희는 먼저 그의 나라를 구하라	273
오직 성경으로	278

Part 5   김옥희의 단상들

이 땅의 사람들에게 무엇이 필요한가?	284
목자, 선교사가 되는 것이란?	289
이 나이에 선교사? 그것도 아프리카에?	293
아름다운 짐바브웨	297
아름다운 공동체 만들기	301
성령님 따라 살기	305
시니어가 된다는 것	311
선교지에 내린 복	315
갱신 혹은 개혁이란	320
축령산 프라이빗 쉼터	324
나의 가족	329
나의 인생 이야기	335

제1부

길을 떠나니
길이 보였다

짐바브웨에 첫발을 딛다

하라레 공항에서 시내로 들어가는 길

아직은 무더위가 계속되고 있는 한여름 밤 9시, 인천국제공항 제1터미널에 많은 신앙의 동지들이 모였다. 내 나이 68세, 아내 나이 63세, 우리를 시니어 선교사로 아프리카 짐바브웨에 파송하기 위해서 모인 것이다. 하나님의 부르심을 받고 청년 시절과 장년 시절을 한국에서 대학생 복음전파와 제자양성 사역으로 섬기며 전문인 자비량 선교를 지원해온 나와 아내는 시니어 선교사로서 새로운 출발을 하게 되었다.

성령님께서 이끄시는 새로운 삶과 미지의 세계에 대한 기대와 설렘으로 마음이 벅차올랐다. 그런가 하면 우리의 새로운 출발을 축하하고 축복하면서도, 이 나이에 아무것도 결정된 것이 없는 가운데 아프리카로 떠나는 우리를 향한 염려와 아쉬운 작별 때문에 안타까워하는 신앙 동지들의 애잔한 눈빛이 나에게 묘한 감정을 일으켰다. 뜨거운 포옹과 악수로 마지막 인사를 나눈 후, 나와 아내 안나 선교사는 비행기에 올랐다. 나의 조국 대한민국 인천국제공항을 출발한 비행기는 4시간여 만에 홍콩 국제공항에 도착했다. 여기서 남아프리카공화국 비행기로 갈아타고 밤을 새워 다시 13시간을 날았다. 드디어 다음 날 새벽, 아프리카 남반부의 허브인 남아공 요하네스버그의 O. R. 탐보(Oliver Reginald Tambo) 국제공항에 도착했다. 밝고 눈부신 아침 해가 주님의 세계선교 명령을 붙들고 낯선 대륙까지 날아온 우리를 환영하는 듯, 공항 지평선 위로 힘차게 솟아오르고 있었다.

오전 10시 40분, 짐바브웨의 수도 하라레로 가는 남아공 비행기를 탔다. 마지막 비행기다. 우리는 그동안 아프리카의 다섯 나라, 남아공, 케냐, 우간다, 나이지리아, 잠비아를 방문할 기회가 있었다. 그러나 짐바브웨는 난생처음이다. 그리고 지금은 선교지 방문이 아니라 이 나라에 살며 선교를 하러 가는 것이다. "이 나라는 어떤 나라일까? 이 나라의 사람들은 어떤 사람들일까? 이 땅은 어떤 모습일까?" 모든 것이 궁금했다. 인터넷에서 찾아 복사한 짐바브웨 소개를 꺼내어 읽어봤다. 그러나 실감은 나지 않았다.

낮 12시 20분, 비행기가 드디어 짐바브웨의 수도 하라레의 로버트 가브리엘 무가베(Robert Gabriel Mugabe) 국제공항에 도착했다. 하라레의 국제공항은 우리나라 지방 공항보다도 작고 검소했다. 드디어 비행기 트랩을 내려와 땅을 밟았다. 짐바브웨 땅에 딛는 첫발이었다. 성령님의 보내심을 받아 선교의 사명을 붙들고 이 땅을 처음 밟으니 감개무량했다.

공항 입국 심사대 안에서 우리를 맞으러 온 이제임스 선교사를 만났다. 너무나 반가웠다. 뜨거운 악수로 서로를 환영했다. 이민국 심사대에서 한 사람당 20불씩 내고 여권에 한 달 여행비자 스탬프를 찍었다. 제임스 선교사의 안내로 큰 이민 가방 네 개와 두 개의 캐리어를 끌고 우리는 공항 입국장 밖으로 나왔다. 현지인 리더들인 올리버와 쉐퍼드 형제들이 우리를 기다리고 있었다. 우리는 서로 처음 만났다. 그런데도 이들은 우리를 반갑게 맞아줬다. 같은 주님을 믿고 섬기는 우리는 오랫동안 함께해온 사이처럼 친근하게 느껴졌다. 나라와 인종과 언어와 피부색은 달라도 한 주님을 믿고, 한 성령 안에서 사는 천국 백성들이 누리는 큰 복이다.

간단한 기도회를 마치고 제임스 선교사의 자동차에 짐을 싣고 공항을 떠났다. 공항에서 시내로 들어가는 2차선 도로 양옆으로 넓은 초원이 펼쳐 있다. 사방으로 둘러봐도 산은 보이지 않는다. 끝없는 평지다. 공항로의 큰 아치에 "짐바브웨, 1980년 독립"이라는 문구가 눈에 들어왔다. 30년이 지난 지금까지도 이 아치가 하라레로 들어오는 사람들을 맞고 있었다. 오랜 식민 통치로부터 독립하게 된 것이 이 땅의 백성들에게 얼마나 벅찬 감격이었을까를 생각하게 해주었다. 이 아치를 보고 지나면서, 나는 성령님께서 이 땅의 사람들이 예수 그리스도를 통해 진정한 해방을 받아 하나님 나라의 백성들이 되고, 이 땅에 하나님의 나라가 임하게 해주시도록 마음속으로 간절히 기도를 드렸다.

제임스 선교사가 내게 건네준 열쇠 꾸러미가 한 줌이다. 셋집은 몇 겹의 잠금장치로 되어 있다. 집을 둘러 사방으로 높은 담장이 있고, 담장 위에는 날카로운 유리 조각들이 박혀 있고, 전기가 흐르는 펜스가 둘러 있다. 해가 떨어지니 온 땅이 깜깜하고 조용했다. 여기가 아프리카라는 것이 조금 실감이 났다. 모든 것이 낯설었다. 낯선 아프리카 하늘 아래 짐바브웨의 수도 하라레의 어느 셋집이다. 인터넷도 안 되고, 전화도 안 된다. 모든 통신이 두절되었다. 매일 만나고 사랑하던 사람들과도 단절되었다. 우리 둘이 광야에 던져진 것 같은 느낌이었다. 동시에 모든 것이 멎은 것 같았다. 가슴이 먹먹했다. 묘한 감정이었다. 이런 감정이 오래가지는 않았지만, 이 나이에 오지 선교지에서 맛보는 첫 느낌이었다.

예수님의 유언적 지상명령이 우리를 여기까지 오게 했다.

> "그러므로 너희는 가서 모든 민족을 제자로 삼아 아버지와 아들과 성령의 이름으로 세례를 베풀고 내가 너희에게 분부한 모든 것을 가르쳐 지키게 하라. 볼지어다, 내가 세상 끝날까지 너희와 항상 함께 있으리라 하시니라."(마 28:19-20)

우리가 주님으로부터 받은 소명은 오지 선교지에서 예수님을 잘 배우고, 이곳에서 사역하고 있는 적은 무리의 선교사님들을 곁에서 돕는 것, 그리고 이곳 대학생들에게 주님의 말씀을 가르치고 믿어 순종케 함으로써 예수님을 닮은 제자들이 일어나도록 섬기는 일이다. 이로써 하나님의 나라가 이 땅에도 임하고, 하나님의 뜻이 이루어지며, 하나님께서 찬송과 경배를 받으시고 영광을 받으시는 것이다. 성령님께서 이 일을 이루시기 위해 우리 앞에 어떤 길을 준비하고 계실지 궁금하다. 그분이 하실 일이 기대된다. 안나 선교사와 나는 함께 기도를 드린 후, 짐바브웨에서의 첫 잠자리에 들었다.

짐바브웨에서의 첫 주일

짐바브웨UBF 예배 모습

짐바브웨에서 첫 주일이다. 오전 9시 40분쯤 제임스 선교사가 우리를 픽업하러 왔다. 대중교통이 발달하지 못한 이곳에서는 자동차가 없으면 다른 사람의 도움을 받아야만 이동을 할 수가 있다. 우리의 선교센터는 하라레시 알렉산드라 파크 21번지에 주택을 개조한 집이다. 앞마당은 축구를 할 수 있을 정도로 넓고, 40-50명 들어갈 수 있는 예배 홀, 작은 주방과 두 개의 욕실, 그리고 세 개의 방이 있다. 두 개의 방은 현지 학생들이 거주하고 있는 신앙캠프이고, 남은 하나는 게스트룸이다. 앞 담장 너머로 짐바브웨 국립대학교 캠퍼스가 보인다. 선교센터와 짐대(짐바브웨 국립대학교)는 도로 하나를 사이에 두고 마주 보고 있다. 캠퍼스 선교를 섬기기에는 최고로 적합한 위치다. 적은 수의 자비량 선교사들이 이 집을 매입하고 개조하여 주님께 헌당하느라 얼마나 큰 헌신을 했는가를 짐작할 수 있었다.

예배 시작 전에, 10시부터 30분 동안 현지인 리더들이 그들의 언어인 쇼나어로 찬양을 인도했다. 두 형제는 전통 악기인 기다란 북을 바닥에 세워 두 다리로 껴안고 열심히 두들겼다. 찬양은 자리에 앉아 조용하게 부르는 것이 아니었다. 모두가 일어서서 힘을 다해 찬송을 부름과 동시에 온몸으로 춤을 췄다. 매우 열정적이었다. 분위기가 달아올랐다. 아프리카 사람들의 열정과 뜨거움이 실감이 났다. 우리도 조금 어색했지만 함께 몸을 흔들며 찬송을 불렀다.

예배의 순서는 한국에서의 예배 순서와 거의 다름이 없었다. 일곱 명의 형제들이 특별찬양을 한 후에 새롭게 선교현장에 합류하게 된 우리 두 사람을 환영하는 멘트를 하고 환영 송을 불렀다. 마음으로 우리를 환영하는 것에 가슴이 뭉클했다. 이들 모두 처음 만난 형제자매들이지만 오랫동안 함께해 왔던 친구들처럼 친근감이 느껴졌다.

신갈렙 선교사가 창세기 1장 1-25절 말씀을 비교적 짧게, 단순하고, 분명하게 전했다. "태초에 하나님이 천지를 창조하시니라." 신갈렙, 레베카 선교사들은 20대 청년 시절에 자비량 선교사로 아프리카에 파송받아 와서 자립 생활을 위해 가발공장에서 가발 만드는 일 등 여러 가지 일을 했다. 지금은 하라레 시내에서 사진 인화업을 통해서 물질 자립을 하고 있으나, 경제여건이 열악한 이곳에서 자비량 하는 자체가 큰 고난임을 알게 되었다. 이렇게 어려운 환경에서 물질 자립을 하면서, 동시에 캠퍼스 선교역사로 섬기고 있는 우리의 전문인 자비량 선교사들은 위대한 믿음의 용사들이요 선교의 첨병들이다. 이들이 겪는 삼중 사중의 십자가와 고난을 현장에서 함께 생활하면서 경험해보지 않고서 어찌 알 수 있겠는가? 나와 아내가 아프리카로 보냄을 받기 위해서 기도한 이유 중 하나는 오지 선교사들이 겪는 고난에 동참하고, 이를 직접 체험하는 것이었다.

광고 시간에 제임스 선교사는 안나 선교사와 나를 소개했다. "여러분, 만나서 반갑습니다. 사랑합니다. 저와 안나 선교사는 한국에서 사명을 마치고 성령님의 인도하심을 따라 아름다운 짐바브웨에 시니어 선교사로 파송받아 왔습니다. 저희를 위해 기도해 주세요." 주기도문 찬양으로 예배를 마쳤다. 새로운 사명의 땅 짐바브웨에서의 첫 예배라 더욱 가슴이 설레고 감격스러웠다. 이 나이에 여기 이 자리에 짐바브웨 대학생들과 함께 하나님을 예배하고 있다는 사실 그 자체가 감동이었다.

짐바브웨 선교 개척에 지난 수년간 충성을 다한 이제임스, 페트라 선교사 부부, 신갈렙, 레베카 선교사 부부, 윤수산나 선교사들의 희생적인 삶과 사역과 수고를 인해 하나님께 감사를 드렸다. 나는 이 첫 예배에서 젊고 싱싱한 짐바브웨의 대학생들을 통해서 짐바브웨에 두신 하나님의 희망을 어렴풋이나마 볼 수 있었다. 예배 후에 현지인 리더들의 이름을 적고 사진을 찍었다. 러브모어, 블레스드, 온워드 등의 이름이 매우 인상적이었는데, 이런 실제적인 뜻을 나타내는 이름들이 많다고 한다. 다른 현지인들의 이름은 발음하기도 어려웠고, 얼굴도 모두 비슷하게 보여서 이들의 이름과 얼굴을 익히는 데에는 시간이 걸릴 것 같았다.

현지 학생들이 선교센터 옆 마당 큰 아름드리 자카란다 나무 밑에 숯불을 피워 소고기와 소시지를 구웠다. 이 나라 사람들이 손님을 대접할 때 최고의 대접으로 하는 이 숯불구이를 '부라이'라고 부른다. 곧 숯불 바비큐다. 이들이 우리 부부를 환영하는 '부라이 파티'를 준비한 것이다. 정말 고마웠다. 학생들과 즐겁게 담소를 나누며 맛있는 짐바브웨 숯불구이 고기를 실컷 먹을 수 있었다. 밤이 되니 기온이 급격히 내려갔다. 나는 내복을 입고, 그래도 안 되어 그 위에 운동복을 껴입어야만 했다. 낮에는 반소매 옷을 입어야 했는데 말이다. 그런데도 추워서 밤새 깊은 잠을 자지 못했다. 자고 일어나니 콧물이 고이며 감기 기운이 나타나려 했다. 일교차가 심한 이곳에서 하루에 세 번 옷을 갈아입으며 기온에 적응해야만 했다. 이곳은 해발 1,450미터의 고지대다. 한라산 중턱에서 사는 것이다. 그런데 끝이 보이지 않는 평지라 고지대 느낌은 전혀 들지 않는다. 오후에는 머리가 아팠다. 숨 쉬는 것도 약간 불편을 느꼈다. 이곳에 사는 60대 외국인들은 석 달에 한 번 정도로 평지로 내려가 일주일 정도 머물면서 심장을 쉬게 한다고 한다. 평지는 옆 나라 모잠비크 해변이나 카리바 호숫가라고 한다. 앞으로 이 고지대 문제를 잘 적응해야 할 것 같다.

그러나 아무것도 염려할 것 없다. 다만 모든 일에 기도와 간구로 구할 것을 감사함으로 나의 사랑하는 아버지 하나님께 아뢰기만 하면 된다. 그리하면 모든 지각에 뛰어나신 하나님의 평강이 그리스도 예수님 안에서 나의 마음과 생각을 지키실 줄 믿는다(빌 4:6-7).

문과대학장 마쉬리 박사를 만나다

문과대학장실에서 마쉬리 박사와

지난밤에는 천둥 번개가 치고 비가 쏟아졌다. 11월부터 우기가 시작된다는데 그 전조를 보인 것이라고 한다. 이곳은 일 년에 사계절이 있는 것이 아니라, 건기와 우기로 나뉜다. 그래서인지 이곳에서는 비 오는 것도 매우 거칠고 요란하고 웅장하게 느껴졌다. 새로운 아프리카 경험이다.

오늘은 문과대학장 마쉬리 박사와 만나기로 약속된 날이다. 짐바브웨 국립대학교에서 한국어를 가르칠 수 있는 문을 열어달라는 것은 한국에서부터 지금까지 기도해온 소원인데, 하나님께서 이 기도를 어떻게 다루셨는지 볼 수 있는 날이기도 하다. 기대된다. 평소와 같이 5시에 일어나 일용할 양식으로 말씀 묵상을 하고, 기도를 마친 후, 아령으로 운동을 했다. 그리고 아침 식사를 준비했다. 이곳에 도착한 첫날부터 매일 아침 식사를 내가 준비한다. 30분 정도 걸린다. 밥을 하고 찌개를 끓이는 식은 아니니 그렇게 어렵지는 않다. 식빵을 굽고, 달걀 반숙을 만든다. 커피를 타고, 과일을 깎는다. 과일은 할 수 있는 대로 여러 종류의 과일을 조금씩 골고루 준비한다. 그리고 설거지도 매끼 내가 한다. 아내 안나 선교사는 한국에서 40년 동안 나와 두 아들과 오고 가는 수많은 사람들을 섬기느라 정말 많은 수고를 했다. 내가 가끔 설거지를 해주기는 했으나 말이다.

선교사로 떠나오기 며칠 전 잠이 오지 않아 뒤척이다가 잠에서 깼다. 이때 잠들어 있는 아내의 얼굴을 보자 애틋한 마음이 들었다. 지난 40년 동안 대학생 목회자의 아내로서 넉넉지 않은 중에도 부족한 나를 도우면서 기도와 정성스러운 음식으로 얼마나 많은 사람들을 섬기며 수고를 했던가? 이때 나는 아프리카에 가면 아침 식사 준비와 모든 설거지를 내가 함으로써 아내의 사랑과 수고에 보답해야겠다는 마음을 먹었었다. 식사 준비를 마친 후 "공주님, 식사 준비 되었어요"라고 말하고 싶지만 그렇게는 못하고, "여보, 아침 먹을까요?"라고 말하면, 아내 안나 선교사는 8시까지 아침 큐티와 기도에 집중하다가 즐거운 마음으로 거실로 나온다.

수산나 선교사의 차를 운전해서 집대로 갔다. 안나 선교사는 스페 자매를 만나 일대일로 성경을 공부하기로 약속했었다. 스페를 기다리는 동안, 나는 2주 전에 사귀었던 법대 2학년 글레디스 자매를 전화로 불러서 만났다. 함께 찍은 사진을 주며 대화를 했는데, 그녀의 마음이 열려 있었다. 그녀는 목요일 오후 3시에 안나 선교사와 만나서 일대일로 성경을 공부하기로 약속했다.

나와 안나 선교사는 11시에 문과대학장 마쉬리 박사 방을 찾아갔다. 몇 차례 전화로 대화했던 여자 비서가 기다리고 있었다. 마쉬리 박사는 인상도 좋았고, 아프리카식 영어지만 비교적 발음이 또렷했다. 그는 매우 친절했다. 화기애애한 분위기 가운데서 대화를 나눴다. 학교 측에서는 지금이 학기 중이긴 하나 11월부터 8주 코스의 한국어 강좌 개설을 결정했다고 말했다. 이 말을 듣는 순간 너무나 흥분이 되었다. 그는 10월 말까지 8주 코스 강의 계획서를 만들어서 다시 만나자고 했다. 광고는 학교 측에서 해주겠고, 자원하는 학생들을 모아서 강좌를 시작하면 되겠다고 한다. 짐바브웨 땅에서 처음으로 한국어 강좌가 시작되다니! 새 역사의 시작이다. 한 마디로 감격이다. 이 감격이야말로 개척자들이 맛보는 축복이리라!

나와 안나 선교사는 이 나라에 도착한 다음 날, 제임스 선교사의 안내로 처음 짐바브웨 국립대학교를 방문했었다. 부총장인 니아구라 박사(총장은 무가베 대통령)가 해외 출장 중이어서 만나지 못했고, 대신에 우리는 국제처장 겸 부총장 비서실장인 다니엘 박사를 만났었다. 이때 나는 나의 이력서와 학위 및 경력 증명서들을 내놓고, 한국어 강좌개설을 제의했었다. 국제처장은 중국이 7년 전에 정부 차원에서 짐대에 공자학당을 만들며 많은 지원을 했는데, 한국 정부는 무엇을 해줄 수 있느냐고 물었을 때 좀 난감했었다. 그때 나는 이렇게 대답했었다. "나는 한국 정부의 지원을 받고 온 사람이 아니다. 한국에서 목사요 교수직을 은퇴하고, 짐바브웨 사람들에게 뭔가 뜻있는 일로 봉사하기 위해서 왔다. 귀교에서 나를 통해 한국어 강좌를 개설한다면 짐바브웨와 한국 간의 우의와 관계가 발전하고, 좋은 일들이 일어날 것을 확신한다."

나는 본국에 이 면담 상황을 알리고 동역자들의 기도 지원을 부탁했었다. 면담 후 3주가 지났으나 아무런 연락이 없어서 조금은 실망도 했었다. 그런데 이렇게 짐바브웨의 최고대학인 국립대학교에서 한국어 강좌를 개설하게 되다니, 이는 전 세계의 많은 선교 동역자들이 드린 기도를 들으신 하나님의 역사라고밖에는 설명할 수 없겠다.

면담을 마치고 나오자 제임스 선교사로부터 전화가 왔다. 면담 결과를 알고자 전화를 한 것이다. 강좌를 개설하게 되었다니 그도 기뻐했다. 오늘은 개천절이라 점심에 대사관저에서 외국 대사 부부들을 초청해서 간단한 의식을 갖고 만찬을 하는데, 그곳에 올 수 있겠느냐고 한다. 그러나 우리는 캠퍼스에서 학생들을 만날 계획이어서 이 만찬에 갈 수가 없었다.

법대 쪽으로 가니 글레디스 자매가 다른 세 자매를 데리고 왔다. 우리는 중앙도서관 쪽에서 우리를 기다리고 있는 스페를 불렀다. 법대 2학년 네 자매와 우리 셋 모두 일곱이 학생회관으로 가서 점심을 먹었다. 국립대학교에 기숙사에 딸린 학생식당과 교수식당 외에는 외부인들을 위한 식당 하나, 햄버거 점 하나 없다. 사 먹을 사람이 없으니 그럴 것이다. 허름한 매점에서 과자 종류와 함께 음식을 팔고 있었다. 모든 음식이 1불이다. 학교 매점이라 값은 쌌다. 싸자(이 나라 전통음식으로 옥수수 가루를 끓여서 묽은 떡처럼 만들고 그 위에 닭고기나 쇠고기 작은 조각 하나와 소스를 끼얹고 양배추 샐러드 약간을 놓은 것)와 음료수를 샀다.

일곱이 점심을 먹는데 12불 50센트가 들었다. 그 음식을 먹을 마땅한 장소도 없었다. 음식을 들고 복도에 있는 몇 개의 의자에 앉아서 점심을 먹었다. 하기야 우리나라도 내가 대학을 다니던 60년대는 이와 비슷했었다. 60년대까지만 해도 짐바브웨가 한국보다 더 잘살

앉다고 하는데 이곳은 여전히 이 상태다. 국민들에 대한 애정과 철학을 가진 믿음 있는 지도자가 필요하다. 2주 전에 약속한 학생을 만나러 왔을 때 내가 사귄 네 명의 법대 2학년 자매 중 세 명이 일대일 성경공부를 하게 되는 것이다.

우리는 이들과 헤어진 후 큰 나무 아래 앉아서 스페 자매와 함께 셋이서 합심하여 감사기도를 드렸다. 이 대학과 이 나라를 위해서도 기도했다. 캠퍼스에는 목자가 필요한 양들이 많다. 성경 선생이 부족하다. "추수할 일꾼들을 보내어 주소서!" 기도하라 하신 주님의 음성이 들린다. 이를 위해 기도했다.

저녁이 되자 수산나 선교사가 인터넷을 쓸 수 있는 유에스비와 요리된 돼지 불고기를 가지고 또 집으로 왔다. 수산나 선교사는 수시로 우리 집을 드나들며 픽업과 모든 것을 챙겨주고 있다. 정말 감사하다. 이것으로 맛있게 저녁을 먹었다.

오늘은 너무나 기쁜 날이다. 한국에서 짐바브웨를 선교지로 정한 후 나는 이 나이에 짐바브웨에 가서 무슨 방도로 장기 체류 비자를 받으며, 대학생 선교사역을 섬길 수 있을까를 주님께 묻고 기도를 하였다. 이때 성령님께서는 짐바브웨 국립대학교에서 한국어과정을 개설하여 가르친다면 장기 체류의 길도 열고 학생들도 직접 만날 수 있겠다는 지혜로운 방향을 알려주셨다. 그래서 이를 위해 기도를 시작했고, 많은 분들께 기도를 부탁했었다.

선교현장에 와서 직접 부딪쳤을 때 이는 실현 불가능해 보였다. 이곳에서 오래 살아 이곳의 상황을 잘 아는 선교사들도 한결같이 나의 계획은 실현 불가능할 것이라고 말했다. 그동안 안식년이 없이 40년을 전임 사역자로 달려왔으니 이곳에서 한 3개월 정도 잘 쉬고 돌아가면 좋겠다고 말하는 분도 있었다. 그러나 전능하신 하나님은 우리의 기도를 들으시고 그 길을 여셨다. 이는 우리 부부를 짐바브웨에서 쓰시려는 뜻이 있음을 보여주신 것이기도 하다.

우리가 살고 있는 셋집 주인이 10월 말에 한국에서 돌아오기 때문에 우리는 새로운 장막을 찾아야 한다. 하라레에는 새 집을 짓지 않고 유입되는 외지 사람들은 늘어남으로 셋집 찾기가 매우 어렵다고 한다. 그러나 하나님이 우리가 거할 장막을 예비하셨음을 믿고 이번 주에는 그 장막을 찾고자 한다.

우리는 잠자리에 들기 전에 평소와 같이 합심하여 감사기도를 드렸다. 그리고 짐바브웨와 한국과 세계 선교역사를 위해서 합심하여 기도했다. 오늘은 너무 감격이 되어 밤이 늦도록 잠이 잘 오지 않는다.

"우리의 기도를 들으시는 주여, 감사하고 감사합니다! 사랑합니다!"

"그러므로 내가 너희에게 말하노니 무엇이든지 기도하고 구하는 것은 받은 줄로 믿으라. 그리하면 너희에게 그대로 되리라."(막 11:24)

짐대에 한국어 강좌가 개설되다

한국어 수업을 듣는 학생들

아침 일찍 커튼을 열자 유난히 맑고 밝은 날씨다. 맑고 청명한 초여름 아침, 이곳에서의 하루는 항상 상쾌하고 즐겁게 시작된다. 성령님께서 함께 계시는 데다가 너무나 맑고 깨끗한 공기, 구름 한 점 없이 파란 하늘, 가을 날씨 같은 기온 등 때문이리라. 날씨만큼이나 내 기분도 맑고 상쾌했다. 더구나 오늘은 매우 역사적인 날이다. 짐바브웨 국립대학교에서 한국어 강좌가 시작되는 날이다. 나와 안나 선교사가 성령님에게 이끌려 짐바브웨에 도착한 지 두 달 엿새째다. 새벽부터 마음이 설렜다.

나는 선교센터에서 아폴로니아 자매를 만났다. 그녀는 지난 시월에 짐바브웨 국립대학교 언어학과를 졸업했다. 그러나 마땅한 직장을 얻을 수 없었다. 이 나라의 청년 실업률이 95%라고 한다. 신갈

렘 선교사의 추천으로 아폴로니아 자매는 한국어 강좌 파트타임 조교로 함께 일하게 되었다. 신 선교사의 추천을 받고 나는 그녀와 많은 대화를 나눴다. 내 생애에 임한 하나님의 은혜와 내게 주신 하나님의 비전, 그리고 하나님께서 그 비전을 어떻게 이루어 오셨는가를 나눴다. 아폴로니아는 나의 간증과 비전을 듣고 마음으로 동역하겠다고 했다. 우리는 합심하여 간절하게 기도를 했다. 한국어 강좌가 이 땅의 청년들에게 한국어를 보급할 뿐 아니라, 이 땅에 하나님의 나라를 확장하는 도구가 되게 하시고, 짐대 캠퍼스 복음화와 이 민족의 복음화를 위한 안드레의 오병이어로 축복해 주시도록 기도했다.

처음 짐바브웨 국립대학교에 발을 디딘 후 두 달이 지난 오늘, 한국어 강좌 개설식과 함께 첫 강의를 하게 된 것이다. 짐바브웨 최고의 대학 학생들 앞에서 교수가 되어 한국어를 가르칠 것을 생각하니 기분이 매우 상기되었다.

오후 1시, 극장식 대강당이 젊고 풋풋한 짐대 학생들로 가득 찼다. 200명 이상이 등록을 했고, 한 장소에 모였다. 문과대학장을 처음 만났던 날 그는 내게 말했다. "공자학당이 많은 투자를 하고 있으나 매년 학생이 20명 수준입니다. 한국어 강좌에도 20명 정도 등록을 기대하면 될 것입니다." 그런데 한국어 강좌 광고가 학교 게시판에 붙자 3일 만에 200명이 등록을 하였다.

문과대학장이 깜짝 놀

짐바브웨 국립대학교 한국어 과정 개설 기념으로

라 내게 전화로 이 사실을 알리며 몇 명까지 가르칠 수 있겠느냐고 물었다. 나는 100명씩 두 반을 만들어 200명은 가르칠 수 있다고 대답했다. 그리하여 광고 3일 만에 등록을 마감해야만 되었다. 여기에는 한류 바람도 한몫을 했다고 본다. 당시 학생들은 한국이 어디에 붙어 있는 나라인지는 몰라도 '꽃보다 남자', '대장금'과 같은 한국 드라마에 열광하고 있었다. 그리고 나는 처음 국제처장에게 한국어 과정 개설을 제안한 이후 날마다 학교에 가서 학생들을 만나 나를 소개하고, 한국어 과정 개설을 학교 측에 제안해 놨으니 개설이 되면 공부하러 오라며 많은 학생들과 사귀었던 것이다.

강좌 개설 날이므로 먼저 간단한 의식을 가졌다. 나는 쇼나어 인사로 막을 열었다. "망구와나니?"(안녕하십니까?) 와! 하는 탄성과 함께 깔깔 웃는 웃음이 강당을 가득 채웠다. 처음 보는 한국 사람이 자기들의 토속 언어인 쇼나어로 인사를 하니 다들 놀라며, 약간은 긴장되었던 분위기가 일순간에 풀어졌다. 이어서 간단하게 나는 누구이며, 어떻게 짐바브웨에 오게 되었는지 그 과정을 말해줬다. 그리고 짐바브웨의 사람들이 좋고, 아름다운 자연, 맑은 공기, 모두를 좋아한다고 말했다. 그리고 한국어 강좌를 열어준 대학 측에 감사하다고 말했다. 마지막으로 한국어를 공부하기 위해 모인 신사 숙녀 여러분을 뜨거운 마음으로 환영하며, 여러분들을 만나게 되어 행복하다고 말했다.

이어서 류 한국대사가 인사말을 했다. 한국의 발전상을 간략히 소개하고, 한국어 공부가 여러분들에게 유익이 될 것이라는 요지였다. 부총장과 문과대학장도 짐대에 처음으로 한국어 과정이 개설된 것을 축하한다는 요지의 축사를 했다.

의식을 마친 후 한글 모음과 자음 일부를 가르쳤다. 그리고 세 단어를 소개했다. 이 세상에서 가장 아름다운 단어가 무엇일까? 그것은 '어머니', '아버지', '사랑합니다'일 거라고…. 맨 마지막에 한국말로 인사말은 '안녕하세요?'라고 알려줬다.

모두가 신기한 듯 재밌게, 뜨거운 열기로 공부에 임했다. 성령님께서도 기뻐하시며 저의 입술을 주장하심을 느꼈다. 영어가 유창하게 술술 나오게 하신 것이다. 이렇게 첫 수업은 매우 흥미롭게 진행되었다. 가슴이 벅차올랐다. "성 삼위의 하나님, 감사합니다. 사랑합니다. 모든 영광을 주님께 돌립니다." 아프리카 땅에서 한국어 강좌를 열게 하신 성령님께서 이를 통해 복음을 전파하시고 영광을 드러내실 것을 믿으며 감사드렸다. 오늘에 이르기까지, 장기 체류 비자, 셋집, 한국어 과정 개설 등, 모든 것들이 성령님의 일하심으로 진행됨을 느낄 수 있었다. 오늘은 나의 생애에도, 짐바브웨 대학교에도 역사적인 날이었다.

멋지고 아름다운 선택입니다

짐바브웨에 지원차 오신 김명혁 목사 부부와

새벽에 일어나 보니 침대에 개미들이 득실거렸다. 침대를 방 안쪽으로 옮겼다. 방바닥과 벽을 연결하는 곳에 나무로 된 띠가 둘러 있었다. 그 나무 띠를 뜯어내니 갈라진 작은 틈새가 보였다. 개미들이 이 작은 틈새를 통해서 방 안으로 들어와 침대 위까지 올라온 것이다. 밤새도록 엄청난 폭우가 쏟아졌기 때문이다. 이렇게 폭우가 쏟아질 때는 개미들도 살길을 찾아 필사적으로 구멍을 뚫고 집 안으로 들어온다고 한다. 이들은 그야말로 폭우를 피해서 방안으로 들어온 피란 개미들이었다.

거실로 나와 보니 큰 지렁이 두 마리가 꿈틀거리며 출입문 쪽으로 기어가고 있었다. 거실에서 뒤쪽 정원으로 나가는 문은 유리들이 박힌 철문인데, 이 집이 지은 지 오래되어선지 그 철문이 완전하게 닫히질 않았었다. 그 틈새로 지렁이들이 들어온 모양이다. 이곳의 지렁이는 지네와 같이 짙은 갈색에다가 크기도 무척 크다. 이들이 기어가는 것을 보자 징그럽고 섬뜩함을 느꼈다. 우기에는 온갖 벌레들이 집 안으로 들어온다는 말을 들었는데, 이 사실을 직접 체험하니 실감이 났다. 여기는 아프리카이다. 지렁이들은 바깥 멀리 보냈고, 개미들은 침대에서 털어내어 밖으로 보냈다.

침대의 덮개와 이불을 다 걷어서 빨아야만 되었다. 이른 새벽에 한바탕 소란이 있었다. 날이 새어 우리가 살고 있는 서민 단층 아파트 단지를 관리하는 가드너 존을 불렀다. 그와 함께 침실 바닥 테두리를 두른 나무들을 모두 뜯어냈다. 틈새들이 여기저기 나타났다. 우리는 그 틈새들에 개미들이 들어오지 못하도록 파우더 약을 뿌리고, 접착제를 발라 테두리 나무들을 다시 고정시켰다.

낮에는 택시를 불러서 타운(시내 중심부)으로 갔다. 신 선교사 가게에서 한국어 과정 수료증, 장학증, 우등상장 등의 내용을 포맷하고, 인쇄를 부탁했다. 한국 대사관에 들러서 한국에서 보내온 한글 교재를 받았다. 계속 비가 많이 내렸다. 대사관에서 일하는 현지인 운전기사가 이 선교사의 자동차로 우리를 픽업해줘 편하게 집으로 돌아올 수 있었다.

저녁에는 형제 선교사들과 함께 성탄 말씀과 신년 말씀 공부 본문을 잡고 메시지 순서를 정하였다. 아기 예수님께서 이 땅에 오신 성탄 시즌이 시작되었다. 한국은 겨울이 시작되고 날씨도 추워졌을 것이다. 그런데 남반부인 이곳의 12월은 무더위가 계속되는 한여름이다. 북반부의 8월에 해당된다. 반팔 소매 옷을 입고, 반바지를 입어야 한다. 땡볕이 내리쬐는 한여름이지만 마트에서는 성탄 캐럴송이 흘러나온다.

　문과대학장 마쉬리 박사와 통화를 했다. 중국 출장 출발 날짜가 연기되었다고 한다. 그래서 그는 한국어 과정 첫 수료식에 참석할 수 있겠다고 한다. 부총장 니아구라 박사를 만나서 수료식에 참석하는 방향을 갖고 수료식 순서를 논의하겠다고 했다. 아마도 첫 수료식에 이 대학의 최고 책임자인 부총장 니아구라 박사와 문과대학장, 국제처장, 학생처장 등 주요 지도자들이 모두 참석할 것 같다. 비는 그치고 다시 해가 얼굴을 내밀었다.

　하라레는 과거에 영국 사람들이 아프리카의 휴양도시로 기획하여 만든 도시다. 그래서인지 그들이 마지막까지 떠나기를 원치 않았던 도시가 하라레였다. 왜 그들은 이곳 하라레를 휴양도시로 만들었을까? 나름대로 상상을 해봤다. 이곳은 해발 1,450미터의 고지대에 평지다. 그래서 여름에도 다른 아프리카 지역들에 비해서 그렇게 무덥지 않다. 또한 대기가 건조해서 아무리 기온이 높은 날도 나무 그늘이나 실내에 들어가면 시원하다. 공기는 청정하고, 일 년에 300일 이상 화창한 날(Sunny Day)이라고 한다. 이런 기후 조건 때문에 이곳을 휴양도시로 택하지 않았을까? 주택지역의 도로는 비교적 넓게 만들어졌다. 한 가구의 대지는 어림잡아 대략 1천 평 정도의 넓이를 갖고 있다. 거의 모든 집에 풀(수영장)이 있고, 어떤 집에는 테니스코트도 있다. 집마다 열대 지방에서 잘 자라는 과일나무들, 망고, 파파야, 바나나 같은 나무들이 탐스러운 열매들을 맺는다. 넓은 잔디밭도 있다.

　도로 가에는 꽃이 피는 나무들, 예를 들면 자카란다, 플란보야 등을 가로수로 심었다. 100여 년의 세월이 흐른 지금은 그 나무들이 아름드리가 되었고, 나무의 종류에 따라서 꽃이 피는 시기가 조금씩 다르니 돌아가면서 꽃을 피운다. 이곳에서는 거의 1년 내내 꽃을 볼 수 있다. 국민소득 500불이 되지 않는 극빈의 나라지만, 자연환경이나 기후는 최상이고, 너무나 아름다운 도시 하라레는 한 마디로 공원 도시다.

수산나 선교사 집에서 맛있는 국수로 저녁을 먹었다. 신 선교사가 97명에게 줄 수료증과 함께 장학증을 만들어 왔다. 모두가 함께 돕고 동역해 주니 얼마나 감사한지 모르겠다. 한국복음주의협의회 회장이신 김명혁 원로 목사님으로부터 메일을 받았다.

– 사랑하는 이현정 목사님과 김옥희 사모님에게

보내 주신 글 반갑고 고맙게 받아서 읽었습니다. 주님의 인도하심을 따른 너무 멋지고 귀하고 아름다운 선택입니다. 내가 최근에 "나의 선택 : 잊혀진 가방" 이란 제목의 영화 시사회에 두 번 참석하여 관람하면서 깊은 감동을 받은 일이 있었는데, 그와 같은 귀한 선택을 두 분이 하신 것입니다. 물론 영국과 스코틀랜드에서 아프리카로 가서 평생을 바친 분들은 좀 일찍 떠났고, 이현정 목사님 부부는 좀 늦게 떠났지만, 사실 모든 경험을 갖춘 후 늦게 떠난 것이 어떤 의미에서 더 귀하게 보입니다. 점점 세속화되어 가고 점점 인간화되어 가는 한국 교회의 현실에 비추어 볼 때, 두 분의 선택은 보다 성숙하고 참신한 충격을 던져주고 있다고 생각합니다.

언젠가 기회가 되면 나도 짐바브웨를 한 번 방문할 수 있기를 바랍니다. 1월 13일 한국복음주의협의회 모임에서 반갑게 만나겠습니다. 그동안 이현정 목사님과 함께 일할 수 있었던 것이 너무 편하고 좋았습니다. 하나님의 은혜와 사랑과 인도하심이 두 분과 늘 함께하시고, 위로하심과 평안과 기쁨을 늘 부어주시기를 기도합니다.

사랑합니다.

11월 30일 수요일
수서 사무실에서
김명혁 목사

한국어 강좌 첫 수료식을 갖다

부총장실에서 가진 한국어 강좌 개설 축하식

화창한 여름 날씨다. 오늘은 화창한 날씨보다도 더욱 기쁘고 기분 좋은 날이다. 성령님의 역사하심으로 짐바브웨 국립대학교에 한국어 과정이 개설되었고, 입문 과정 수업을 진행해 왔는데, 오늘 첫 수료식을 갖게 되었으니 말이다. 하나님께서도 화창하고 맑은 날씨로 오늘의 수료식을 축하해 주시는 것 같다. 그런데 어젯밤에 무슨 이유였는지 모르겠으나 여러 차례 토하고 몸에 힘이 빠져 아침에 일어날 수가 없었다. 수산나 선교사가 죽을 쑤어와 이를 먹고 오전 내 누워 있어야 했다. 누워 있으면서 기도했다. 하나님께서 오늘의 한국어 과정 첫 수료식을 축복하시고 이를 통해 영광을 드러내 주시도록. 이를 위해 제게 힘을 주시고 몸을 일으켜 주시도록. 하나님께서 불쌍히 여기시고 기도를 들으셨다. 11시 반쯤 되어 몸을 일으킬 수 있게 된 것이다. "하나님 아버지, 감사합니다! 사랑합니다! 경배합니다!"

급히 준비해서 학교로 갔다. 셋집에서 학교까지는 자동차로 7분 정도 걸린다. 12시경에 국제처장 다니엘 박사 사무실에서 문과대학장 마쉬리 박사, 장학금을 기부한 윤영종 사장(하라레에서 요식업을 하고 있음)과 함께 만났다. 잠시 후에 넷이서 부총장 니아구라 박사 사무실로 갔다. 부총장실에 들어가는 동안 세 번의 비상문(안에서 방문하는 사람이 누군지 확인하고 문을 열어줌)을 통과해야만 되었다.

부총장 니아구라 박사는 키는 그리 큰 편은 아니나 체구가 강인해 보이고, 머리카락은 희어졌다. 그는 우리를 반갑게 맞아 담소를 나눴다. 말도 조용조용히 하는 편이었다. 하지만 분위기는 좀 딱딱했다. 문과대학장이나 국제처장은 굳은 표정으로 앉아 있고, 별말이 없었다. 부총장의 권위가 느껴졌다. 부총장은 한국어 과정이 정규과목이 되기까지 발전하기를 바란다는 요지의 말을 했다. 성령님께서 이 일을 시작하셨을 뿐 아니라, 진행하고 계심을 느꼈다. 나는 한국어과정을 개설해준 데 대해서 감사를 표했다. 그리고 이 과정이 계속 발전해 가도록 지원해 달라고 부탁했다.

오후 1시에 극장식 강당에서 수료식이 열리므로 모두 함께 행사 장소로 이동했다. 이동하는 동안 나는 부총장과 함께 걸으며 여러 이야기들을 나눴다. 학생들의 반응도 좋고, 한국어 공부에 열심이어서 즐겁다고 말해줬다. 그는 짐바브웨에서의 생활이 어떠냐고 물어서, 나는 이곳 생활을 즐기고 있다고 대답했다.

수료식은 문과대학장 마쉬리 박사의 사회로 1시간 동안 진행되었다. 니아구라 부총장이 연설을 했다. 그의 연설의 요지는 이러했다.

"지금은 유럽이나 미국보다도 아시아 언어들을 익혀서 아시아 나라들을 배워야 할 때다. 앞으로 30년 후에는 아프리카 시대가 올 것이니 이를 준비해야 한다. 한국어 공부를 잘하기 바란다." 상당한 혜안이 있는 연설이라는 생각이 들었다.

이어서 한국 대사관의 젊은 김 참사관이 축사를 했다. 부총장이 96명의 학생들에게 일일이 수료증을 수여하며 악수를 해줬다. 그가 학생들을 사랑하는 것을 느낄 수 있었다. 학생들은 부총장이 수료식에 참석해서 연설을 하고, 직접 수료증을 수여하니 매우 고무되었다. 윤 사장이 최우수 학생 3명에게 장학증서와 장학금을 수여하고, 7명 우등생에게 상장과 상금을 수여했다. 윤 사장이 이곳에서 힘들게 사업을 해서 번 돈을 정말 가치 있고 보람 있게 쓰는 장면이었다. 그의 모습이 빛났다. 나는 장학증과 상장에 "짐바브웨와 세계를 섬길 미래의 지도자들로 성장하도록 격려하는 의미로 이 상을 준다."라는 문구를 넣었다. 수료식은 내가 전한 '감사의 말'로 끝맺었다. 다음은 오늘 내가 전한 감사의 말이다.

첫 번째 한국어 강좌 수료식

사랑하는 학생 여러분, 지난 학기 동안, 여러분들과 함께 진행한 한국어 과정 수업은 저에게 큰 기쁨이요 행복이었습니다. 저는 짐바브웨를 좋아합니다. 착하고 선한 짐바브웨의 사람들이 좋고, 아름다운 자연과 맑은 공기, 그리고 1년 중 8개월 이상 햇볕 쨍쨍한 이 땅의 날씨를 좋아합니다. 무엇보다도 짐바브웨 사람들의 열정을 좋아합니다.

존경하는 짐바브웨 국립대학교 니아구라 부총장님, 문과대학장 마쉬리 박사님, 학생처장 마담비 박사님, 그리고 국제처장 다니엘 박사님, 한국어 과정 진행에 베풀어주신 여러분들의 협조에 감사를 드립니다. 또한 장학금을 후원해 주신 나의 좋은 친구 윤영종 사장님에게도 고마움을 전합니다.

1950년 6월 25일, 북한의 남침으로 시작된 한국전쟁이 일어났습니다. 휴전이 되기까지 3년간의 전쟁으로 대부분의 산업시설은 파괴되었고, 나라는 거의 폐허가 되었습니다. 남북한 군인과 민간인, 15개의 유엔 참전국들의 전사자들을 포함하여 최소 2백만 명이 넘는 사람들이 목숨을 잃었습니다. 국토는 남과 북, 민주주의와 공산주의 나라로 분단이 고착되었습니다. 1천만의 국민이 이산가족이 되었습니다. 젊은이들은 대학을 졸업해도 일자리를 찾을 수가 없었습니다. 당시 한국의 1인당 국민소득은 87불이었습니다. 한국은 가난했고 비참했습니다. 거기다가 1960년에는 학생혁명이 일어났고, 1961년에는 군사 쿠데타가 일어났습니다. 나라는 혼란했고, 젊은이들은 미래에 대한 희망을 잃고 방황했습니다. 그런데 이렇게 전쟁으로 폐허가 된 땅에 하나님께서는 영국, 캐나다, 미국, 독일을 비롯하여 여러 나라의 교회들을 통해 많은 선교사들을 한국에 보내어 주었습니다. 그들을 통해서 예수 그리스도 복음을 전해주셨습니다. 그리고 선교사를 파송한 나라의 교회들은 한국 백성들을 위해서 기도해 주었습니다.

하나님의 은혜로 한국 백성들은 하나님의 말씀, 복음의 말씀을 들을 수 있었습니다. 많은 사람들이 복음을 받고 삶이 바뀌게 되었습니다. 특별히 젊은 대학생들 가운데서 하나님의 말씀을 받고 변화되는 역사가 일어났습니다. 하나님께서는 한국 땅에 많은 교회들을 세우셨고, 기도하는 많은 하나님의 사람들을 일으키셨습니다. 그리고 지난 60년 동안 한국을 여러 면에서 축복하셨습니다. 50년 전, 제 나이 20살, 대학 1학년 때 저는 머더 사라 배리라고 하는 한 미국인 선교사를 만나게 되었습니다. 하나님은 그 선교사님과의 일대일 성경공부를 통해서 제게 생명의 말씀을 주셨고, 하나님의 비전을 보여주셨습니다. 특히 제 인생의 길을 바꾸어놓은 말씀은 창세기 12장 1, 2절이었습니다.

"여호와께서 아브람에게 이르시되 너는 너의 고향과 친척과 아버지의 집을 떠나 내가 네게 보여 줄 땅으로 가라. 내가 너로 큰 민족을 이루고 네게 복을 주어 네 이름을 창대하게 하리니, 너는 복이 될지라."

"너는 복이 될지라." 하나님은 저로 하여금 하나님의 약속의 말씀과 하나님의 비전을 붙들게 하셨습니다. 하나님의 말씀과 하나님의 비전을 붙들고 믿음으로 살도록 도와주셨습니다. 저와 제 아내는 하나님의 약속의 말씀을 붙들고 하나님의 말씀에 순종하고자 한 것밖에 없으나 하나님은 저와 저의 아내를 영적으로, 인간적으로 크게 축복하셨습니다.

하나님의 은혜로, 저희는 40년간 한국에서 하나님의 종으로서 캠퍼스 복음전파와 제자양성 역사를 섬길 수 있었습니다. 그리고 그동안에

70여 나라를 방문하여 젊은이들에게 하나님의 복음을 증거할 수 있는 복도 주셨습니다. 저희가 한국에서 사명을 다 마치고 은퇴를 하게 되었을 때, 하나님은 저희 부부를 시니어 선교사들로 세계에서 가장 아름다운 나라 짐바브웨 땅으로 인도하셨습니다. 이는 또 다른 행운이었습니다. 그리고 저를 통해서 짐바브웨 국립대학교에 한국어 과정을 개설하게 하셨고, 여러분들을 만나게 하셨습니다. 여러분들과 함께 한국어를 공부하게 하셨고, 여러모로 삶을 나누게 하셨습니다. 이는 저에게는 말할 수 없는 행복이요 기쁨이었습니다.

하나님은 여러분들 가운데에서 이 나라의 미래의 지도자 후보들을 키우고 계십니다. 저는 하나님께서 여러분 각 사람에게 큰 희망과 비전을 갖고 계신다고 믿습니다. 여러분들은 모두 이 나라와 세계를 섬길 미래의 지도자들입니다. 영국의 소설가 조지 오웰(George Orwell)은 말했습니다. "지옥이란 비전이 없는 상태"라고 말입니다. 비전이 없으면 사람들은 행복할 수 없습니다. 성경 잠언 29장 18절 상반절을 보면 "비전이 없는 백성은 망한다"(흠정역)라고 말하고 있습니다. 비전은 곧 꿈입니다. 영국의 소설가 크로닌(A. J. Cronin)은 말했습니다. "꿈을 계속 가지고 있어라. 그러면 언젠가는 그 꿈이 너의 삶이 될 것이다."

젊은 시절은 꿈을 꾸는 시절입니다. 꿈꾸는 사람은 어떤 상황에서도 좌절하지 않습니다. 꿈을 꾸는 사람은 언제나 가슴이 요동칩니다. 꿈을 꾸는 사람은 언제나 희망찹니다. 저는 여러분들이 꿈을 꾸기를 바라며, 그 꿈들이 이루어지기를 바랍니다. 그런데 이 세상 것들을 얻고자 하는 꿈들은 진정한 꿈이 되지 못합니다. 그 꿈들은 이루어진다 해도 영원하지 못하기 때문입니다. 그들은 곧 사라집니다. 진정한 꿈은 창조주이신 하나님께서 주시는 꿈입니다. 우리는 하나님께서 주시는 꿈을 붙들어야 합니다. 하나님께서 주시는 꿈을 비전이라고 말합니다. 하나님께서 주시는 비전을 붙들고 살면, 이 땅에서 필요한 것들도 넉넉히 채워주십니다.

　하나님은 우리에게 주시는 꿈들을 반드시 이루십니다. 또한 그것들은 사라지지 않습니다. 그것들은 나를 복되게 할 뿐 아니라, 내 주변의 사람들을 복되게 합니다. 나의 나라를 복되게 하고, 세상의 많은 사람들을 복되게 합니다. 성경 사도행전 2장 17절은 말합니다.

"하나님이 말씀하시기를 말세에 내가 내 영으로 모든 육체에 부어 주리니 너희의 자녀들은 예언할 것이요, 너희의 젊은이들은 환상(비전)을 보고, 너희의 늙은이들은 꿈을 꾸리라."

　하나님께서 여러분 각자에게 하나님의 꿈을 주시기를 기도합니다. 하나님의 비전을 주시기를 기도합니다. 여러분 각 사람이 하나님이 주시는 큰 꿈을 붙들고 살게 되기를 바랍니다. 그리하여 여러분 각 사람의 생애가 위대하고 값지게 되기를 바랍니다. 이 땅과 세계의 복들이 되기를 바랍니다. 하나님께서 짐바브웨를 세상 만민에게 복을 나눠주는 나라로 만들어 주시기를 기도합니다. 제사장 나라 거룩한 백성, 선교사를 파송하는 나라로 만들어 주시기를 기도합니다. 저는 짐바브웨를 사랑합니다. 짐바브웨 국립대학교 학생들을 사랑합니다. 여러분 모두를 사랑합니다. 하나님의 축복이 여러분 각자에게 있기를 기도합니다.

　다음 학기에 다른 과정에서 다시 만납시다. 다시 한번 감사의 마음을 전합니다. 여러분들을 사랑합니다.

모두가 초롱초롱한 눈빛으로 나의 감사의 말을 경청했다. 교내

잡지사의 기자가 나의 연설문 원고를 달라고 해서 줬다. 수료증 수여를 마친 후, 우리는 밖으로 나와 모두 함께 기념촬영을 했다. 그리고 부총장 부속실에 마련한 리셉션 장소로 옮겼다. 오늘 상을 받은 10명의 학생들을 모두 초청했다. 리셉션은 매우 화기애애하고 즐거운 분위기 가운데 진행되었다. 부총장, 마쉬리 박사, 나, 그리고 세 명의 최우수 성적을 받은 장학생들이 함께 "Congratulations, Korean Language"라는 글자가 쓰인 축하 케이크를 잘랐다. 모두가 짐바브웨 국립대학교에서 처음 시작된 한국어 과정 개설을 축하했다. 즐겁게 담소하며 한 시간 정도 리셉션을 가졌다.

오늘의 이 일을 계획하시고 시작하시고 이루신 성령 하나님께 모든 영광을 돌린다. 우리 안에 행하시는 이는 하나님이시다. 자기의 기쁘신 뜻을 위하여 소원을 두고 행하신다. 그러므로 성령님께서 선하신 뜻대로 이 일을 진행하시고, 이 일을 완성해 가실 것이며, 이를 통해서 영광을 드러내실 것을 믿으며 기도한다.

하나님께서 안드레의 오병이어와 같은 이 한국어 과정을 짐바브웨 국립대학교 학생들 가운데 예수 그리스도 복음이 전파되고, 미래의 지도자들로 양성하는 새 역사에 모판으로 사용해 주시기를 기도한다. 무엇보다도 이 땅의 미래의 지도자들인 짐대의 청년들이 한국어 과정을 통해서 환상을 보는 젊은이들이 되게 하시기를 기도한다.

길을 떠나니 길이 보였다

자카란다가 핀 선교센터 마당에서

이태형 기자가 「국민일보」 미션 면에 나와 짐바브웨 선교사역에 관한 기사를 올렸다. 그는 기사의 제목을 이렇게 붙였다. "은퇴, 길을 떠나니 길이 보였습니다." 매우 멋진 제목이다. 이 제목은 나 자신의 개인적인 간증을 잘 표현해 줬다. 다음은 기사의 내용이다.

전 한국대학생성경읽기선교회 대표 이현정 목사(69)는 복음전파라는 외길 인생을 살았다. 전북대학교 상대 1학년 재학 중 본 선교회에서 하나님을 영접한 그는 이후 48년 동안 본 선교회에서 대학생 복음화와 세계선교에 헌신했다. 그중 40년을 전임 사역자로 지냈으며, 지난해 6월까지 본 선교회의 한국대표를 역임했다. 그에게는 인생의 고비마다 늘 스스로에게 물었던 질문이 있었다. "지금 나는 최선의 삶을 살고 있는 것인가?"와 "어떤 일을 하면서 인생을 사는 것이 가장 남는 것인가?"라는 두 질문이었다.

대학교를 졸업한 그는 1967년 조흥은행(현 신한은행)에 입사했다. 5년간 은행에서 일하면서 선교회 사역을 병행했다. 28세 되던 해 그는 자신에게 "은행 일을 하면서 평생을 보낼 것인가?"라는 질문을 했다. 이미 그의 마음속에는 '오직 복음'이라는 선명한 목표가 있었다. 잠시의 시간도 허비하지 않고 온전히 복음 전하는 일에 전념하고 싶었다. 사표를 내고 본 선교회의 전임 사역을 시작했다. 물론 주위에서는 "너무 세상을 모른다"며 반대가 심했다. 그러나 묵묵히 주님이 맡겨주신 '그 길'을 갔다. 48년이란 세월이 흘렀다. '복음 들고 온 땅을 향해 나간' 아름답고도 행복했던 지난 시절이었다. 그는 지난해 본 선교회 창립 50주년 행사를 마치고 대표직을 사임했다. 본부 사역에서 은퇴한 그에게 후배들은 미국이나 캐나다 등에서 머무르며 안식을 취하라고 권했다. 이 목사는 다시 스스로에게 질문했다. "나는 이제 곧 인생 70을 맞이한다. 어떤 일을 하면서 남은 인생을 보내야 할 것인가?"

70대 이후를 안락하게만 보내고 싶지 않았다. 불꽃을 태우고 싶었다. 그는 자비량 평신도 선교를 주제로 박사학위를 받은 학구파다. 더 늦기 전에 '현장'에 가기 원했다. 오지로 가서 선교사의 삶을 살기로 결정하고, 아내와 함께 아프리카 몇 나라를 놓고 기도한 끝에 지난해 8월 짐바브웨로 떠났다. 수많은 사람들이 만류했다. 특히 그가 극진히 사랑하는 네 명이 어린 손주들은 "할아버지, 제발 아프리카로 가지 마세요"라며 매달렸다. 그 손주들을 보면서 생각했다. "지금은 이 애들 곁을 떠나는 것이 정말 마음이 아프다. 그러나 이 아이들에게 자기들의 할아버지 할머니가 노년에 선교의 오지 아프리카에 선교사로 떠났고, 복음을 위해 전 삶을 바쳤다는 사실보다 더 큰 인생의 자산은 없으리라."

막상 떠났지만 준비된 것은 아무것도 없었다. 그러나 그의 전 인생을 인도해 주신 선하신 하나님은 짐바브웨에 그가 해야 할 '더 좋은 것'을 예비해 주셨다. 짐바브웨 도착 이후 이 목사는 기도 가운데 짐바브웨 국립대학교에서 한국어과를 개설, 아이들을 가르치며 복음을 전하면 좋겠다고 생각했다. 실행에 옮겼다. 짐바브웨 대학 관계자들을 만나 계획을 밝혔다. 처음에는 계란으로 바위를 치는 것 같았지만 점차 관계자들이 마음을 열었다. 아프리카에 불기 시작한 한류도 좋은 영향을 미쳤다. 결국 11월 3일 짐바브웨 국립대학교에서 한국어 과정이 시작되었다. 아프리카 국가의 대학교에 한국어 과정이 개설된 것은 최초의 일이다. 학교 측은 "30명 정도 등록하면 성공"이라고 말했지만, 학생들이 너무 몰려 200명 등록을 사전에 마감해야 했다.

이 목사와 김옥희(64) 사모는 짐바브웨 학생들에게 '가갸거겨'를 가르치면서 복음도 전하고 있다. 학생들은 캠퍼스에서 이 목사 부부를 만나면 "아버지, 어머니"라고 부른다. 지난해 말 열린 가을학기 수료식에는 97명의 학생들이 수료증을 받았다. 수료식에는 짐바브웨 대학 부총장인 니아구라 박사도 참석했다. 최근 겨울 방학을 맞아 한국을 방문한 이 목사는 "한국어 과정에 대한 짐바브웨 대학의 관심이 대단하다"면서 "현재 자비량으로 사역할 한두 명의 교수 요원을 찾고 있다"고 말했다. 그는 "크리스천들에게 은퇴는 새로운 사역의 시작"이라고 언급했다. "오직 자신을 과감히 던질 때, 주님이 예비해 주신 길이 보이는 것 같습니다. 인생에서 남는 것은 오직 그분의 뜻에 순종한 것뿐입니다." 짐바브웨에 도착한 이후 그는 하루도 빠짐없이 매일 아침을 만들어 아내에게 '대접'했다고 한다. "평생 사역에 바빴던 저를 위해서 헌신한 아내입니다. 이제 왕비처럼 '대접해 드려'야지요(하하). 암튼 너무 행복합니다. 아내도 참 행복해해요. 여러분도 행복할 수 있어요. 결심만 하면…"

이상이 그가 쓴 기사의 내용이다. 나는 64세에 한양의 책임 목자직을 후임자에게 계승하고 한국대표직만 섬기게 되었다. 대표직 계승 후에는 선교사들의 영육 간의 쉼과 재충전을 위한 '선교사 리트릿센터'를 만들어 운영하고 싶었다. 이를 위해서 준비도 했고, 많은 기도도 했다. 그러나 이것이 성사되지 못했다. 대신에 하나님은 아프리카 선교의 문을 여시고, 나와 아내를 짐바브웨로 인도하셨다. 우리는 모든 계획과 꿈을 접고 성령님의 인도하심에 즉시 순종하여 아프리카로 오게 되었다. 아무것도 정해진 것이 없었지만, 순리에 따라 은퇴를 하고 길을 떠나니 길이 보였다. 내가 원하는 길을 떠나니 주님께서 원하시는 길이 보였다.

젊은 시절의 나는 마치 창세기에 나오는 아브라함의 손자 야곱과 같았다. 야곱이라는 이름의 뜻은 '발꿈치를 잡았다'인데, 그가 태어날 때 쌍둥이 형인 '에서'의 발꿈치를 잡고 나왔다고 하여 붙여진 이름이다. 여하튼 야곱은 집념이 강하고, 목표의식도 강했다. 그의 성격은 자기가 목적하는 바를 이루기 위해서라면 수단과 방법을 가리지 않는 목표 지향적이었다. 한 마디로 집념의 사나이였다.

야곱과 같았던 내가 대학 시절에 예수님을 만나 대학생 선교운동의 매력에 빠져 살았다. 졸업 후에는 은행원으로 일을 하다가 결국은 대학생 선교의 전임 사역자가 되었다. 그러나 나의 내면에 오랫동안 형성된 야곱적 기질은 그대로 남아 있었다. 그래서 다른 사역자들과 경쟁을 했고, 목표지향적으로 살았다. 하나님은 이런 나를 네 번이나 목장을 이동하게 하심으로써 자아가 깨어지고, 비워지는 훈련을 주셨다. 목장을 이동할 때마다 한 번씩 자아의 죽음을 체험했다. 이런 과정을 통해서 목표 지향적이던 삶에서 하나님 중심의 삶으로, 자아 중심에서 하나님께로 시선을 집중하는 삶으로 점점 변화시켜 주셨다. 예수님의 자기 부정과 비움, 낮아짐과 죽음을 조금씩 체험적으로 알게 하셨다.

한국에서 전임 사역자 직분의 은퇴를 하고, 즉시 아프리카에 시니어 선교사로 파송을 받을 수 있었던 것은 이런 하나님의 훈련들을 통해서 빈 마음, 자유인이 되었었기에 가능한 일이었다. 마음속에 붙들고 있는 것이 없으니, 모든 것을 내려놓을 수 있었고, 내려놓으니 성령님이 보여주시는 길이 선명하게 보였다.

모든 일에서 그분을 인정하면, 그분은 우리에게 길을 보여주신다. 그리고 그 길을 선택하면 후회 없는 선택이 된다. 길을 떠나면 길이 보인다. 어느 일에서나 때가 되면 은퇴를 하는 것이 순리다. 순리를 따르면 다음의 길이 보인다. 성령님은 잠언 기자를 통해서 말씀하신다.

"네가 하는 모든 일에서 그분을 인정하여라. 그러면 그분이 네 갈 길을 알려줄 것이다."(잠언 3:6, 우리말 성경)

소박한 열무 물냉면 파티

짐바브웨 자비량 선교사들

짐바브웨에는 한국 식당은 물론 동양 식품점 하나 없다. 그러다 보니 우리 공동체에서 사역하고 있는 자비량 선교사들에게는 외식이라는 것이 거의 없는 편이다. 1년에 그저 한두 번 있을까 말까? 그것은 스파게티집을 가거나 중국 식당을 찾는 것이다. 사정이 이렇다 보니 나로서는 가끔 한국의 자장면, 짬뽕, 냉면, 순대, 떡볶이… 뭐 이런 것들이 생각난다. 아마도 이곳에서 살고 있는 한국인들도 비슷하지 않을까 하는 생각이다. 그래서 방학이 되어 한국을 방문할 기회가 있을 때마다 안나 선교사는 여러 종류의 진공 포장된 한국 음식 재료들을 이민 가방 서너 개에 가득 채워 가지고 온다. 이곳에서 함께 사역하고 있는 우리 선교사들과 함께 나눠 먹기 위해서다. 이런 짐들을 갖고 공항을 들어올 때는 세관 사람들과 약간의 실랑이가 있을 때도 있지만, 매번 그렇게 한다.

저녁에 우리 공동체의 선교사들을 모두 집으로 초청했다. 안나 선교사가 만든 열무 물냉면으로 조그만 파티를 하기 위해서였다. 열무 물김치는 안나 선교사가 우리 집 텃밭에서 봄에 직접 씨를 심어 기른 열무로 담근 것이었다. 그리고 냉면의 면은 지난번에 가나를 방문했을 때, 그곳에 있는 한국 식품점에서 사온 것이었다. 이것들로 안나 선교사표 짐바브웨 열무 물냉면이 만들어진 것이다. 이곳에서의 열무 물냉면 파티는 매우 특별한 것이었다. 평소에는 먹어볼 수 없는 음식이니 말이다. 열무 물냉면을 먹고 모두가 이구동성으로 말했다. "한국에서 먹어봤던 어떤 냉면보다 더 맛있다." 내가 생각해도 이날 먹은 열무 물냉면은 서울의 오장동 냉면 전문집에서 만든 냉면보다 더 맛이 있었다. 어떤 분들은 "뭐 그렇게까지?…"라고 생각할지 모르지만, 내게는 분명 그랬다.

우리 집은 '체릴데일 플랫단지'(단층 작은 주택을 플랫이라 부름)의 10세대 중 맨 처음 집이고 끝 집이다. 우리 집 모퉁이에는 이 단지 안의 어느 집에도 속하지 않은 넓은 잔디밭이 있다. 다시 말하면 이 잔디밭은 공동잔디밭인 셈이다. 하지만 모든 집마다 자기들의 잔디밭이 있기 때문에 이 공동잔디밭에는 오는 사람이 거의 없다. 맨 끝 집에 살고 있는 우리 부부만이 이 잔디밭까지 우리 집 잔디밭처럼 애용을 한다. 이곳은 햇볕이 더 잘 들기 때문에 추울 때 나는 이곳에 간이침대를 펴놓고 일광욕을 즐기기도 한다. 이 잔디밭 가 담장 옆에는 키가 큰 야자수들과 해마다 열매가 주렁주렁 열리는 큰 아보카도 나무가 서 있다. 그런데 우리 플랫을 관리하는 가드너 존이 공동잔디밭 끝자락 담장 아래에 자기와 우리를 위해서 텃밭을 만들었다. 나와 안나 선교사는 이 텃밭에서 돌들을 골라내고, 주변을 잘 정리하고, 거름을 사다가 땅을 일궜다. 그리고 이곳에 열무, 쑥갓, 들깨, 케일 등의 씨앗을 정성스럽게 심었다. 이 씨앗들은 물론 한국에서 가져온 것들이다. 상추도 심었는데, 상추는 이곳의 화원에서 모종을 사다가 심었다. 나는 이 텃밭에 매일 아침저녁 물을 주고, 잡초를 뽑아주며, 정성스럽게 가꿨다. 안나 선교사도 시간이 날 때마다 텃밭을 돌보면서 쉼을 얻기도 했다. 이 텃밭에 심겨진 씨앗들은 눈에 보일까말까 한 아주 작은 것들이었다. 바짝 말랐던 그 작은 씨들이 땅에 묻힌 후, 열흘쯤 지나자 가늘고 연한 싹을 내밀었다. 저녁이 되고 아침이 되는 동안 이들이 조금씩 자랐다. 날이 가고 또 가는 사이에 이들이 무럭무럭 자랐다. 그리고 싱싱한 잎을 자랑하는 열무가 되었다. 마침내 안나 선교사는 이 열무들로 맛있는 물김치를 담갔던 것이다. 나도 열무를 뽑고 씻는 일을 열심히 도왔었다.

가드너 존은 텃밭을 만들었고, 안나 선교사는 씨를 심었고, 나는 물을 줬다. 그런데 이 씨들이 싹을 내고, 자라서 싱싱한 채소들이 되었다. 싹이 나고 자라게 하신 분은 따로 계시다. 그분은 창조주이신 하나님이시다. 그분은 때를 따라 햇빛을 주셨다. 필요할 때 비도 내리셨다. 흙 속에 온갖 미생물들과 양분들을 주셨다. 마른 씨에서 실뿌리를 내셨고, 싹을 내셨다. 그리고 자라게 하셨다. 천국 복음 역사도 같은 원리지 않는가? 어떤 사람은 복음의 씨를 심고, 어떤 사람은 기도로 물을 준다. 어떤 사람은 말씀을 통해서 잡초를 뽑아준다. 어떤 사람은 잘 가꾼다. 씨를 심은 사람이 열매를 거두기도 하지만 이런 경우는 드물다. 오히려 씨를 심지 않은 사람이 그 열매를 거두는 경우가 더 많다. 씨를 심는 자나, 물을 주는 자나, 가꾸는 자나,

거두는 자 모두 다 소중하다. 어느 하나가 빠져도 온전한 추수를 할 수가 없다. 그런데 복음의 씨에서 싹을 내고, 자라게 하고, 열매를 맺게 하는 것은 사람이 아니다. 이는 사람이 할 수 있는 영역의 일이 아니다. 그것은 창조주 하나님의 영역이다. 하나님께서 하시는 일이다.

그러니 복음을 전파하는 자는 겸손해야 한다. 하나님을 믿고, 맡겨주신 일에 그저 묵묵히 충성하면 된다. 고린도전서 4장 2절은 "그리고 맡은 자들에게 구할 것은 충성이니라"라고 말한다. 그리고 복음 역사의 결과도 내가 만드는 것이 아니다. 하나님께서 만드시는 것이다. 자기가 만들려고 하는 것은 교만이다. 맡겨진 일에 충성했다면, 결과도 내가 책임질 것은 아니다. 그 결과에 집착할 것도 아니다. 그 결과가 나를 위한 것도 아니다. 모두가 창조주 하나님의 영광을 위한 것이요, 복음을 받는 당사자를 위한 것이다.

때로 우리는 눈물을 흘리며 복음의 씨를 심지만 그 열매를 보지 못한다. 정성스럽게 물을 주고 돌봤지만, 그 열매를 보지 못한다. 물론 많은 수고를 했는데도 열매를 보지 못할 때는 마음이 아프다. 그래도 계속해서 복음의 씨를 심고, 물을 주고, 잡초를 뽑아야 한다. 때로는 우리가 심지 아니한 곳에서 열매를 거둔다. 씨를 심는 일도, 기도의 물을 주는 일도, 가꾸며 양육하는 일도, 열매를 거두는 일도, 모두 다 귀하다. 사실 이런 일에 참여할 수 있다는 것 자체가 모두 다 하나님의 은혜다.

복음 역사에서 내 것은 없다. 다 하나님의 것이다. 그리고 다 '우리'의 것이다. 그런데 간혹 가다가 복음의 일꾼들이 복음 역사의 결과들을 자기 것으로 착각하는 경우가 있다. 그래서 이를 놓지 못한다. 지나치게 집착한다. 움켜쥐려 한다. 혹은 자기가 역사를 가장 잘 알고, 잘 섬길 수 있다는 큰 착각에 빠진다. 모든 것을 쏟아부어서 섬겼기 때문에 애착을 갖는 것은 인지상정일 것이다. 그러나 이때를 조심해야 한다. 아무리 모든 것을 쏟아부어 섬겼다고 해도 그 결과에 지나친 애착을 가져 이를 움켜쥐려고 해서는 안 된다. 자기 것으로 생각해서도 안 된다. 자기가 가장 잘 섬길 수 있다고 생각해서도 안 된다. 그렇게 되면 여기서부터 온갖 문제들과 비극들이 발생한다.

때로는 우리가 자기중심적이 되고 마음이 좁아져서 자기가 섬기고 있는 복음 역사만을 소중히 여기고 다른 사람들이 섬기는 복음 역사에는 무관심할 수도 있다. 물론 내가 몸담은 사역, 내가 몸담게 된 공동체가 소중하다. 내게 주신 소명이 소중하다. 그러나 모든 주님의 사역, 모든 공동체가 소중하다. 모든 소명이 소중하다. 그러므로 다른 사람을 통해서 일어난 하나님의 역사를 똑같이 귀하게 여길 수 있어야 한다.

나라와 민족과 언어와 종족과 피부색이 다를지라도 우주적 교회는 하나요, 하나님의 교회요, 주님의 교회다. 내가 섬기는 복음의 역사는 하나님의 우주적 교회 건축 역사의 한 모퉁이에서 한 장의 벽돌을 올리고 있는 것일 뿐이다. 교회의 주인은 오직 성 삼위 하나님이시다. 예수님께서 말씀하셨다.

"거두는 자가 이미 삯도 받고 영생에 이르는 열매를 모으나니 이는 뿌리는 자(심는 자)와 거두는 자가 함께 즐거워하게 하려 함이라. 그런즉 한 사람이 심고 다른 사람이 거둔다 하는 말이 옳도다. 내가 너희로 노력하지 아니한 것을 거두러 보내었노니 다른 사람들은 노력하였고 너희는 그들이 노력한 것에 참여하였느니라"(요 4:36-38).

하나님은 오늘 이 땅에서 최고의 열무 물냉면을 먹게 된 나에게 천국 복음 역사의 원리를 새롭게 생각나게 하셨다. 열무 물냉면을 선교의 동역자들과 나눠 먹으며 함께 사랑을 나누게 하신 하나님께 감사를 드린다. 오늘도 천국의 복음 역사에 자격 없는 자를 불러 주셔서 그 한 모퉁이에서 섬기게 하시는 주님께 찬송과 경배를 드린다. 복음의 역사는 모두 주님의 것이다. 성령님이 주인이시다. 나는 부름 받은 종일 뿐이다. 주인으로부터 위임을 받아서 섬기는 청지기일 뿐이다.

"그런즉 한 사람이 심고 다른 사람이 거둔다 하는 말이 옳도다!"(요 4:37).

고대교회의 순교자들

짐바브웨 국립대학교에 긴 겨울 방학이 시작되어 학생(양)들은 모두 고향 시골집으로 내려갔다. 책을 맘껏 읽을 수 있는 기회여서 좋았다. 그중에서도 존 폭스의 《기독교 순교사화》는 쉽게 책장을 넘길 수가 없었다. 옷깃을 여미며 천천히 읽고, 묵상하고 기도하면서, 책장을 넘겨야만 했다. 예수 그리스도를 향한 사랑과 신앙과 충성심 때문에 목숨까지도 버려야 했던 고대교회의 순교자 한 사람 한 사람의 이야기들이 나로 옷깃을 여미게 했고, 때로는 온몸에 전율을 줬기 때문이다.

역사 속에서 예수 그리스도 복음의 순수성은 순교자들의 피 뿌림을 통해서 지켜졌고, 그 지경을 넓혀갔다. 일찍이 교부 터툴리안도 말했다. "순교자의 피는 교회의 씨앗이 되고, 교회는 순교자의 피를 먹고 자란다." 근본적으로는 순교자들의 피를 통해서 일하신 주(主) 되신 성령 하나님께서 예수 그리스도 복음의 순수성을 보존하시고 넓히신 것이지만 말이다.

고대교회 시대에 최초의 핍박은 주후 67년 로마의 5대 황제 네로의 치하에서 시작되었다. 그의 박해는 포악했고, 잔인했다. 어떤 성도들에게는 동물 가죽을 뒤집어씌워서 죽을 때까지 개에게 물어 뜯기게 했다. 어떤 성도에게는 왁스를 바른 옷을 입혀서 기둥에 묶어 놓고 불을 붙여 그의 정원을 밝히게 했다. 그는 성도들을 나무 기둥에 쇠사슬로 매달아 불태워 죽였고, 원형극장에 그 순결한 성도들을 채찍질하여 버려두고 맹수들을 풀어놓아 갈가리 찢기게 했다.

네로는 로마시를 불태우라는 명령을 내리고, 온 시가 불길에 싸여 있는 동안, 마케나스 탑 위에서 하프를 타면서 타오르는 트로이라는 노래를 불렀다. 이 끔찍한 화재는 9일간 계속되었다. 그는 격렬한 비난이 자기에게 쏟아질 것을 알고 모든 책임을 그리스도인들에게 돌렸다. 그리하여 수많은 그리스도인들을 불태워 죽이거나 짐승의 밥이 되게 만들었다. 소름이 돋는다. 인간이 어느 정도까지 잔악해질 수 있는가를 질문하게 한다.

이러한 인간의 잔악함이 성도들의 신앙을 꺾을 수는 없었다. 이 혹독한 박해 가운데서도 성도들은 기쁨으로 죽음을 맞았으며, 끝까지 신앙의 순결을 지켰다. "나의 주, 나의 왕, 예수 그리스도" 고백을 취소하지 않았다. 나의 주, 나의 왕, 예수 그리스도를 자기의 생명보다 더 사랑했기 때문에, 그리고 육체의 죽음으로 끝나지 않는 영원한 생명을 소유했기 때문에….

주후 90년경, 제11대 로마 황제 도미티아누스는 다윗의 혈통은 모두 죽여 버리라는 명령을 내렸다. 그의 치하에서 가해진 형벌과 잔인한 학대들은 감금, 고문, 불에 지지기, 불에 태우기, 채찍질, 돌로 때리기, 목매달기, 끓는 가마솥에 집어넣기, 빨갛게 달군 집게로 살을 찢기, 맹수들에게 던지기, 야생 황소의 뿔 위로 던지기 등이었다. 악마의 흉악함이 이렇게 드러났다.

그러나 그도 성도들의 신앙을 꺾지는 못했다. 이 같은 핍박으로 인하여 무수한 순교자들이 나왔는데, 그 가운데 예루살렘 교회의 감독 시므온은 십자가에 달렸다. 에베소에 있던 사도 요한은 황제의 명에 의해 로마로 이송되었고, 거기서 끓는 기름 가마솥에 던져졌다. 그러나 끓는 기름이 그에게 아무런 해도 입히지 못했다. 그를 죽일 수 없다는 것을 안 황제는 연로한 요한을 밧모섬으로 유배를 보내어 광산에서 노동을 하도록 했다.

그들은 그리스도인들을 죽이기 위해서 여러 가지로 모함의 말을 유포했다. 그리스도인들은 음란한 밤 집회를 가지며, 반항적이고, 자기 자녀들을 죽이고, 심지어는 사람 고기를 먹는다는 등. 당시 로마 어느 지방에 기아나 전염병이나 지진이 일어나면 모두 그리스도인들에게 책임을 지웠다. 이 때문에 무고한 성도들이 수없이 죽어갔다. 이 기간 중에 바울의 제자이며 에베소 교회의 감독이었던 디모데도 순교를 당했다. 그러나 이런 끔찍한 박해자는 오히려 성도들의 예수 그리스도 신앙을 더욱 왕성하게 만들었다.

사도 바울도 순교의 죽음으로 이생을 마감했다. 그는 복음을 전하다가 돌에 맞아 기절하고, 태장으로 맞고, 감옥에 갇혔다. 강의 위험, 강도의 위험, 동족의 위험, 이방인의 위험, 광야의 위험, 바다의 위험, 거짓 형제의 위험을 당하고, 수고하고 애쓰고, 여러 번 자지 못하고, 주리며 목마르고, 여러 번 굶고, 춥고, 헐벗었다(고후 11:23-28).

이런 바울의 평소의 삶이 예수 그리스도를 위한 순교적 삶이었다. 그는 말했다.

> "형제들아, 내가 그리스도 예수 우리 주 안에서 가진 바 너희에 대한 나의 자랑을 두고 단언하노니 나는 날마다 죽노라."(고전 15:31)

이런 그는 평생 온 땅을 두루 다니며 복음을 전할 수 있었다. 그리고 복음을 전하다가 로마의 감옥에 갇혔고, 순교의 죽음으로 하나님의 부름을 받았다. 그는 예수 그리스도의 참제자였다.

도미티아누스의 뒤를 이어 네르바가 즉위하자 그는 그리스도인들에 대한 사형집행을 일단 중지했다. 그러나 겨우 3개월간 통치한 뒤 그의 후계자 트라야누스가 통치했는데, 트라야누스 황제는 다시 다윗의 혈통은 없애버려야 한다는 명령을 내렸다. 그 결과 그 자손들은 발견되는 대로 사형집행을 당했다.

트라야누스는 안디옥 교회의 주교 이그나티우스에게 순교명령을 내렸다. 이 거룩한 사람은 전도자 요한으로부터 복음을 받았고, 그의 선교와 사역에 굉장히 열정적이었다. 그는 로마로 이송되던 여행길에 소아시아 지역을 통과하게 되었다. 이 지역의 기독교 공동체들은 순교의 길을 가는 영웅을 맞이하기를 기대하고 있었다. 그를 만나기 위해 서머나로 대표단을 파견하고, 그들의 사랑과 존경을 전했다. 그는 마그네시아 교회에서 온 감독과 두 장로들, 그리고 집사를 만났으며, 트랄리스 교회에서는 폴리비우스 감독이 찾아왔다.

에베소 교회에서는 오네시무스(오네시모) 감독이 이끄는 사절들을 보냈다. 서머나에서 배를 기다리는 동안 이그나티우스는 에베소와 마그네시아 그리고 트랄리스에 있는 형제들에게 감사와 권고의 편지를 보냈다. 동시에 그는 로마에 있는 교회에도 편지를 보냈는데, 로마 성도들이 그를 구출하고자 한다는 소식을 듣고는 이러한 계획에 찬성하지 않았다. 왜냐하면 그는 이미 자기의 목숨으로 신앙을 지킬 각오를 하고 있었고, 이 일을 영광스럽게 여기고 있었기 때문이었다. "나는 그대들의 친절이 나를 오히려 해치리라고 생각합니다. 아마도 당신들은 그 계획을 성공시킬지 모릅니다. 그러나 부디 나의 부탁을 들어, 나로 하여금 하나님 앞에 큰 은혜를 얻게 하십시오." 그는 순교의 죽음이 하나님 앞에 큰 은혜를 얻는 것이라고 말했다. 그는 이 여정의 길에 일곱 편의 서신을 남겼는데, 편지의 주된 주제들은 가현설에 대한 경고와 감독과 장로, 집사들의 권위에 대한 강조와 일치에 대한 권고였다.

그는 황제 앞에서 담대하게 자기 믿음을 입증했으며, 그로 인해 감옥에 갇혀 잔인한 고통을 당했다. 그리고 몹시 채찍질을 당한 뒤에 두 손에 강제로 불을 쥐게 하고는 옆구리에는 기름에 적신 종이를 감아놓고 불을 질렀다. 그런 뒤에 뜨겁게 달군 가위로 그의 살을 찢었고 나중에는 맹렬한 맹수에 의해 찢김을 당해 이생을 마감했다.

이그나티우스가 서머나에 있던 폴리갑에게 보낸 편지를 보면 이미 순교의 죽음을 예감했던 것 같다. "시리아에서 로마에 올 때까지 나는 바다에서나 육지에서나, 낮이나 밤이나, 나 때문에 이익을 많이 얻으면 얻을수록 더 악하게 구는 군인들 가운데에 묶여 있으면서 동물들과 싸워 왔습니다. 그리고 일단 나를 위해 준비해 놓은 동물에게 가기만 하면 나는 하나님께로 갈 것입니다. 나는 또한 내가 화를 돋운 동물이 내게로 와서 입을 딱 벌리고 나를 단숨에 삼켜 버리기를 바랍니다. 만약 내가 동물들의 화를 돋우지 못해서 그들이 그렇게 하지 않는다면 내가 그들에게 자신을 던져 버릴 것입니다. 이제 나는 학자가 되기 시작했습니다. 나는 눈에 보이는 것이나 눈에 보이지 않는 것을 개의치 않음으로써 그리스도 예수를 얻을 수 있기를 바랍니다. 불이나, 교수대나, 맹수나, 뼈가 꺾이는 것이나, 몸의 지체들이 잘리우는 것이나, 내 몸 전체가 상하는 것이나, 마귀와 지옥의 고통이 내게 내려져서 내가 그리스도 예수를 얻기를 바랍니다."

아, 불굴의 믿음의 용사, 하나님의 사람 이그나티우스여!

오늘날도 북한이나 무슬림 지역에서 일어나는 순교자들의 소식을 가끔 접하나 대체적으로는 평화의 시대다. 하지만 황금과 쾌락과 이성(理性)과 교만이 신처럼 행세하는 이 말세의 시대에 신앙의 순결에 도전하는 달콤한 세력들은 교회 내에까지 파고들어 있다. 달콤한 혓바닥으로 현혹하는 마귀의 유혹은 어떤 점에서 더 무서운 것인지 모른다. 내가 예수님의 참제자라면 나의 매일의 삶이 순교적이 되어야 마땅하지 않은가? 나는 이곳 짐바브웨에서 삶의 환경이 조금 열악한 것 때문에 짜증이 날 때가 있다. 약속을 지키지 않고 거짓말을 반복하는 중고 자동차 딜러인 J씨에 대하여 미움이 치솟기도 한다. 힘든 상황을 피하려고 이리저리 몸을 도사리기도 한다. 아직도 나의 매일의 삶이 순교적이 되지 못한 것이다. 나는 이를 회개하며, 바울의 고백이 나의 고백이 되게 해주시도록 기도한다. "나는 날마다 죽노라"라고 고백할 수 있는….

인생과 신앙의 대선배, 고대교회의 순교자 이그나티우스의 숭고

한 예수님 사랑을 기리며 흠모한다. 사랑이 이겼다. 온갖 고난도 박해도 이겼다. 죽음도 이겼다. 사랑이 이긴다. 이 사랑은 예수님의 먼저 사랑에서 나온 것이리라. 나도 그 사랑을 받았다. 나도 이그나티우스처럼 예수님을 사랑할 수 있게 되기를 기도한다.

"주여, 고대 교회 순교자들의 주님 사랑과 신앙과 충성심을 제게도 주옵소서!"

> "사랑은 여기 있으니 우리가 하나님을 사랑한 것이 아니요 오직 하나님이 우리를 사랑하사 우리 죄를 위하여 화목제로 그 아들을 보내셨음이라."
> (요일 4:10)

제2부

백 년 후를 바라보며

때가 찼고 하나님의 나라가 가까이 왔다

음푸멜렐로와 함께

아내 안나 선교사가 지난 한 주간 몸살에다가 근육통을 심하게 앓았는데 이제 거의 회복되었다. "치료자 성령님, 감사합니다." 우리는 이곳에서 병원에 가야 할 정도로 아프면 안 된다. 그렇게 되면 이곳에 더 머물 수가 없다. 이곳의 의료시설이 너무나 열악하기 때문이다. 우리의 기도 제목 중 하나는 성령님께서 우리를 붙드셔서 병원에 갈 정도로 아프지 않게 하시고, 날마다 필요한 건강을 달라는 것이다.

오늘은 나와 안나 선교사 모두 아침부터 일대일 성경공부가 많은 날이다. 우리는 도시락을 싸 들고 8시 반까지 연구실로 갔다. 류 대사가 짐대 부총장과 국제처장, 문과대학장 등 주요 인사들을 저녁 만찬에 초청하고 싶다고 해서 이를 알리러 나는 국제처장 다니엘 박사 방에 들렀다. 그런데 이때가 부활절 연휴라서 자기나 부총장 모두 하라레에 없을 것이라고 한다. 이 사실을 대사관에 알렸다. 다른 기회를 만들기로 했다.

며칠 전에 4월 8일 부활주일에 한인교회에서 갖는 한인 연합 부활절 예배에서 메시지를 전해달라는 부탁을 받았다. 본문과 제목을 알려 달라는 연락이 왔다. 마태복음 28장 6절을 기초로, "부활 신앙으로 삽시다"라는 제목으로 메시지를 전하겠다고 알렸다.

오전 10시에 기계공학과 1학년 심바 형제와 마가복음 2강, 마가복음 1장 16-34절, "내가 너로 사람을 낚는 어부가 되게 하리라"를 공부했다. 마가의 기록에 의하면, 예수님은 메시아 사역의 초기부터 몇 사람의 갈릴리 어부 청년들을 제자로 부르셨다. 이들에게 사람을 낚는 어부로 만드시겠다는 약속의 말씀을 주셨다. 그리고 공생애 사역 동안 예수님의 주된 관심은 열두 제자들을 양육하고 훈련하고 미래의 지도자들로 키우는 데 있었다. 심바는 나의 한국어 과정에서 만난 학생인데 다른 학생들과는 좀 다른 면이 있다. 그는 현실에 대한 불만을 거의 말하지 않고, 매우 성실하며, 학구적인 자세가 있다. 그는 본문 말씀을 통해서 예수님의 제자의 부르심을 영접한다고 고백했다. 이후에 그의 눈빛이 달라지는 것을 볼 수 있었다.

이 나라에는 신자라고 하는 학생들은 많으나 자기를 부인하고 자기 십자가를 지고 예수님을 따르는 참제자는 부족하다. 제자도를 가르치는 영적 스승이 적기 때문일 것이다. 제자도를 따르는 모델이 없는 것도 문제일 것이다. 정치, 경제, 사회 어느 곳을 들여다봐도 이 나라의 소망은 예수님의 참제자들이 일어나 장차 이 사회의 각 분야에서 영향력 있는 리더들이 되는 데 있는 것을 절실히 느낀다. 성령님께서 우리를 이 나이에 이곳으로 인도하신 것은 몇 사람이라도 예수님을 따르는 제자가 세워지기를 기도하고, 제자를 양성하도록 하심임을 점점 더 실감하고 있다.

이어서 문과대 2학년인 마카야 피터와 마가복음 3강, 마가복음 1장 35-45절을 공부했다. 그는 예수님의 제자로 성장하기 위해서 개인기도 생활에 힘쓸 것을 다짐했다.

이후에 연구실에서 안나 선교사, 아폴로니아와 함께 도시락을 먹었다. 그리고 아폴로니아에게 첫 월급을 주면서 다시 한번 하나님 편에서 우리의 역할을 이야기했다. "우리가 섬기는 한국어 과정 자체를 하나님께서 시작하셨다. 이는 하나님의 선하신 뜻을 이루시려는 하나님의 역사임이 분명하다. 하나님께서 아폴로니아를 사무원으로 취직시켜 준 것이 아니라 목자로 키우시려고 나와 동역하게 해 주셨다. 그리고 이 물질은 한국에 있는 믿음의 형제자매들이 짐바브웨와 아폴로니아를 위해서 기도하며 드린 헌금이다."

그는 감사한 마음으로 나와 동역할 것이며, 믿음의 어미요 목자로 성장하기 원한다고 말했다. 우리는 뜨거운 마음으로 간절히 합심하여 기도했다.

오후에는 문과대 2학년인 음푸멜렐로와 마가복음 1강, 마가복음 1장 1-15절을 공부했다. 그는 날마다 회개하고 예수님을 마음에 모셔 들여 하나님의 나라를 누려야 함을 받아들이고 기도했다. 이후에 그의 한국어 공부를 도와줬다.

이상의 세 형제들은 나의 한국어반 학생들이다. 하나님께서 나의 기도에 신실하게 응답하셔서 이제 한국어반 학생들 가운데서 9명이 일대일로 성경을 공부하도록 역사하셨다. 이후에 문과대 2학년인 임마뉴엘과 마가복음 2강을 공부했다. 그는 말씀을 잘 받았다. 그는 한국어반 학생이 아닌데, 자기도 한국어를 공부하고 싶다고 했다. 그래서 오늘부터 한국어 개인지도를 시작했다.

모든 공부를 마쳤을 때 5시 반이 되었다. 해가 기우는 석양이다. 약간은 몸이 지치고 피곤함을 느꼈다. 물리적 나이를 무시할 수는 없는가 보다. 그러나 나의 영은 예수님으로 말미암는 감동과 은혜, 감사와 기쁨으로 충만했다. 조금 휴식을 취하면 몸도 다시 회복된다.

우리의 아버지이신 하나님은 참 멋진 분이시다. 아들들과 딸들에게는 예언을 하게 하시고, 젊은이들에게는 환상을 주신다. 나이 든 사람들에게는 꿈을 꾸게 하신다.

"하나님이 말씀하시기를 말세에 내가 내 영을 모든 육체에 부어주리니 너희의 자녀들은 예언할 것이요, 너희의 젊은이들은 환상을 보고, 너희의 늙은이들은 꿈을 꾸리라."(행 2:17)

나는 날마다 꿈을 꾼다. 지금은 버려진 땅과도 같은 이 땅이 하나님을 예배하는 땅이요, 세계를 향하여 제사장 나라, 거룩한 백성, 선교사를 파송하는 나라가 되게 하실 하나님을 꿈꾼다. 이렇게 되기 위해서 먼저 회개하고 복음을 믿어야 한다. 성령님의 일하심으로 성경말씀을 받고 회개하고 복음을 믿는 젊은이들이 일어나기를 기도한다. 하나님의 때가 찼다. 하나님의 나라가 가까이 왔다. 회개하고 복음을 믿으면 구원이 임하고 변화가 시작된다. 개인이 변하고, 가정이 변하고, 사회가 변한다. 나라가 변한다.

우리 주님께서 오늘도 말씀하신다.

> "때가 찼고 하나님의 나라가 가까이 왔으니 회개하고 복음을 믿으라."(마가복음 1:15)

하나님의 크신 긍휼과 사랑의 간절한 초청이다. 그리고 싱싱한 짐바브웨 국립대학교의 청년들을 성경공부에 보내주신다. 이 땅에도 때가 찼고 하나님의 나라가 가까이 왔음을 느낀다.

작은 자야, 네 죄 사함을 받았느니라

짐바브웨 선교 지부장 이제임스 선교사(중앙)

지난밤에는 늦게까지 잠들지 못했다. 하지만 오늘 새벽 일찍 잠에서 깼다. 고난주간이 시작된 때문이리라. 오늘 아침부터 한 주간 예수님의 고난을 생각하며 금식을 하기로 했다. 일용할 양식으로 생명의 말씀을 먹고, 기도 시간을 충분히 가질 수 있었다.

오늘 큐티 말씀은 주님께서 마지막 유월절 만찬을 준비하는 날, 한 여인이 값비싼 향유 옥합을 깨트려 예수님의 머리에 붓고 머리털로 예수님의 발을 씻기는 내용이었다. 예수님을 따르는 제자들마저도 이 여인의 행동을 이해하지 못했다. 그녀의 행동을 허비로 생각했다. 그녀를 책망했다. 그러나 예수님은 이 여인의 마음 깊은 곳을 통찰하셨다. 그녀의 믿음과 예수님을 향한 진실한 사랑을 보셨다. 예수님은 그녀의 행동이 세상에서 아름다운 일이며, 대대로 기념될 것이라고 말씀하셨다. 나의 삶이 마리아의 향유 옥합처럼 주님께 부어지기를 기도한다.

주일예배에 참석하기로 약속한 자매들을 픽업하러 9시 반에 학교로 갔다. 약속했던 글레디스를 비롯해서 자매들이 약속 장소에 나오지 않았다. 연락도 되지 않았다. 빈손으로 예배에 갈 수 없어서 형제 기숙사 앞에 차를 세워놓고 지나가는 형제자매들을 예배에 초청했다. 맨 먼저 은들로브 형제가, 다음에는 한 의대 1학년 학생이 예배 초청에 응했다. 그들은 옷을 갈아입고 오겠다며 기숙사로 갔다. 20분간 그들을 기다렸다. 그들은 오지 않았다. 시간이 되어 돌아가려다가 오늘 예배 초청의 마지막이라 생각하고 지나가는 한 자매를 만나 예배에 초청했다. 그녀는 가겠다고 했다. 그녀의 이름은 '레티'다. 레티를 차에 태웠다. 그리고 막 출발하려 하는데 은들로브 형제가 옷을 갈아입고 기숙사 쪽에서 달려오는 것이 보였다. 그는 숨을 헐떡거리며, "쏘리, 쏘리" 하면서 차에 올라탔다.

그리고 천천히 출발하는데 운전석에 앉은 나를 자꾸 바라보는 형제가 있어 그의 앞에 차를 세웠다. 주일예배에 초청한다고 하니 그가 차에 올라탔다. 그는 '대런'이라는 1학년 형제였다. 이렇게 오늘 처음 만난 형제자매 셋을 태우고 예배에 참석했다. 입술에서는 찬송이 나오고, 마음은 신바람이 났다. 우리의 하나님은 이렇게 잃어버린 영혼들을 사랑하시며 찾으신다. 그 사랑은 측량할 수가 없다. 우리의 아버지 하나님은 참 유머가 많으신 분이시다.

제임스 선교사가 마가복음 2장 1-12절을, "아들아, 네 죄 사함을 받았느니라"는 제목으로 말씀을 힘 있게 전했다. 네 명의 친구들이 중풍병에 걸려 움직일 수 없는 한 사람을 침상째 들고 예수님께 나아왔다. 그러나 예수님이 계신 집은 이미 많은 사람들이 몰려들어 병자를 예수님께 데리고 갈 수가 없었다. 그러자 그 친구들은 지붕으로 올라가 지붕을 뚫고 병자를 침상에 누인 채로 예수님이 계신 곳으로 달아 내렸다. 말씀을 가르치고 계시던 예수님은 그들의 믿음을 보셨다. 그리고 말씀하셨다. "아들아, 네 죄 사함을 받았느니라."

예수님은 병 고침을 받고자 온 그에게 죄 사함을 선포하셨다. 예수님께서 보실 때 그에게 가장 시급하고 중요한 문제, 곧 근본적인 문제가 죄 문제였기 때문일 것이다. 인간의 근본문제는 죄 문제다. 어떤 사람이든지 먼저 해결되어야 할 문제는 죄 문제다. 죄 문제가 해결되어야 죽음의 문제도 해결될 수 있다. 개개인의 죄 문제가 해결되어야 가정과 사회와 공동체와 나라의 죄 문제도 해결된다. 죄 문제는 예수님의 사죄의 선포를 받아들여야 해결될 수 있다. 죄 사함을 받은 자들이 다른 사람을 용서하고 사랑할 수 있다. 예수님은 믿음으로 나아오는 자들에게 사죄를 선포하신다. 이후에 예수님은 말씀으로 이 중풍병자를 일으키심으로써 자신이 사죄의 권세를 가지신 하나님의 아들이심을 드러내 보이셨다.

오늘은 나와 일대일로 성경을 공부하고 있는 마카야, 음푸멜렐로, 임마뉴엘이 예배에 참석했다. 그리고 학교에서 처음 만나 초청한 세 명의 형제자매들이 참석하여 하나님을 예배하고 말씀을 받았다. 너무나 기쁘고 즐거운 고난주간 주일이었다. 예배 후에 대런은 나와 일대일로 성경을 공부하기로 약속했다. 레티는 아폴로니아에게 소개해줬다. 예배 후에 음푸멜렐로와 대런을 도서관으로, 은들로브를 기숙사로 데려다주었다.

우리 주님은 내면의 믿음을 보신다. 주인의 허락도 없이 남의 집

지붕을 뜯어내고 중풍병자를 침상째 달아 내리는 행동은 엉뚱하고 매너가 없는 행동이다. 인간의 도덕적 기준에서는 비난받을 만한 행동이다. 그러나 예수님은 그들의 겉에 나타난 행동보다도 내면에 있는 믿음과 잃어버린 영혼에 대한 사랑을 보신다. 오늘은 이 예수님의 기쁨을 더 배운 날이다. 나의 나날의 삶이 70대 목회자로서의 매너와 모양새를 갖추는 삶이 아니라, 오직 믿음과 하나님의 잃어버린 영혼들을 향한 사랑으로 살아서 주님을 기쁘시게 하는 삶이 되기를 기도한다.

> "예수께서 그들의 믿음을 보시고 중풍병자에게 이르시되 작은 자야 네 죄 사함을 받았느니라 하시니."(막 2:5)

추수할 일꾼을 보내어 주소서

오늘도 새벽 4시경에 눈이 떠졌다. 여름방학 중(이곳은 1, 2월이 여름방학이고, 3월부터는 둘째 학기가 시작된다) 한국 방문을 마치고 짐바브웨로 돌아온 후, 첫날부터 시차 없이 규칙적인 생활을 할 수 있게 되었다. 주님의 은혜요, 나와 동행하시는 성령님의 도우심이다. 내 안에 내주하시고 충만하게 임재하심으로 나를 사로잡으시며, 나의 길을 인도하시는 성령님께 무한 감사를 드린다.

방학 동안에 시골집으로 흩어졌던 학생들도 기숙사로 돌아왔다. 이번 주부터 새 학기 오리엔테이션과 수업이 시작된다. 아침 식사 후 학교 연구실로 나갔다. 메일을 체크한 후, 주일예배에 새로운 학생들을 보내어 주시도록 간절히 기도하고 학생처 건물 근처에서 학생들을 만나 예배에 초청했다.

지난 학기에 성령님은 매 주일 새로운 학생들을 만나서 예배에 초청하고, 예배에 데려갈 수 있도록 역사하셨다. 이를 통해서 일대일로 성경을 공부하게 된 학생들을 여럿 허락하셨다. 이번 학기에도 주일날 캠퍼스에서 예배 초청을 통해서 짐대의 영혼들이 하나님의 말씀을 듣고 하나님을 예배하며, 구원에 이르게 되도록 축복해주시기를 간절히 기도했다. 내 나이를 생각할 때 이 선교현장에서의 한 시간이 매우 소중하게, 그리고 긴박하게 느껴졌다. 1학년 자매 의대생 2명과, 1학년 형제 의대생 2명을 학생처 뒷문 앞에서 만나 많은 대화를 나눴고, 주일예배에 초청했다. 성령님께서는 형제들 마음에 역사하셔서 이들이 예배에 참석하도록 축복하셨다. 이들의 이름은 알로이스와 파르돈이다. 이렇게 일하시는 성령님을 보면서, '성령님께서도 마음이 급하신가?' 하는 생각이 들었다.

의대 1학년 알로이스와 성경공부 약속이 있어서 안나 선교사와 함께 연구실로 갔다. 학생처 건물 옆을 지나가던 페트리샤 자매가 멀리서 나를 보고 "닥터 리!" 하면서 달려왔다. 한국어를 공부하고 싶다고 한다. 연구실에서 한국어 과정 등록을 받고 내일 오후 3시 반에 과외를 하기로 했다.

실레토쿨레 자매가 연구실로 찾아왔다. 그녀는 부모 형제가 없는 고아다. 지난 학기 일대일로 성경공부를 시작했고, 한국어반에서 공부한 자매다. 정치외교학과 2학년이다. 나는 그녀가 말씀 공부 중에 부모가 없는 고아임을 말하며 눈물을 흘릴 때 마음이 많이 아팠다. 이번 학기에는 기숙사에 들어갈 물질이 없어서 한 시간 이상 걸리는 시외의 먼 친척 집에 고등학생인 남동생과 함께 머물고 있다고 한다.

기숙사로 이사할 예정이었던 블레싱 자매한테 연락했더니 이사를 마치고 연구실로 왔다. 그녀에게 한국어 입문 과정 두 번째 부분을 가르쳤다.

이제 블레싱도 한국어 초보자 과정에 합류하게 되었다. 이 자매는 한국 방문 직전에 학생처 사무실 앞에서 만난 자매인데 마음이 준비된 심리학과 1학년 우등생이다. 한국에서 돌아온 직후부터 일대일로 성경공부도 시작했다.

리까르도가 일대일 성경공부를 하러 왔다. 그는 통계학과 1학년 우등생이다. 그는 한국어 보충 수업에 참여하는 중에 일대일 성경공부를 하게 되었다. 창세기 1강을 공부하고 강의안을 같이 읽었다. 그는 짧은 본문을 이렇게 상세하고 감동적으로 풀어준 강의안을 본 적이 없다고 하면서 기뻐했다. 그리고 자기 가족에게도 성경공부를 시켜줄 수 있겠느냐고 물었다. 그는 모든 말씀을 그대로 받아들인다고 했다.

알로이스와 창세기 1강을 공부했다. 그는 자세가 좋았다. 성령께서 역사하심을 느꼈다. 그는 말씀을 잘 받아들였다.

"태초에 하나님이 천지를 창조하시니라."(창 1:1)

그는 하나님의 창조주권을 영접하고, 창조주 하나님의 영광을 드러내는 의사가 되기 위해 열심히 성경을 공부하고 의학을 공부하겠다고 했다. "하나님께 영광!"이 자기의 인생의 의미요 목적임을 고백한다고 했다. 할렐루야!

아폴로니아와 함께 에베소서 1장 말씀을 공부했다. 그녀는 어릴 때부터 겪어온 극심한 가난으로 인해서 마음 깊은 속에 세상에 대한 분노 같은 것이 남아 있다. 그녀의 고향인 불라와요에는 몸이 불

편하신 홀어머니와 중고등학교에 다니는 세 명의 동생들이 있다. 그녀는 한국어 과정 조교로서 받는 월급으로 세 동생들의 학비, 가족들의 생활비를 대고 있다. 가장인 것이다. 이런 그가 한국에 유학생 선교사로 가는 것을 결단한 것은 대단한 믿음의 결단이고, 성령의 역사다. 그녀는 살아 계신 하나님께 가족들을 맡긴다고 말했다.

수산나 선교사로부터 전화가 왔다. 냉면을 준비했으니 집으로 오라는 것이다. 오랜만에 먹어보는 맛있는 냉면이었다. 이곳에서는 좀처럼 먹기 힘든 음식이다. 수산나 선교사는 언제나 맛있는 음식을 풍성하게 준비해서 우리를 초청한다. 그린데일에 위치한 푸드 러버(과일, 채소, 고기 등을 파는 큰 가게)에 가서 시장을 봤다. 이 마켓은 집에서 자동차로 15분 거리에 위치하고 있는데, 많은 꽃나무들과 넓은 들을 지나 대자연 속을 드라이브하는 길이라 이곳을 오갈 때마다 나는 늘 기분이 좋다.

음푸멜렐로가 만나자고 해서 다시 연구실로 갔다. 내일 페트리샤와 함께 한국어 과외를 할 학생들을 4명은 더 주시도록 기도했다. 연구실 건물 뒤쪽에 앉아 있던 웰링톤 형제와 오드리 자매가 나를 보고 손을 흔든다. 이들을 연구실로 초청해서 한국어 과정 등록을 했다.

음푸멜렐로와 만난 후에 다시 스윈턴 자매 기숙사 쪽으로 가서 지나가던 약대 4학년 데피네 자매를 한국어 과정에 등록시켰다. 그리고 형제 기숙사 앞으로 가서 혼자 앉아 있는 심바라쉐 형제와 대화를 나눈 후 그를 성경공부와 한국어 공부에 초청했다. 그는 내일 주일예배에도 오기로 했다. 형제 기숙사 담벼락에 앉아 있는 페이스와 무사리리 자매들도 등록을 했다.

주차장으로 가는 길에 의대 1학년 자매 3명과 형제 2명을 만났다. 이들과 이런저런 대화를 나누다가 짧은 연설을 했다. "너희들은 젊다. 너희들은 이 나라에서 가장 우수한 학생들이다. 이 나라의 미래가 너희들의 어깨에 달려 있다. 너희들은 이 나라의 미래의 지도자들이다. 너희들이 이 나라의 희망이다. 너희들은 젊은 시절에 크고 원대한 꿈을 가져야 한다. 하나님께 붙들린 의사가 되어야 한다. 세계인들을 위해서 봉사하는 자들이 되어야 한다. 그 꿈을 이루기 위한 준비로 성경을 공부하고 외국어를 공부해야 한다." 그리고 성경공부와 한국어 공부에 초청했다.

6시가 넘자 캠퍼스가 어둑해졌다. 이곳저곳에 목자 없는 양과 같은 청년들이 돌아다닌다. 추수할 일꾼만 있다면 이 많은 영혼들을 더 많이 추수할 수 있을 텐데…. 마음이 안타깝다. 주님께 기도한다.

"주여, 이 캠퍼스에 추수할 일꾼들을 보내어 주소서! 이들 중에 주님께 헌신된 예수님의 참 제자들을 세우심으로 이 백성을 축복하소서!"

> "이르시되 추수할 것은 많되 일꾼이 적으니 그러므로 추수하는 주인에게 청하여 추수할 일꾼들을 보내 주소서 하라."(눅 10:2)

한 사람이 순종함으로

아폴로니아 한국 파송

복되고 복된 주님의 날이다. 아침에 학교 연구실로 갔다. 학교 연구실에서만 인터넷 접속이 가능하므로 메일을 확인하거나 보내려면 연구실로 가야만 한다. 성령님께서 나와 안나 선교사를 이곳 짐바브웨로 인도하시고, 어떻게 일하고 계시는가를 페북의 친구들과 함께 조금씩 공유하기로 했다. 이렇게 하는 것이 우리를 위해서 기도하고 있는 선교의 동역자들에게 보답이 될 것 같아서다. 이곳에서 보내는 작은 소식이 주님의 영광을 드러내고, 친구들에게 격려와 도전이 되기를 기도한다.

오늘은 아폴로니아 자매를 한국에 첫 유학생 선교사 후보로 파송하는 파송 예배를 드리는 주일이다. 많은 학생들이 예배에 참석하게 되어 선교사들은 모두 두세 번씩 이들을 픽업해야만 했다. 오늘 예배에는 모두 65명이 참석하여 예배 홀을 꽉 채웠고, 의자가 모자랐다. 내가 이곳에 온 이후 가장 많은 학생들이 함께 모여 하나님께 예배드린 주일이었다. 신갈렙 선교사가 창세기 20-21장, "약속을 지키신 하나님"이라는 제목으로 메시지를 은혜롭게 전했다. 하나님은 약속의 하나님이시다. 하나님은 반드시 약속을 지키신다. 아브라함에게 하신 후손의 약속이 25년 만에 이루어졌다. 때와 기한은 하나님께 속한 것이지만, 하나님은 반드시 약속을 지키신다. 우리는 약속을 지키시는 신실하신 하나님을 영접하고, 마음껏 찬송을 불렀다. 이후에 아폴로니아 자매가 파송 소감을 발표했다. 그녀의 파송 소감은 참석자들의 마음을 감동시켰다.

"저는 조용한 성격의 아이로 자랐습니다. 가족 외에는 친구가 적었고, 또 여러 가지 어려움을 겪었습니다. 그 결과 저는 다른 사람들에 대한 신뢰를 잃었고 저와 제 가족이 최하위층에 속한다고 생각했습니다. 저는 제 주위의 사람들이 제가 겪은 어려움의 주요 원인이라고 생각했습니다. 이러한 일들은 항상 저를 아무런 삶의 소망 없이 슬퍼하며, 원망과 상처가 많고, 이기적이고, 믿음 없고, 불쾌한 사람으로 만들었습니다.

어머니가 편찮으신 이후 저는 가족을 돌보는 책임을 지게 되었고, 힘들었던 어린 시절로 인해 저는 조용하고 강한 사람이 되었습니다. 저는 제 고통의 원인이라고 생각한 사람들을 미워했으며, 야심과 질투와 시기심으로 가득 차게 되었습니다. 또한 타인에 대한 저의 관점이나 감정은 변하지 않았습니다. 저는 제가 다른 사람들에게 죄를 범하고 상처를 주었다고는 한 번도 생각하지 않았습니다. 오히려 제가 억울한 피해자라고 생각했습니다. 저는 저를 무시한 사람들을 용서할 수 없었습니다. 한

마디로, 저의 인생은 어둠과 죄 가운데 목적 없이 사는 인생이었습니다.

저는 대학교 1학년 때에 친구를 통해서 우리 모임에 오게 되었습니다. 이곳에서 주님을 인격적으로 만나고 의미 있는 사명인의 삶을 살 수 있는 가장 귀한 기회가 제게 주어졌습니다. 저는 성경공부 모임과 주일예배에 참석하기 시작했습니다. 처음에는 성경공부, 소감 쓰기의 의미에 대해 아무것도 깨닫지 못했습니다. 시간이 흐르며 장막 생활을 하게 되었고, 일용할 양식모임이 있어서 매일 새벽 일어나야만 했기 때문에 더 힘들었지만, 저는 양식모임을 단지 의무감으로 했습니다.

시간이 지나며 저는 레베카 선교사님의 영적인 훈련을 통해서 저의 죄악됨을 발견하고 회개함으로 하나님과 인격적인 관계를 맺을 필요성을 느끼게 되었습니다. 저는 예수님이 누구시고 십자가에서 죽으심으로 저를 위해 얼마나 큰일을 이루셨는지에 대해 새로운 시각을 갖게 되었습니다. 저는 여태까지 제가 하나님을 알지 못한 채 죄악된 삶을 살아온 것을 보게 되었고, 마음을 열고 회개하기 시작할 때, 하나님께서는 제 내면에 믿음을 주시고, 모든 두려움과 의심을 제하셨습니다.

저는 짐바브웨 국립대학교에서 언어학 학사 학위를 취득하고 졸업했습니다. 저에게 이사무엘(현정) 선교사님과 한국어 과정 파트타임 조교로 일할 기회가 곧 주어졌고, 작년에는 풀타임으로 일하게 되었습니다. 이는 제 일생 최고의 기회였고, 사명인으로 살 열정이 생겼습니다. 안나 선교사님은 지난 몇 년간, 일대일 성경공부와 저를 위한 기도를 통해 제가 기도의 여인으로 성장하도록 도우셨습니다. 하나님께서는 성경 선생이 되고자 하는 저의 기도를 응답하시고 5명의 일대일 양을 보내주셨습니다.

하지만 더 성취하고 싶은 마음, 특히 학업적으로 더 성공하고 싶은 마음은 줄지 않았고 계속 커져서 저는 전산 혹은 언어치료학자를 동경했습니다. 저는 대학 분야 이외의 진로는 원한 적이 없었습니다. 결국 올해 1월 저는 미국의 브랜다이스 대학에 지원하도록 초청장을 받았고, 언어학과는 독일 포츠담과 네덜란드 흐로닝언에 자리를 마련해주기로 제안받았는데, 이는 2년 후 박사 학위를 쉽게 취득할 수 있는 절호의 기회였지만, 하나님께서는 다른 목적을 갖고 계셨습니다.

저도 한국의 계명대학교에 가서 공부하고자 결단할 때, 여러 가지 실질적인 이유로 어려움이 있었습니다. 계명대에 장학생으로, 동시에 유학생 선교사로 가는 방향에 대해 생각해보라 했을 때, 하나님의 뜻인 것은 알고 있었지만, 이 방향을 영접하기가 어려웠습니다. 오래 고민한 끝에 저뿐만 아니라 가족들이 겪을 물질적인 어려움에 대해 알고 있음에도 불구하고 이 기회를 받아들이기로 했습니다. 저는 현실의 모든 불확실함을 극복하고 아무것도 지닌 것 없이 약속의 땅을 향해 떠난 아브라함의 믿음에 대해 생각해 보았습니다. 아브라함은 그의 살아 계신 하나님께서 자신의 약속대로 아브라함과 함께하실 것을 전적으로 믿었습니다.

로마서 8장 28절 말씀에서 하나님께서는 하나님을 사랑하고 그 이름을 믿는 자들에게 항상 모든 것을 합력하여 가장 좋은 것을 이루실 준비가 되어 있으십니다. 이 두려움을 극복하는 것은 어렵지만 하나님 안에서는 가능합니다. 마치 어머니의 사랑을 의심하지 않는 어린아이처럼 현재를 넘어서 바라볼 수 있어야 합니다. 예수님께서 모든 질문에 대한 답이며, 모든 문제에 대한 해결책이시며, 예수님께서는 확실하게 제 곁에 항상 계실 것입니다. 주님께서 제 편찮으신 어머니와 남매들을 돌보아 주실 것입니다. 집에 머물며 다음 기회를 기다리기 원하는 저의 불신과 영적 무지를 회개하며 기도합니다. 믿음으로 저는 한국에 가서 하나님께서 늘 그러셨듯이 저의 인생을 축복하실 줄로 믿겠습니다. 하나님께서 길을 만드실 것입니다.

사람 앞에서는 목적 없는 자 같지만, 하나님 보시기에 저는 그분의 귀한 딸이요, 저를 사명을 위해 쓰시기 원하십니다. 예수님의 십자가 보혈을 영접했을 때 저의 모든 죄악된 과거는 다 깨끗이 씻겨졌음을 믿습니다. 이제는 하나님의 은혜로 말미암아 살도록 투쟁하며, 그분의 음성을 듣고 성결한 삶, 사명 중심의 삶을 살겠습니다.

이사무엘 선교사님한테서는 주어지는 모든 기회를 최대한 살려야 하는 것을 배웠습니다. 이는 잃어버린 영혼들을 성경공부를 통해 하나님께 인도하고, 일대일 성경공부를 통해서 예수님의 제자로 양성하는 비전을 성취하는 것입니다. 성경 말씀은 저에게 하나님을 위해 사는 법을 가르쳐주었고, 예수님이 나의 기쁨과 즐거움의 근원임을 알게 하셨습니다. 주님을 믿고 항상 범사에 감사하도록 가르쳐 주셨습니다. 그리고 아직 부족하여서 더 성숙하고 온전한 선교사 후보가 되고자 여전히 투쟁하는 중이지만, 저는 성결한 삶을 살고 일대일 제자양성 사역에 자신을 온전히 드리도록 배웠습니다.

제가 기도의 어미가 되고 짐바브웨가 제사장 나라 거룩한 백성, 선교사 파송 국가가 되는 하나님의 비전이 우리의 제자양성 역사를 통해 이뤄지기를 기도합니다.

이제임스 선교사님의 힘이 되는 주일 메시지와 기도 지원으로 인해 하나님께 감사드립니다. 지난 3년 반 동안 저를 향한 모든 선교사님들의 기도 지원과 사랑에 감사드립니다. 한양센터 동역자님들의 기도 지원을 비롯한 모든 지원과 저를 가족으로 받아주심에 또한 감사드립니다.

제가 한국에서 하나님의 훈련을 잘 받아 기도의 여인이요 사라와 같은 열국의 어미로 성장하기를 기도합니다."

소감을 발표한 후에 축복 안수 기도가 있었다. 현지인 리더인 오벳, 어네스트 형제, 그리고 나와 제임스 선교사가 안수하며 기도했다. 이후에 나와 일대일로 성경을 공부하고 있는 정치학과 1학년 실레토쿨레 자매가 특송을 하고 싶다고 해서 무대로 나오게 했는데, 은혜가 넘치는 축복 찬송을 불렀다.

예배 후에 앞뜰 잔디밭에서 전체 기념촬영을 하고 축하파티를 했다. 이때 많은 형제자매들이 아폴로니아의 파송을 축하하는 맘으로 노래를 부르고 춤도 췄다. 나와 안나 선교사도 너무나 기뻐서 "사랑해 당신을" 노래를 열창했다. 양들을 다시 기숙사로 픽업해줄 때 나와 이번 학기에 일대일 성경공부를 시작한 의대 1학년 파르돈 형제는 "It's a great day!"라며 좋아했다.

이사무엘 가족과 함께한 아폴로니아

그녀의 파송 소감과 한국에 유학생 선교 후보 파송은 이곳 리더들과 학생들에게 큰 희망과 비전을 심어주었다. 앞으로 아폴로니아의 생애에 하나님께서 계획하시고 이루실 일들을 우리는 알 수 없다. 그러나 나는 하나님을 기대한다. 그녀와 이 백성들을 위해서 하나님께서 행하실 큰일들을 기대한다. 언제나 새로운 역사의 창조는 한 사람으로부터 시작된다. 하나님은 한 사람을 주목하신다. 하나님은 한 사람에게 크신 소망과 비전을 갖고 계신다. 한 사람이 순종하심으로 많은 사람이 구원을 받았다.

> "한 사람이 순종하지 아니함으로 많은 사람이 죄인 된 것같이 한 사람이 순종하심으로 많은 사람이 의인이 되리라."(롬 5:19)

그로 말미암아 연단을 받은 자들은

사라스팀 소감 모임

어제는 한국에서 비보이들이 짐바브웨에 와 공연을 했다. 이곳은 매년 5월 첫 주 하이파(HIFA)라는 축제를 열고 있는데, 외국에서도 공연단들이 이 축제에 참여해 공연을 한다. 한국 대사관에서는 이번에 비보이를 초청했다. 제임스 선교사에게서 전화가 왔다. 비보이 공연 관람 티켓 두 장을 구했으니 극장으로 올 수 있느냐고 물었다. 나와 안나 선교사는 아본데일에 있는 극장으로 갔다.

하라레에 이렇게 시설이 좋은 극장이 있는지 몰랐다. 비보이들은 한 시간 동안 열정적으로 춤을 췄다. 이들의 몸이 자유자재로 움직였다. 마지막은 싸이의 강남스타일을 약간 선보이며 막을 내렸다. 이곳 관객들의 반응은 열광적이었다. 한국의 젊은이들이 대단하다는 생각을 했다. 너무나 즐거운 시간이었다.

에스더 자매에게 다음 주일 메시지 원고 영어 수정을 부탁했다. 그라시우스와 일대일 약속이 있었는데 오지 않았다. 전화를 했더니 그녀는 노동절에 고향에 내려갔다가 아직 올라오지 않고 마싱고 고향 집에 머물고 있었다. 수요일에 올라온다고 한다. 그래서 금요일 9시에 공부하기로 했다.

프린터기 수리 센터에 갔더니 맡겨놓은 프린터기를 수리했다고 한다. 이 기계를 수리하는 데 꼭 5개월이 걸렸다. 이 프린터기는 프린터와 복사와 스캔을 할 수 있는 복합기다. 작년에 계명대학 부총장이 짐바브웨를 방문했을 때, 한국센터 사무실용으로 직접 갖고 온 것이다. 그런데 이곳의 전기사정이 좋지 않아 코드를 꽂아놓은 상태에서 전기가 들어왔다 나갔다 하는 사이에 고장이 났다고 한다. 그리고 그 부속품을 남아공에서 가져오는데 이렇게 기일이 많이 걸렸다고 한다. 수리비도 350불이나 들었다. 아마도 거의 프린터 값이 아닐까 싶다. 이런 점이 이곳 생활에서 불편한 점이다.

지리학과 1학년인 싸만타 자매와 창세기 5강을 공부했다. 하나님께서 세우신 첫 가정을 통해서 성경적 결혼관, 가정관을 공부했다. 싸만타 자매는 말씀을 그대로 잘 받았다. 장차 믿음 있는 형제와 하나님의 인도하심을 따라 가정을 세우겠다고 한다. 하나님께서 싸만타의 인생을 그렇게 복 주시기를 기도했다.

연구실에서 자매 리더들인 사라스팀 소감 모임을 가졌다. 비유티, 타리로(수산나), 실레, 샤론, 데보라(안나), 릴리안, 싸만타, 그라시우스(사무엘), 쟈넷(에스더) 9명이 참석했고, 모두 진지하게 소감을 써와서 발표했다. 말씀을 겸손히 영접하고, 자신들의 마음을 터치한 진실하고 개인적인 고백이 있는 말씀 소감이었다. 나의 마음에도 감동이 왔다.

이들은 대부분 지난 학기에 일대일 성경공부를 시작했고, 몇 사람은 이번 학기에 공부를 시작한 자매들이다. 믿음의 여인들이 있는 곳에 믿음의 용사들이 세워진다. 믿음의 여인들의 기도와 섬김이 믿음의 형제들을 자라게 한다. 사라스팀 자매들 한 사람 한 사람 하나님께서 얼마나 귀하게 여기시는 이 땅의 여인들인가? 이들이 너무나 사랑스럽다. 사랑스러운 이 자매들이 짐바브웨 국립대학교에서 아름다운 믿음의 여인들로 세워지기를 기도했다. 그리하여 이곳에서 믿음의 용사들이 일어나기를 기도했다. 이들이 장차 이 나라의 영향력 있는 지도자들이 됨으로써 이 나라에 하나님의 나라가 확장되기를 기도했다.

우리는 자동차 세 대에 나눠 타고 시내로 나갔다. 이들의 학기말 시험 준비를 격려하기 위해서 외식을 하기로 했던 것이다. 수산나 선교사가 대접을 했다. 수산나 선교사는 예수님을 따르며 섬겼던 수산나처럼 섬김의 은사를 받은 분이다. 수산나 선교사는 우리 부부가 손자 손녀들을 다 떼어 놓고 나이 들어 선교지에 와서 외롭지 않을까 하여 자주 전화로 안부를 묻고, 또 자기 집에 초청해서 맛있는 음식으로 우리를 대접한다. 참으로 고맙고, 아름다운 주의 여종이다.

나와 안나 선교사가 이 땅에 보냄을 받은 지 한 해 반이 지났다. 그동안 하나님은 섬세하게 우리의 삶에 개입하셔서 한 걸음씩 인도해 주셨다. 그야말로 눈동자처럼 지켜주심을 느낄 수 있었다. 많은 짐대 형제자매들을 보내주셔서 성경을 함께 공부하며 하나님의 말씀을 나누게 하셨다. 많은 형제자매들이 주일예배에도 참석하고 있다. 그런데 갈수록 체험되는 것은 이들이 하나님의 말씀을 절대적으로 단순하게 믿고, 그 말씀에 절대적으로 순종하여 실제의 삶이 변화되는 훈련을 받아보지 못했다는 것이다. 그러므로 예수님의 제자가 되는 것이 무엇인지, 왜 예수님께서 단순한 신자가 아니라 제자를 키우고자 하셨는지, 예수님의 제자 된 자들의 복이 무엇인지 알지 못한다.

나는 음식을 주문하고 기다리는 동안 '제자도'에 관해서 짧은 강의를 했다.

"예수님의 제자는 예수님을 따르는 자다. 예수님의 가르침과 삶을 그대로 배우고 본받아 사는 자다. 예수님의 말씀을 절대적으로 믿고, 절대적으로 순종하는 자다. 간절한 마음으로 하는 성경공부, 진실한 소감 쓰기와 발표, 자기 문제를 뛰어넘어 우리 캠퍼스와 이 나라와 세계를 위한 기도, 절대적인 자세로 주일예배를 드림, 주님의 영광을 위하여 전공 공부를 열심히 하는 것, 이웃에게 예수님을 전해주는 것, 이 모든 것들이 여러분들에게 지금 하나님의 연단이 될 것이다. 여러분들은 이 훈련을 사모함으로 받고자 하는가?"

모두가 '아멘!' 하였다. 이들 속에서 역사하시는 성령님께 찬송을 올린다.

이곳 하라레에 국립 박물관이 있다. 이곳에 온 지 1년 8개월인데도, 박물관에는 한 번도 가보지 못했다. 두 주 후면 나의 두 처남 김성갑 목사와 김성삼 장로가 이곳을 방문한다. 아무래도 박물관은 보여줘야 할 것 같아서 오늘은 정탐을 하기로 했다. 박물관을 지도로 쉽게 찾았다. 시내 중심부에 위치하고 있었디. 국립 박물관이라 하지만 규모는 아주 작았다. 짐바브웨가 어떻게 시작되고, 옛날 사람들이 어떻게 살았는가를 모형물로 만들어 놓았다.

이후에 타운 한복판에 자리를 잡고 있는 국립 미술관과 큰 공원인 하라레 가든을 가보았다. 미술관도 아담했다. 여기저기 잔디밭에 누워 있는 사람들이 많았다. 이들은 낭만을 즐기는 사람들이 아니라 일자리가 없어 누워 있는 사람들로 보였다. 이 나라가 산업이 발달하고 경제 문화 수준이 올라가야 한다. 정치가 바뀌어야 한다. 의식이 있는 지도자, 예수님의 참 제자들이 필요하다. 다시 한번 나를 이곳에 보내신 주님의 뜻을 되새겨봤다. 그리고 제자양성의 방향을 더욱 다짐했다.

이 나라 국민들은 오랜 세월을 강대국의 식민통치 밑에서 고생했다. 그때 이들은 고귀한 인격을 가진 사람으로 대접받지 못했다. 식민통치를 하던 나라 사람들이 하라레 중심에 고급 저택을 지어놓고 살면서, 이 나라 사람들은 시 외곽에 열악한 주거지를 만들어주고 모두 시 외곽에서 살게 했다. 그리고 시내로 출퇴근을 하면서 하인같이 일을 하게 했다. 이 사실을 생각하면 울분이 생기고 너무나 마음이 아프다. 이 국민들이 하나님을 믿고 경외하게 됨으로써 지난날의 아픈 경험들이 도리어 이들을 영적으로 깨우는 약이 됨으로써 전화위복이 되기를 기도한다. 아픈 과거의 일들이 이들에게 연단이 되기를 기도한다.

> "무릇 징계(훈련)가 당시에는 즐거워 보이지 않고 슬퍼 보이나 후에 그로 말미암아 연단을 받은 자들은 의와 평강의 열매를 맺느니라."(히 12:11)

예수님이라면 어떻게 하셨을까

우등생 페이스 포르

페이스 포르 자매는 짐바브웨 국립대학교 생화학과 2학년 우등생이다. 짐바브웨 국립대학교에서 우등생이란 입학할 때 성적이 특출하여 '우등생'이라는 표를 달고 입학한 학생을 말한다. 그러므로 같은 전공과목의 학생이라도 '우등생'이란 호칭이 붙은 학생과 붙지 않은 학생은 구별이 된다. 그녀는 매우 활달하고 적극적이다. 성실하다. 열심히 사는 젊은이다. 겉으로 볼 때는 전혀 구김살이 없어 보인다. 그녀는 짐바브웨 국립대학교 여자 축구 대표 선수이기도 하다. 날렵한 몸을 가진 그녀는 축구를 할 때는 질풍노도와 같이 달린다. 이런 그녀이건만 그녀는 가슴 아픈 출생 스토리를 갖고 있다. 그녀는 태어나자마자 외할머니에게 맡겨져 양육을 받았다. 아버지가 누군지 알지 못한다. 같이 살지 않는 어머니의 얼굴을 처음 본 것도 그녀가 어느 정도 자란 후였다. 이런 그녀는 고아나 다름이 없다.

그녀는 머리가 명석하고, 어릴 때부터 공부를 매우 잘했다. 고등학교 1학년 때 수학능력 발표회가 있었는데, 그녀는 당시 아프리카 대학교의 한 교수의 눈에 띄었다. 그리하여 이 교수를 통해서 고등학교 3년의 학비, 교복, 생활비 등, 모든 것을 장학금으로 지원받을 수 있었다. 그러나 고등학교를 졸업하자 그분의 도움을 받을 수 없게 되었다. 그녀는 졸업 후 2년 동안 슈퍼마켓에서 일하면서 조금씩 돈을 모았다. 그리고 짐바브웨 국립대학교 생화학과에 우등생으로 입학했다. 그녀는 입학 초 한국어 입문반에 등록해서 한국어 공부를 시작했고, 지금도 공부하고 있다. 그녀는 안나 선교사와 일대일로 성경을 공부하게 되었다. 지난 1년간 거의 매주 예배에도 참석했다. 그녀는 사라스팀 멤버가 되었다.

우리가 선교여행을 마치고 하라레로 돌아왔을 때, 그녀는 등록금을 마련하지 못해서 새 학기가 이미 시작되었으나 학교에 오지 못하고 외할머니가 살고 있는 무타레에 머물고 있었다. 그녀는 안나 선교사에게 전화를 걸어 자신의 상황을 알리고 기도 지원을 부탁했다. 안나 선교사는 그녀를 위해 기도했다. 그리고 그녀에게 하나님을 믿고 기도하도록 권면했다. 그녀와 안나 선교사는 일주일 내내 핸드폰 문자 메시지로 많은 대화를 나눴다. 그녀는 울면서 하나님께 매달렸다. 한 주가 다 지나도 문제가 해결되지 않자 그녀는 매우 힘이 빠졌다. 모든 것이 불확실했다. 그러나 안나 선교사는 끝까지 하나님을 믿고 기도하도록 그녀를 격려했다.

마침내 하나님께서 홍해를 가르셨다. 하나님께서 기적적인 방법으로 몇 사람을 통해서 물질을 주셨다. 그녀를 위해 기도하는 사람으로부터 특별 장학금 200불도 받았다. 그녀는 기도와 믿음으로 하나님의 도우심을 받아 늦게나마 등록을 할 수 있었다. 그리고 그날 기숙사 방도 얻었다. 학생들이 1, 2주간 학생처 숙소 문제 담당 사무실 앞에 진을 치고 있어도 기숙사 방을 얻지 못하는 상황인데, 하나님은 등록하는 그날 그녀에게 방도 주셨다. 그녀는 나의 사무실에 찾아와 이 모든 일이 어떻게 일어났는지 자기도 알 수 없다고 말했다. 그녀는 고백했다. "이는 오직 하나님의 역사예요, 하나님의 은혜예요. 하나님은 선하십니다."

그녀는 이 사건을 통해서 아무리 큰 문제라도 믿음을 가지면 가능하다는 것을 배웠다고 말했다. 기도의 능력, 믿음의 능력을 체험했다고 말했다.

그녀의 장래 희망은 열심히 공부해서 짐바브웨 국립대학교의 교수 목자가 되는 것이다. 사람들에게 기억되는 사람, 하나님의 영광을 드러내는 사람이 되고 싶다고 한다. 그녀는 계속해서 안나 선교사와 성경을 공부하고, 주일예배를 드리며, 사라스팀에서 말씀 소감을 발표하며 자랄 것이다. 이제 2학년인 페이스 포르의 갈 길은 아직도 멀다. 이처럼 짐바브웨가 제사장 나라가 되기까지는 그 길이 멀다. 하지만 페이스 포르의 마음에 겨자씨 한 알과 같은 믿음의 씨를 심으시고, 기도의 능력을 체험케 하신 하나님께 감사를 드린다. 하나님의 나라는 겨자씨 한 알과 같기 때문이다. 그녀는 부모가 없는 것 같은 상황이지만 하나님을 참아버지로 모시고 살아간다. 우리의 아버지 하나님은 전능하신 창조주시다. 능치 못하심이 없다. 자녀들의 기도를 들으신다. 우리의 아버지는 긍휼이 많으시다. 우리의 아버지는 선하시다.

이 하나님 아버지의 사랑 안에서 그녀가 믿음의 어미, 열국의 어미로 자라기를 기도한다. 앞으로도 많은 홍해들을 만나겠지만 믿음으로 건너기를 기도한다. 그녀의 바람대로 짐바브웨 국립대학교의 교수 목자가 되는 날이 오기를 기도한다. 예수님의 능력을 반신반의하며 "무엇을 하실 수 있거든 우리를 불쌍히 여기사 도와주옵소서!"라고 말하는, 귀신 들린 아이의 아버지를 예수님은 책망하시면서 말씀하셨다. "할 수 있거든이 무슨 말이냐? 믿는 자에게는 능히 하지 못할 일이 없느니라." 믿는 자에게 능치 못하심이 없게 하시는 하나님 아버지를 찬양한다.

릴리안은 문과대학 2학년이다. 그녀는 한국어반에서 한국어를 공부한다. 지난 학기 동안 나와 꾸준히 일대일로 성경을 공부했다. 그녀는 매우 착하고 말씀도 잘 받는다. 그녀는 사라스팀 멤버이기도 하다. 그녀에게는 열국의 어미 사라와 같은 믿음의 어미로 성장하고자 하는 소원이 있다. 그런데 마싱고에서 농사를 짓고 살던 아버지가 지난 1월에 갑자기 돌아가셨다. 아버지가 돌아가신 후, 어머니는 외할머니 집으로 가버리셨다. 언니와 오빠는 이미 결혼해서 다른 도시에서 살고 있다. 혼자 남은 릴리안은 마땅히 갈 곳이 없다. 그녀의 입장에서는 사실상 가정이 해체된 것이다. 그녀는 지난 방학 동안 무타레에 살고 있는 결혼한 언니 집에서 지냈다고 한다. 형부는 마트에서 경비로 일하고 있다.

이 나라의 유일한 국립 종합대학교인 짐바브웨 국립대학교 학생들의 경우 2011학번까지는 국가에서 등록금의 대부분을 지원해줬다. 그러나 나라 재정이 어려워져 2012학번부터는 등록금 지원을 끊었다. 그녀의 한 학기 등록금은 447불인데 1학년 때는 남쪽 국경지대에 살고 있는 결혼한 오빠가 그 학비를 대줬다. 그 오빠는 초등학생 자녀들의 학비 조달 때문에 이번 학기부터는 릴리안에게 학비를 대주기 어렵다고 한다. 형부도 자기 여동생들 학비를 지원하기 때문에 처제인 릴리안을 도울 수 없다고 한다.

그녀는 이미 개강이 되었는데도 등록을 하지 못하고 있다. 그녀는 학생처장에게 편지를 써서 9월 말까지 등록을 연기해 달라는 요청을 해놓은 상태다. 그리고 계속해서 학비를 위해서 기도하고 있다. 그녀는 하라레에 거처할 곳도 없다. 친구들 거처에서 임시로 지내다가 지금은 학교 근처 자취방에서 살게 되었는데, 여러 명이 한 방에서 사는데도 한 사람당 월세가 50불이다. 등록을 하지 못하면 학교를 중단하고 무타레 언니 집으로 갈 수밖에 없다고 한다. 그곳에 가서 무슨 일이든지 해서 학비를 벌어서 1년 후에 다시 학교에 돌아오겠다고 한다. 그러나 사실 무타레에 가도 돈을 모을 수 있는 일자리를 찾는 것은 거의 불가능하다.

짐바브웨 국립대학교는 이 나라 최고의 대학이다. 수도 하라레에 살고 있는 소수의 특권층 자녀들은 대부분 남아프리카공화국이나 유럽으로 유학을 한다. 짐바브웨 국립대학교에는 전국에서 우수한 학생들이 모여들어 공부하고 있다. 지방에서 올라온 대부분의 학생들은 학기가 바뀔 때마다 등록금 때문에 고민을 한다. 짐바브웨 대학생들 중에 성인 고아들이 그렇게 많다. 평균 수명이 40세라고 하니 그런 만도 하다. 21세기에 지구상에 이런 나라가 있다는 것이 믿기지 않으나, 그것이 현실이다. 에이즈도 많다. 공적인 통계로는 30% 정도라고 하나, 사람들은 50%는 될 것이라고 말한다. 두 명에 한 명 꼴이라는 뜻이다. 젊은 날에 에이즈로 죽는 사람도 많다. 대도시에 있는 병원들도 시설이 열악하고, 대도시 외에는 병원다운 병원이 없다. 그러므로 다른 병으로 죽는 사람도 많다. 위생시설이 없는 시골에서 출생하는 영아 사망률도 높다.

사람들은 대부분 옥수수 가루로 만든 '싸자'라는 음식을 주식으로 먹는다. 조미료가 없는 이들은 오직 소금으로 맛을 낸다. 이런 음식문화로 인해서 매우 가난하게 살지만, 선진국병이라고 하는 고혈압과 당뇨병이 많다. 그나마도 학생들 가운데 하루 세 끼를 먹는 학생들은 일부이고, 대개는 두 끼를 먹는다. 사철 큰 나무들이 꽃을 피우고, 맑고 깨끗한 공기와 아름다운 자연을 갖고 있고, 지하자원도 많은 이 나라 사람들의 사는 형편은 너무나 어렵다. 대부분의 젊은이들은 그 원인을 권력을 가진 자들의 부정부패 때문이라고 말한다. 1인 일당 독재가 33년째 계속되고 있기 때문이라고 말한다. 참으로 마음이 아프다.

하나님께서 우리 부부를 왜 이들 가운데 목자로 보내셨을까? 짐바브웨 국립대학교 학생들에게 한국어를 가르치고 있지만, 이것이 주된 목적은 아니다. 이들에게 성경을 가르쳐 예수님이 그리스도이심을 전하고, 성경적 가치관과 인생관 세계관을 심는 것, 이들이 자신을 예수님께 헌신하여 예수님을 따르는 참 제자로 살도록 양육하는 것이 첫째 사명이다. 또한 이들에게 미래의 지도자들로 소망을 두고, 꿈과 비전, 역사의식과 책임감을 심고, 이 나라와 세계를 위해서 기도하는 사람들이 되도록 격려하는 것, 살아 계신 하나님을 믿고 오직 믿음으로 살도록 격려하는 것이 주된 사명이다. 그러나 고아가 된 많은 학생들, 너무나 가난해서 손에 1불이 없는 학생들의 현실을 접하면서 마음에 고민과 갈등이 생긴다. 이곳에서 오랫동안 사역한 어떤 선교사는 도와주지 않았으면 좋겠다고 한다. 의존심을 키우지 말라는 뜻일 것이다. 혹은 자립심을 가로막지 말라는 뜻일 것이다. 어떤 분은 "물질로 도와준 사람들은 결국 모두 떠났다"고 말한다. 형편이 어려운 사람을 돕는다고 의존심을 키우거나 자립심을 가로막지는 말아야 할 것이다.

릴리안이 나에게 물질적인 도움을 청한 것은 아니다. 이 모든 이야기는 그녀와 일대일로 성경을 공부하면서 알게 된 것이다. 사정을 듣고 나니 마음이 너무나 아팠다. '이런 경우에 예수님이라면 어떻게 하셨을까?' 아무리 생각해봐도 그녀가 학교로 돌아와 공부를 계속할 수 있도록 우선 도와줬을 것 같다. 그래서 나도 그렇게 하려고 한다. 의존심을 키우거나 자립심을 가로막지는 않도록 기도하고 도우면서 말이다. 내가 많은 사람을 도울 수는 없을지라도 하나님께서 내게 보내주신 몇몇 학생들이라도 도울 수 있는 물질을 주시도록 구체적으로 기도를 시작했다.

예수님께서 하루는 전도 여행에서 돌아온 제자들에게 "너희는 따로 한적한 곳에서 잠깐 쉬어라" 하고 말씀하셨다. 예수님께로 몰려오는 많은 사람들 때문에 그들에게는 음식 먹을 겨를도 없는 형편이었다. 제자들은 예수님과 함께 배를 타고 따로 한적한 곳으로 떠났다. 그런데 큰 무리들이 예수님과 제자들이 배를 타고 떠나는 것을 보고는 도보로 달려서 예수님 일행이 도착할 갈릴리 바다 건너편에 먼저 와서 기다리고 있었다. 잠시도 쉴 수 없게 된 제자들은 좀 짜증이 났을 법하다. 그러나 예수님께서는 배에서 내리시면서 큰 무리를 보시고 그 목자 없는 양 같음을 인하여 불쌍히 여기셨다. 그래서 그들에게 여러 가지로 천국 복음을 가르치셨다.

날이 저물었다. 제자들은 그 무리들을 보내어 저녁식사 문제를 알아서 해결하도록 하자고 제안을 했다. 이때 예수님은 그들에게 "너희가 먹을 것을 주라"고 말씀하셨다. 그 무리들의 목자가 되라는 말씀이다. 예수님께 대한 믿음을 가지라는 말씀이다. 제자들은 자신들에게 그 무리를 먹일 식량은 없었지만 예수님의 마음에 합하여 먹을 것을 찾아보았다. 그들은 한 아이가 갖고 있는 물고기 두 마리와 떡 다섯 개를 발견했다. 그들은 이것을 믿음으로 예수님께 들고 나와 말했다. "이것이 이 많은 사람들에게 얼마나 되겠사옵나이까?" 그러나 예수님은 이 작은 것을 들고 하나님께 감사기도를 드리신 후, 이를 통해서 남자만 오천 명이나 되는 무리를 배불리 먹이는 기적을 행하셨다.

"주여! 가난한 이곳 학생들, 이 나라 백성들을 긍휼히 여기소서! 이들에게 먹을 것을 주시고, 계속해서 공부할 수 있도록 도와주소서!"

> "대답하여 이르시되 너희가 먹을 것을 주라 하시니 여짜오되 우리가 가서 이백 데나리온의 떡을 사다가 먹이리이까? 이르시되 너희에게 떡 몇 개나 있는지 가서 보라 하시니 알아보고 이르되 떡 다섯 개와 물고기 두 마리가 있나이다 하거늘."(막 6:37-38)

무엇이 이들에게 해답인가

성경공부하는 자매들을 집에 초청하여

아침에 사라스팀 소감 발표 모임을 가졌다. 모두 10명의 자매들이 참석했다. 에스더, 비유티, 타리로, 페이스, 릴리안, 싸만타, 템비, 쟈넷, 도로시, 유니스, 그중 9명이 말씀 소감을 써와서 발표했다. 사라스팀 중에서 실레 자매는 지난 금요일 자기의 학비를 지원해 주던 작은아버지가 돌아가셔서 아주 먼 남쪽 국경 근방인 고향 베트브리지에 갔기 때문에 참석하지 못했다. 12명이 그릇을 이루게 되기를 기도한다.

이들의 소감은 은혜가 있고 감동이 있었다. 모두가 겸손하고 진지하게 하나님의 말씀을 영접하고, 실제 삶에 적용한 소감들을 발표했다. 페이스와 릴리안은 너무나 어려운 경제적 형편 때문에 등록금을 내지 못하고 있었으나, 오직 믿음으로 기도함으로 필요한 물질을 얻어 등록을 하게 된 과정을 소감에 적었다. 이들은 이 과정에서 살아 계셔서 기도를 들으시는 하나님을 체험했다며 가슴 뭉클한 간증을 하였다. 이를 듣는 다른 자매들의 얼굴도 환하게 피어났다. 말씀 소감 발표를 통해서 믿음이 자라며, 감사가 넘치는 자매들의 얼굴은 오늘따라 더욱 밝고 빛났다. 나는 자매들이 조금씩 하나님의 말씀 안에 믿음의 뿌리를 내리며 성장하는 모습을 보고 하나님께 영광을 돌렸다. 소감 발표가 다 끝난 후 나는 큰 소리로 이들에게 질문했다. "우리가 누구?" 이들이 하나같이 큰 소리로 대답했다. "사라스!" 내가 또 물었다. "사라는 누구?" 이들이 환하게 웃으며 답했다. "모든 나라의 어미!"

"이 시대 이 땅의 사라는 자기와 가족들을 위해서 기도할 뿐 아니라, 자기 문제를 뛰어넘어 짐바브웨 대학교 캠퍼스의 학생들, 교수님들과 교직원들, 이 나라와 민족, 더 나아가 세계만민을 가슴에 품고 기도하는 사람이다. 사라는 하나님을 경외하고 사랑하며, 하나님의 말씀을 절대적으로 믿고 순종하는 사람이다. 사라는 어려운 현실 문제들을 믿음의 기도로 극복하며 살아 계신 하나님을 체험하므로 살아 있는 믿음을 가진 사람이다. 사라는 믿음과 기도로 동역하여 아브라함과 같은 믿음의 형제들을 세우는 아름다운 믿음의 여인이다. 사라는 믿음으로 이삭을 낳고 양육하여 하나님의 구속사를 잇는 여인이다."

하나님께서 나로 이들에게 반복해서 심게 하시는 이 시대의 사라의 정체성이다. 그리고 이런 사라들이 일어나게 해달라는 간절한 기도이다.

우리는 소감 발표를 마친 후 한마음으로 간절히 하나님께 기도를 드렸다. 하나님은 나에게 모임 때마다 이들이 이 시대의 사라들로서의 정체성을 갖도록 격려하게 하신다. 그럴 때면 나의 마음도 흥분되고, 설렌다. 하나님, 감사합니다.

　아프리카에서 오랫동안 선교하고 있는 분으로부터 이런 말을 들은 적이 있다. "아프리카의 나무들은 뿌리를 넓게 뻗으나 깊이가 없다. 그래서 심한 바람이 불면 쉽게 뿌리까지 뽑히고 넘어진다. 아프리카 신자들의 모습이 이와 비슷하다. 아프리카 크리스천들의 문제는 신앙의 뿌리가 약한 것이다. 이들에게 성경을 바로 가르쳐주는 성경 선생이 부족하다. 그래서 이들의 신앙은 말씀에 뿌리내린 신앙이기보다 감정에 기초한 부분이 많다. 그러므로 아프리카 사람들에게는 성경 본문에 신앙의 뿌리를 깊이 내리고, 말씀을 절대적으로 믿고 절대적으로 순종하는 참제자가 세워지도록 기도하는 것이 무엇보다도 중요하다."

　이 말에 많은 공감이 갔다. 이 땅에 사라들이 필요하다. 사라와 같은 기도의 어미, 믿음의 어미들이 있는 곳에 믿음의 용사들이 세워지고 자랄 수 있다. 그러므로 오늘도 나는 이 땅에 믿음의 어미들이 세워지기를 갈망하며 기도한다. 이를 위해서 꾸준한 일대일 성경공부와 소감 쓰기를 돕고 있다. 매주 함께 모여 소감을 발표하는 사라스팀 소감 모임을 갖고 있다.

　가나에서 병이 났던 안나 선교사는 가나에서 돌아온 후에 심한 몸살을 앓았다. 두 주간이나 몸살과 감기로 고생을 했고, 체력도 많이 떨어졌었다. 그런데 오늘은 몸의 컨디션이 많이 좋아졌다. 오지에서 안나 선교사의 건강을 지켜주시고, 몸도 조금씩 회복시켜 주신 하나님께 감사를 드린다.

베르나드 형제와 창세기 11강, "홍수심판"을 공부했다. 그는 짐대에서 영문학과 불어를 공부한다. 이제 2학년이 되었다. 그가 초등학생일 때 아버지가 돌아가셨다고 한다. 하나님은 지난 학기부터 나와 일대일로 성경을 공부하도록 그를 내게 보내주셨다. 이번 학기에는 한국어 입문반에 들어와서 한국어도 공부하고 있다. 그는 마음이 순수하다. 말씀을 잘 받는다. 주일예배에 초청했더니 꾸준히 참석한다. 그는 오늘 말씀 공부를 통해서 공의로 심판하시고, 은혜로 구원하시는 하나님의 주권을 영접한다고 했다. 그리고 이 시대에 노아와 같은 하나님의 사람이 되고 싶다고 했다.

베르나드 형제의 장래 꿈은 영화배우가 되는 것이란다. 그는 나에게 성경과 한국어뿐 아니라 한국의 태권도를 가르쳐 달라고 한다. 글쎄, 그는 아마도 한국 사람이라면 누구나 태권도를 할 줄 아는 것으로 생각하는 것 같다. 내 나이 70인데…. 나는 20대 때 1년 동안 태권도 도장에서 태권도를 배운 경험은 있으나 워낙 오래전의 일이다. 하지만 50년 전에 배웠던 것들을 기억해내면서라도 그에게 태권도의 기본동작이라도 가르쳐 줘야겠다.

문과 2학년인 릴리안 자매와 창세기 9강, "가인의 후예, 셋의 후예"를 공부했다. 하나님은 릴리안 자매를 1학년 때부터 일대일로 성경을 공부하도록 보내주셨다. 지금은 주일예배에도 꾸준히 참석한다. 사라스팀의 중심 멤버이기도 하다. 그녀의 아버지는 작년 1월에 돌아가셨다. 이후에 어머니는 외할머니 댁으로 들어가셨다. 그리하여 사실상 부모님들이 계시는 고향 집이 사라졌다.

결혼한 오빠가 그동안 그녀의 학비를 대줬었는데, 이제 더이상 학비를 대줄 수 없다고 한다. 그녀는 학기가 시작되었으나 등록을 하지 못하고 있었다. 그러나 믿음으로 말씀공부와 주일예배를 드리며 간절히 기도했다. 미국 시카고에서 사역하고 있는 전문인 자비량 선교사인 김제임스 선교사가 그녀의 형편을 알게 되어 500불의 장학금을 지원해줬다. 하나님의 은혜로 그녀는 한 달 늦었지만 학교에 등록을 할 수 있었다. 그녀는 이 모든 이야기를 소감에서 간증했다. 다른 자매들이 모두 그녀의 간증을 듣고 하나님께 영광을 돌렸다. 그녀의 꿈은 이 땅의 사라가 되는 것이다. 그리고 장차 다른 나라에 선교사가 되어 복음을 전하는 것이다. 그녀는 셋의 후예들과 같이 이 시대의 남은 자로 택함 받았음을 영접한다고 말했다.

치쿠라 형제와 창세기 3강, "심히 좋았더라"를 공부했다. 그는 9월에 입학한 신입생이다. 그는 고등학교 때 반에서 1등, 전교에서 순위에 들었다. 경제학 우등생으로 짐대에 입학했다. 하나님은 한 달 전에 학생회관 뒤에서 그를 처음 만나게 하셨다. 그때 나는 그를 성경공부와 한국어 공부에 초청했다. 성령님께서 그의 마음을 열어주셔서 그는 그 주부터 일대일로 성경공부도 시작했고, 그 이후 주일예배에도 참석하고 있다. 처음부터 말씀 소감을 쓰도록 도왔더니 그는 1페이지 소감도 써와서 발표한다.

그의 꿈은 경제학자가 되어 이 나라의 경제를 일으키는 것이라고 한다. 그래서 가난한 자들을 돕기를 원한다고 한다. 그는 우리 공동체의 말씀 중심의 예배가 좋다고 한다. 그는 매우 잘생겼다. 인상부터 매우 착하게 보인다. 마음이 순수하고 겸손하다. 그는 하나님의 창조 주권을 영접하고, 자신에게 주신 은사들을 발휘해서 열심히 공부하겠다고 한다.

산드라 자매는 정치학과 2학년이다. 그녀는 릴리안과 같은 집에서 자취하는 학생이다. 2주 전에 릴리안이 주일예배에 데리고 왔는데, 안나 선교사와 일대일로 성경을 공부하기로 했다. 오늘이 그 첫 주인데 안나 선교사가 아직 몸을 추스를 수 없어서 내가 대신해서 그녀와 성경을 공부하게 되었다. 창세기 1강, "창조주 하나님"을 공부했다. 그녀는 네 살 때 부모의 이혼이 있었고, 열세 살 때 어머니가 돌아가심으로 고아가 되었다고 한다. 그때부터 한 미국인 과부 선교사의 도움을 받아서 동생과 함께 생활해 왔다. 동생은 지금 고등학생이고, 학교 기숙사에 살고 있다.

그동안은 고아들에게 주는 에코넷 회사의 장학금을 받을 수 있어서 학비를 해결했다고 한다. 그런데 작년에 그동안 이 남매를 도와줬던 미국인이 본국으로 돌아갔다고 한다. 이제는 아무도 돌봐줄 사람이 없다. 그런데도 그녀에게는 꿈이 있다. 믿음의 사람이요 외교관이 되어 모국과 세계를 위해 봉사하는 것이다. 그는 창조신앙, 빛 되신 하나님을 마음으로 영접하고 얼굴이 밝아졌다.

이후에 프레이즈 형제에게 한국어 입문 과정 보충 수업을 해줬다. 프레이즈는 지난 주일 아침 학생회관 뒤에서 처음 만났다. 주일예배에 초청했더니 순순히 응했다. 예배 후에 나와 일대일로 성경도 공부하고, 또 한국어도 공부하겠다고 했다. 그래서 오늘 한국어 보충 수업을 해줬다. 오는 토요일부터 토요반에 합류할 것이다. 그리고 매주 수요일 아침에 성경을 공부하기로 했다.

하나님의 말씀은 살았다. 생명이 있다. 좌우에 날 선 검과 같다. 오늘도 몇 학생들과 성경 말씀을 함께 공부할 때, 내 안에서 말씀의 생명력이 꿈틀거렸다. 성령님께서 베르나드, 릴리안, 치쿠라, 산드라 속에 성경 말씀을 통해서 그분의 생명을 불어넣는 것을 보았다. 이들로 꿈을 꾸게 하고, 비전을 갖게 하는 것을 보았다.

"생명의 말씀을 통해서 일하시는 성령님 감사합니다."

나는 매일 짐바브웨 국립대학교의 많은 학생들을 만난다. 이들을 만나다 보면, 이미 부모들이 돌아가셔서 고아가 된 청년들이 많다. 거의 모두가 가난의 문제를 안고 있다. 어떤 학생은 몸에 질병을 갖고 있다. 부모나 가족 중에서 병을 앓고 있는 경우가 많다. 부정부패가 만연한 공공기관과 사회의 현실에 대한 절망감을 안고 있다. 모두는 장래에 대한 희망이 보이지 않는 현실로 인해서 마음이 움츠러들고 눌려 있다. 이들에게는 높은 산과 같은 장벽들이 겹겹이 놓여있는 것과 같다.

무엇이 이들에게 해답인가? 많은 사람들이 독재정권이 끝나야 한다고 말한다. 권력을 가진 자들이 바뀌어서 공평과 정의를 행하고, 나라의 기강이 바로 세워져야 한다고 말한다. 부정부패가 근절되어야 한다고 말한다. "그래서 국제사회에서 고립된 현재의 상황에서 벗어나야 한다. 외국자본이 들어와 공장을 세우고, 산업화가 이루어져야 한다. 국민들의 의식이 변해야 한다"고 말한다. 모두 맞는 말들이다. 이 모든 일들이 이루어지는 데에는 많은 시간이 필요하다. 또한 이런 외적인 문제들이 해결되면 진정 이들에게 낙원이 올까? 그렇지만은 않을 것이다. 오늘날의 여러 선진국들이 이를 증명해 주고 있지 않은가?

그렇다면 이들에게 근본적인 답이 무엇일까? 하나님의 개입하심이 필요하다. 지도자들과 백성들이 하나님을 경외하는 나라가 되어야 한다. 여기에는 많은 시간이 필요하겠지만, 이 나라 최고의 지성인들이요 미래의 지도자들이 될 짐바브웨 국립대학교의 청년들이 하나님을 경외하는 자들로 변화되고, 올바른 가치관과 인생관 세계관이 세워지는 것이 매우 중요하다. 이를 위해서는 각 사람이 성경 말씀을 통해서 거듭나고, 이 말씀 위에 인생의 집을 세우는 역사가 일어나야 한다.

결국은 하나님의 살아 있는 생명의 말씀이 해답이다. 그래서 오늘도 나는 기도하면서 이 땅의 희망인 새벽이슬과 같은 젊은 청년들과 영생의 말씀을 나눴다. 이들을 격려하며 함께 기도했다. 하나님께서는 내 마음에 무한한 기쁨과 행복감을 부어주셨다. 생명의 말씀이 몇 사람 속에서 역사하시는 것을 보게 하셨다. 생명의 말씀이 주는 자유와 평안과 기쁨과 소망으로 하루를 살게 하신 하나님, 몇 사람의 이 땅의 청년들 속에 생명의 말씀을 심어주시는 아버지 하나님께 무한한 감사를 드린다. 그리고 기도드린다.

"사랑하는 아버지 하나님, 오늘도 하나님의 말씀을 통해서 이 땅의 청년들 속에서 새 일을 행하신 성령님 감사합니다. 아버지여, 이들을 아버지의 말씀으로 변화시켜 주시고, 주의 제자들로, 이 땅의 미래의 지도자들로 키워 주시옵소서!"

"살리는 것은 영이니 육은 무익하니라. 내가 너희에게 이른 말은 영이요 생명이라."(요 6:63)

"주여, 영생의 말씀이 주께 있사오니 우리가 누구에게로 가오리이까?"
(요 6:68)

여름 성경수양회

성경수양회 후

어제 아침은 연구실에서 한국어 입문반 수업을 했다. 오늘 수업은 한글 받침 공부였다. 좀 어려울 텐데도 모두가 잘 따라왔다. 나는 목요일에 있는 정규 수업에 들어올 수 없는 학생들을 위해서 휴일인 토요일에 새로운 반을 만들어 특별 수업을 하고 있다. 토요일 수업은 시간에 쫓기지 않고 여유 있게 할 수 있어서 좋다. 학생 수도 스무 명 안팎이고, 이후의 시간도 자유로워 토요반 학생들과는 개인적인 시간도 가질 수 있고, 좋은 관계도 많이 맺을 수 있다.

이런 관계로 토요반 학생들은 대부분이 일대일 성경공부로 연결되었다. 그래서 이들은 나의 한국어 제자들이면서 개인적으로 섬기는 성경공부의 양들이요 영적인 제자들이 되었다. 나는 짐바브웨로 파송받기 전에 이런 일들을 기대하면서 하나님께서 나를 통해서 짐바브웨 국립대학교에 한국어 과정의 문을 열어 주시도록 많은 기도를 했던 것이다. 하나님께서는 내가 기대했던 것보다 더 놀라운 일들을 앞서서 행하고 계시니 너무나 기쁘고 가슴 뿌듯하다. 하나님은 나로 날마다 더욱 하나님께 대한 경외심을 갖게 하시고, 마음을 낮추게 하신다.

이후에 이번 학기 7번째 사라스팀 소감 모임을 가졌다. 10명의 자매들이 모여 진지하게 말씀 소감을 발표했다. 템비와 싸만타 외에는 모두가 참석했다. 이들은 모두 짐바브웨 국립대학교 자매 학생들이다. 이 소감 모임을 통해서 이들 속에 하나님의 말씀이 조금씩 심겨지고, 그 말씀들이 이들의 삶 속에서 역사하고 있음을 볼 수 있었다.

이들은 성경말씀 안에서 믿음이 자라고, 영적으로 성장하고 있다. 그러므로 이들도 기쁨을 맛보며 행복해한다. 사라스팀 소감 발표 모임을 사모한다. 이들은 모두가 자신들을 하나님께서 이 시대의 사라들로 부르셨다는 소명의식이 분명하다. 영적 신분과 정체성에 대한 자부심도 있다. 하나님께 감사를 드린다.

소감 발표 후에 이들은 하나님께서 베풀어 주시는 은혜와 기쁨과 감사로 넘쳐서 짐바브웨 토속 언어인 쇼나어(쇼나족 언어)로 춤을 추며 찬송을 불렀다. 그 주제는 "다 이루셨다"였다(요 19:30). 나는 이들의 쇼나어 찬송을 알아들을 수는 없지만, 이들과 함께 몸을 흔들며 춤을 췄다. 그리고 이들 속에서 말씀으로 역사하고 계시는 성령님께 무한한 감사를 드렸다. 이 땅에 미래의 사라들을 키우고 계시는 살아 계신 하나님을 찬송하며 기도를 드렸다.

"주여, 이들을 이 땅의 사라들로 키워주소서!"

"이들을 이 땅의 백성들뿐 아니라 세상 만민을 가슴에 품고 기도

하는 열국의 어미들로 키워주소서!"

"사랑한다. 이 땅의 믿음의 어미들아!"

오후 3시에는 선교센터에서 여름 성경수양회가 열렸다. 우리는 매년 여름마다 성경수양회를 가져왔다. 사흘 동안 열리는 수양회에서는 집중적인 성경공부가 이루어진다. 이번 수양회는 어제부터 시작되었다. 나는 수양회에 참석하기로 약속했던 학생들을 픽업하기 위해서 만남의 장소로 갔다. 선교센터에 데려가고자 하는 학생들과는 언제나 나의 연구실이 있는 학생처 뒤편에 있는 주차장에서 만나기로 약속을 했다. 그래서 이곳은 우리들의 만남의 장소가 되었다. 약속한 학생들을 모두 만났다. 그리고 지나가는 남학생 한 사람을 수양회에 초청했더니 참석하겠다고 했다. 그의 이름은 제임스 셍구, 통계학과 1학년 학생이었다. 나는 셍구 형제까지 모두 픽업을 했다.

오늘은 수양회 마지막 날이었다. 사라스팀 자매들의 특송이 매우 감동적이었다. 그리고 올리버 마라디케 목자가 요한복음 15장, "내 안에 거하라"는 제목으로 메시지를 조곤조곤 은혜롭게 전했다. 이후에 마쉬자, 에스더, 피터, 그리고 페이스가 인생 소감을 발표했다. 하나님의 말씀을 통해서 이들 속에 변화의 역사를 이루고 계시는 성령님의 손길을 볼 수 있었다. 이들이 인생 소감을 발표할 때, 그들 마음에 감동이 있음이 드러났다. 동시에 참석자들의 마음에도 진한 감동을 줬다.

수양회를 마치니 깜깜한 밤이 되었다. 학생들을 픽업하여 학교 기숙사와 학교 근처 숙소로 데려다 줬다. 밤에는 대중교통 수단이 없다. 밤이면 가로등도 없고 깜깜하기 때문에 위험하다. 수양회를 마치면 모두 숙소로 픽업을 해줘야 한다. 그래서 우리 선교사들의 자동차가 모두 동원된다. 픽업을 해주고 다시 센터로 와보니 에스더 자매의 친구가 쓰러졌다고 한다. 의대 학생들이 그녀를 돌보며 간절히 기도했다고 한다. 그녀는 철학과 신학을 공부하는 4학년 학생이다. 알고 보니 간질이라고 한다. 그녀가 깨어났다. 나와 안나 선교사는 에스더와 함께 그녀를 우리 집으로 데리고 와서 낮에 끓였던 닭죽으로 함께 저녁을 먹었다. 그리고 그들을 학교 기숙사로 데려다줬다.

모두 마치고 나니 저녁 9시가 되었다. 오늘 하루도 성령님의 인도하심을 따라 이 땅의 미래의 지도자들인 청년들을 섬기며 살 수 있어서 하나님께 감사를 드렸다. 이들이 포도나무 되신 예수님 안에 거함으로 미래의 지도자들로, 예수님의 참 제자들로 성장하며, 풍성한 열매를 맺게 되기를 기도한다.

이번 수양회의 특징적인 역사를 이렇게 요약할 수 있겠다. 첫째, 주제 메신저들의 성장, 둘째, 인생 소감 발표자들의 성장, 셋째, 자매 제자양성의 열매들이다. 모두가 성령님께서 하신 일들이다. 주제 메시지는 현지인 시니어 목자들인 오벳(요 14장), 올리버(요 15장), 블레스드(요 19장) 목자들이 섬겼다. 이번 수양회에서 10명의 형제자매들이 은혜로운 인생 소감을 발표했다. 처음 참석한 양들이 이구동성으로 하는 말은 인생 소감을 통해서 은혜와 감동을 받았다는 것이었다. 각자의 인생 소감들은 예수님께서 이들의 인생을 어두움에서 구원하여 그의 기이한 빛으로 들어가게 하신 놀라운 구원과, 말씀을 통한 개인의 변화와 영적인 성장을 잘 보여줬다.

그중에 자매들로는 에스더, 릴리안, 페이스, 모어 블레스드 자매

네 명이 인생 소감을 발표했다. 자매 제자양성이 절실한 이곳에서 지난 1년 동안 자매 일대일 성경공부에 집중하면서 자매 제자양성을 위해 드린 기도의 열매를 보여주신 주님께 감사를 드린다. 주님은 이들을 통해서 이 땅에 일어날 믿음의 어미들에 대한 비전과 희망을 보여주셨다. 주께서 이들을 믿음 있고 성숙한 기도의 어미들로 키워 주시기를 기도한다.

이번 수양회에는 그동안 꾸준하게 일대일로 성경을 공부해온 양들이 주로 참석했다. 그래서 영적인 분위기도 잘 이뤄졌고, 모두들 진지하게 말씀을 받았다. 이 땅에서 청춘을 드려 캠퍼스 제자양성의 소명을 섬기고 있는 우리 전문인 자비량 선교사들에게 때마다 생명의 말씀과 성령의 위로를 주시기를 기도한다.

"선교사님들, 수고 많았어요."

무엇보다도 이 땅의 최고의 지성인들이요, 미래의 지도자들인 짐바브웨 국립대학교 청년들 가운데서 일하고 계시는 성삼위 하나님께 영광과 찬송을 드린다.

> "나는 포도나무요 너희는 가지라 그가 내 안에, 내가 그 안에 거하면 사람이 열매를 많이 맺나니 나를 떠나서는 너희가 아무것도 할 수 없음이라."
> (요 15:5)

백 년 후를 바라보며

백년 후를 바라보며 가지는 일대일 성경공부

짐바브웨의 수도 하라레는 이제 '자카란다'의 계절이 되었다. 나뭇잎이 피기 전에 아름드리 거목들의 가지마다 온통 보랏빛 꽃들로 화려하게 옷을 입는 자카란다…. 3년 전, 처음 하라레 거리에 만발한 자카란다 꽃들을 보면서 그 아름다움에 탄성을 질렀던 기억이 생생하다. 이후로 매년 이맘때가 기다려졌다. 이곳저곳에 하라레의 명물 자카란다가 피어 온 시내를 보랏빛으로 만들고 있다. 선교센터 마당에 서 있는 아름드리 자카란다도 가지마다 그 화려한 꽃들을 활짝 피웠다.

새 학기에 접어들면서 선교센터 장막에서 살고 있는 형제들과 함께 새벽기도를 다시 시작했다. 오늘도 새벽기도를 마친 후 센터 앞마당을 뛰고, 또 속보로 걷는 아침 운동을 했다. 잔디 위에 보라색 자카란다 꽃잎들이 떨어져 보라색 꽃길을 만들어 놓았다. 자카란다 나무 밑을 지나 마당을 한 바퀴 도는데 백 미터는 넘을 것이다. 잔디 풀밭 위를 밟는 촉감도 좋았다. 구름 한 점 없는 맑은 날씨, 상쾌한 아침 공기, 막 솟아오른 태양의 기운을 마시면서 즐기는 아침 운동은 나의 기분을 상쾌하게 만들었다. 몸과 마음을 더욱 가볍게 해줬다.

학교 측에서 지난 3년간 나 혼자 진행해온 한국어 과정을 정규 과목화하고 한국학과로까지 발전시켜 주기를 바라고 있다. 그러려면 학위를 가진 교수들이 적어도 세 명 이상은 확보되어야 한다. 학교 측은 한국 정부에서 이런 지원을 해주기를 바란다. 아마도 이런 기대가 아프리카 나라들이 갖고 있는 비슷한 입장일 것이다. 그러나 한국에서 자비로 이곳에 와서 교수를 할 사람을 찾기는 어렵다. 그렇다고 정부에 그런 정도의 지원을 기대할 수도 없다.

이런 연유 때문에 유럽 선교여행을 마치고 돌아온 후 연구실도 작은 곳으로 옮기게 되었다. 하지만 한국어 과정은 계속 학생들 사이에 인기가 있다. 예수 그리스도 복음의 역사는 말구유의 역사다. 작은 연구실에서 이번 9월에 입학한 신입생들을 대상으로 한국어 입문반을 모집했다. 230명 이상 등록을 했다. 그래서 목요일과 토요일에 나눠서 두 반으로 수업을 하게 되었다. 나는 "가나다라…"를 노래로 만들어 가르쳤다. 그리고 "ㅏ ㅑ ㅓ ㅕ" 모음은 이 나라 국가의 곡조에 맞춰서 노래로 가르쳤다. 학생들은 즐겁고 신나게 한국어를 공부하고 있다.

한국어반 학생들 중에서 지난 세 주간의 주일예배에 25명이 참석했다. 이들 중에서 10여 명이 일대일로 성경공부를 시작했다. 이들은 싱싱하다. 아직 캠퍼스의 문화에 물들지 않아 순수하다. 풋풋하다. 나라의 경제적 형편이 너무나 어려워 졸업을 해도 마땅한 직장을 찾을 수 없다. 그래서 거의 대부분의 청년들이 미래에 대한 희망을 갖지 못하고 있지만, 이제 갓 짐바브웨 최고의 대학에 입학한 이들은 밝고 씩씩하다. 어쨌든 이들이 이 나라의 희망이다. 이들에게 복음이 심겨지고 예수님의 참 제자들로 세워지는 것이 이 나라의 희망이다. 이를 위해 오늘도 간절히 기도했다.

오늘은 네 명의 양들(학생)과 일대일 성경공부가 있는 날이었다. 11시에 연구실에서 릴리안과 사무엘상 3강, "엘리 가정에 대한 예언"을 공부했다. 1학년 때부터 나와 성경공부를 시작했던 릴리안이 이제 3학년이 되었다. 릴리안은 사라스팀의 핵심 멤버가 되었다. 그녀는 한나와 같은 이 시대의 기도의 어미요, 사라와 같은 열국의 머리로 자라기 위해서 순수하게 말씀에 순종하며 성장하고 있다. 또한 아비가일이라는 1학년 자매를 양으로 얻었다.

12시에 경제학과 2학년인 캐나안과 요한복음 1강, "그 안에 생명이 있었으니"를 공부했다. 그도 1학년 때부터 성경공부를 시작했었다. 작년에는 창세기 공부를 했는데 올해에는 요한복음 공부를 시작했다. 그는 매일 예수님 안에 접붙임을 받아 예수님의 풍성한 생명과 빛을 받으며 예수님의 제자로 성장하겠다고 했다. 2시에 심바와 사무엘상 3강을 공부할 약속이었는데, 내가 급한 일이 생겨서 목요일에 공부하기로 했다. 그도 1학년 때 한국어반에서 만난 형제다. 기계공학을 전공하고 있는 그는 모범생이다. 지난 3년간 꾸준히 말씀을 공부하며 주일예배에 참석하고 있다. 그는 졸업 후에 한국에 유학생 선교사로 파송받을 수 있도록 기도하고 있다. 그는 10월부터 선교센터 장막에 합류하여 더욱 영적 훈련을 받게 되었다. 그도 한 사람에게 성경을 가르치고자 기도하며 찾고 있다.

4시에 14학번 헬렌 자매와 세 번째 일대일 공부로 요한복음 3강, "처음 표적"을 공부했다. 그녀는 이제 대학에 입학해 한 달을 보내고 있는 새내기다. 나는 한국어반 등록을 받으면서 헬렌을 성경공부에 초대했었다. 그녀는 곧 성경공부를 시작했고, 첫 주부터 지난 3주간 계속해서 주일예배에 참석하고 있다. 하나님께서 헬렌을 마리아와 같은 짐대 캠퍼스와 이 나라의 참주인이요 기도의 어미로 부르신다고 말하자, 그녀는 '아멘!' 하였다. 이제 갓 입학한 새내기지만 1만 명의 짐대 학생들과 이 나라를 가슴에 품고 기도하는 자가 이 캠퍼스와 이 나라의 참주인이자 어미라고 하자 자신이 그렇게 되기를 원한다고 했다.

이 나이에 짐바브웨 국립대학교 연구실에서 쉰두 살이나 어린 19살 새내기와 일대일로 성경을 공부할 수 있다는 것이 그저 감격이다. 오직 주님의 은혜. 나의 주 하나님께만 영광을 돌린다. 마음 밭이 순수하고 가난한 헬렌을 이 땅의 마리아와 같은 믿음의 어미로 키워 주시기를 간절히 기도한다.

연구실에서 기드온과 요한복음 2장 1-11절, "처음 표적"을 공부했다. 기드온은 14학번 회계학과 1학년 학생이다. 키가 훤칠하고, 착하고, 순한 형제다. 그는 지난 9월 입학 초에 한국어반에 등록하기 위해 나의 연구실을 찾아온 많은 형제들 중 하나다. 그때 나는 그에게 왜 한국어를 공부하려고 하느냐고 물었다. 그는 그때 매우 사려 깊은 대답을 했다. 글로벌 시대에 자기와 다른 나라인 한국 사람들과 대화를 하고, 한국 사람들을 이해하며, 한국의 문화를 공유하기 원하며, 때가 되면 한국에 가보고 싶다고 했다. 물론 한국 드라마도 재밌게 봤다고 했다. 그리고 글로벌 리더로 성장하고 싶다고도 했다.

나는 이 형제에게 진정으로 영향력 있는 글로벌 리더가 되려면 영성이 높은 사람이 되어야 하고, 그러기 위해서는 매 주일 하나님을 예배하고, 하나님의 말씀을 들어야 하며, 또 구체적으로 성경을 공부해야 한다고 말했다. 특히 지난 세대와 오늘의 세대, 그리고 오는 세대에 걸쳐서 역사상 가장 영향력이 큰 리더이신 예수님을 배워야 한다고 말했다. 그리고 주일예배와 일대일 성경공부에 초청했다. 그는 이후로 거의 모든 주일에 예배에 참석했고, 매주 토요일 8시 반에 나의 연구실에서 꾸준하게 일대일로 성경을 공부해 왔다. 요한복음과 사무엘상을 번갈아가며 공부했다. 물론 그는 한국어반에서 한국어도 공부하고 있다.

성령님은 나로 기도하게 하신다. 그리고 이 나라 청년들 몇 사람과 일대일로 성경을 공부하게 하신다. 또한 그들과 함께 기도하게 하신다. 백 년 후를 바라보게 하시면서….

"주여, 이 땅에 예수님을 진실로 믿고, 자기를 부인하고 자기 십자가를 지고 예수님을 따르는 참제자를 일으켜 주소서! 이 나라를 제사장 나라 거룩한 백성, 선교사를 파송하는 나라로 만들어 주소서!"

예수님의 참제자가 몇 사람, 아니 한 사람이라도 일어난다면 이 땅에도 새로운 변화의 역사가 시작될 것이다. 하나님을 진정과 신령으로 예배하는 사람들이 일어날 것이다. 하나님의 통치가 있는 하나님의 나라가 임할 것이다. 하나님께 자신을 헌신하는 자들이 일어날 것이다. 나는 오늘도 백 년 후를 바라보며 마음속으로 이 기도를 드렸다. 그리고 기드온과 성경을 공부하고 함께 기도했다.

"예수께서 이 첫 표적을 갈릴리 가나에서 행하여 그의 영광을 나타내시매 제자들이 그를 믿으니라."(요 2:11)

치쿠라를 한국에 유학생 선교사로 파송하시다

한국에 파송된 치쿠라 선교사(맨 오른쪽)

치쿠라 형제는 졸업과 동시에 나의 연구실에서 파트타임 조교로 일하게 되었다. 그는 매우 성실한 청년이다. 나는 그를 계명대학교에서 장학금을 받아 한국어를 공부할 수 있도록 추천했고, 계명대학교는 그를 받아들였다. 그는 계명대에서 1년 동안 한국어를 공부하고, 이후에 2년 동안 '한국어와 한국문화' 석사과정을 공부할 예정이다. 그가 이 과정을 잘 마쳐서 한국어 석사학위를 받게 되면 이곳에 돌아와 코리아센터에서 한국어 교수 요원으로 학생들을 가르치며 복음 역사를 섬길 수 있게 된다.

그의 전공은 경제학이지만 지난 4년 동안 나의 한국어 과정에서 공부를 해왔다. 그리고 나와 꾸준하게 일대일로 성경을 공부하는 가운데 예수님을 영접하고 예수님의 제자로 살기로 헌신하였다. 그는 한국에 가는 것을 단순한 유학생으로서가 아니라 한국의 대학생들에게 성경을 가르치는 유학생 선교사로 파송받는다는 소감을 발표했다.

이 나라에 여러 어려움이 있다. 물질적 구제와 도움도 필요하다. 경제개발이 필요하다. 정치발전이 필요하다. 그리하여 부정부패가 최소화되어야 한다. 그러나 그 모든 것보다도 하나님을 경외하고 이 백성을 하나님의 마음으로 사랑하는 참된 지도자들이 일어나야 한다. 이는 우연히, 혹은 단기간에 이루어질 일은 아니다. 이런 점에서 나는 백 년 후를 바라보며 하나님의 말씀을 절대적으로 믿고, 절대적으로 순종하는 믿음의 사람, 예수님의 참 제자를 일으켜 주시도록 기도하며 구체적으로 몇 사람의 젊은이들에게 복음과 하나님의 진리의 말씀을 심고자 노력한다.

치쿠라 형제를 한국에 유학생 선교사로 파송하는 것은 우리의 기도를 들으시는 하나님의 특별한 선물이라고 생각한다. 다음은 그가 발표한 소감의 내용이다.

파송 소감 제목 "마리화나 판매상에서 한국에 유학생 선교사로"

"내가 그리스도와 함께 십자가에 못 박혔나니 그런즉 이제는 내가 사는 것이 아니요 오직 내 안에 그리스도께서 사시는 것이라."(갈 2:20)

안녕하십니까? 저의 이름은 보세디오 포스터 치쿠라입니다. 저는 1993년 8월 15일 마코니 지역에서 5남 1녀 중 막내아들로 태어났습니다. 아버지의 직업은 파트타임 선생님이었고 풀타임 알코올 중독자였습니다. 어머니는 주부였습니다. 막내아들은 아버지의 혼외아였습니다.

아버지는 자신이 아는 것을 보여주기 위해 논쟁을 하는 독서광으로 불렸습니다. 그는 또한 폭력적이었습니다. 아버지는 술에 취하기만 하면 어머니를 괴롭히고 누구라도 자신의 길을 막는 사람은 괴롭혔습니다. 아버지는 우리 사회에서 만연해 있는 불법 마약인 마리화나를 즐겨 피웠습니다. 저를 데리고 숲으로 가서 우리가 산책하는 동안, 아버지는 이상한 냄새가 나는 담배인 마리화나를 피우곤 했습니다. 아버지는 모임, 자신의 사무실, 그리고 심지어 맥줏집에도 저를 데리고 가곤 했습니다.

순진할 때부터 저는 맥주 마시는 삶의 아주 디테일한 부분까지 노출되었습니다. 14살에 이미 술을 마실 뿐만 아니라 마리화나를 기르고 팔고 있었습니다. 그때 사람들은 저를 라스타파리안주의 신봉자들이나 마리화나를 즐기는 사람들을 지칭하는 라스타의 줄임말인 라스(Ras)로 불렀습니다.

고등학교 때, 저는 4명의 친구들과 한 그룹을 만들어 브레덴이라 불렀습니다. 우리의 목적은 오직 학교 동급생들 사이에 공포를 조장하고 지배하는 것이었습니다. 그렇게 되었을 때 저는 고등학교에서 마리화나를 팔 수 있는 유일한 사람이 되었습니다. 그래서 마리화나를 피우기를 원하는 사람들은 모두 저에게 와야 했고 또 함께 피웠습니다.

세 명의 친구들과 함께 우리가 만나는 누구에게나 하나님이 없다고 주장하며 길고 끝나지 않는 논쟁을 하곤 했습니다. 저는 길을 잃었고 목적이 없는 삶을 살았습니다. 저는 학교에서 종교 수업을 제외하고는 교회에도 간 적이 없었고 성경도 읽어본 적이 없었습니다. 저는 학생 사서였는데, 이는 도서관에서 책을 훔치기 쉬운 전략상 편리한 포지션이었습니다. 저는 가득 찬 위선으로 많은 사람들을 쉽게 속일 수 있었습니다. 저를 따라다니는 여러 여자들이 있었습니다. 한때는 저를 미치도록 사랑하는 세 명의 여자 친구들도 있었습니다.

저는 짐바브웨 국립대학교에 들어왔습니다. 그러나 저는 삶이 전혀 장밋빛이 아니라는 것을 깨달았습니다. 삶은 매우 많은 장애물과 함께 찾아왔습니다. 1학년 때 저는 저의 즐거움을 위해 쾌락을 추구하고 더 물질적인 삶을 열망하기 시작했습니다. 유명한 아티스트의 공연을 매주 금요일마다 가기도 했습니다. 그러나 저의 삶에는 여전히 목적과 방향이 없었습니다. 스스로에게 했던 말은 사람들은 이렇게 살아야만 하고, 나는 그렇게 했다는 것이었습니다.

저는 저의 욕구를 충족시키기 위한 돈을 벌기 위해서 술을 팔기 시작했습니다. 사람들에게 위스키를 팔기 위해 마을에 거리와 식당에서 자리를 염탐하였습니다. 저는 가장 싼 위스키에서부터 가장 비싼 위스키까지 마시고, 팔고, 즐겼습니다. 길거리의 매춘부, 술주정뱅이들에게 술을 팔았고, 심지어 지식인들에게도 팔았습니다. 이것이 부족한 것 같아, 포르노를 다운로드받아 음바레의 영화 딜러들에게 팔기 시작했습니다. 이 모든 행동들은 공허함과 무력함의 대가를 가져왔습니다. 저는 죄로 가득한, 1등 죄인이 되었습니다. 하지만 하나님은 짓밟힌 저를 버리지 않으셨습니다. 하나님은 저를 믿음의 조상으로 빚고자 하는 목적을 갖고 계셨습니다.

대학에서 무의미한 시간을 보내는 동안 한국어 프로그램을 통해 이사무엘(현징) 선교사님을 만났습니다. 선교사님은 저를 일대일 성경공부와 주일예배에 초청했습니다. 선교사님과의 성경공부 중 창세기 1장 28절 말씀은 이 땅에 생육하고 번성해야 할 필요가 있다는 것을 깨닫게 해주었습니다. 저는 하나님께서 제 삶에 목적을 가지고 계신다는 것을 보기 시작했습니다. 계속해서 성경을 공부하는 동안에 제가 지었던 비열한 나의 죄들이 보였고, 예수님께서 나의 죄 때문에 십자가에 못 박혀 돌아가셨다는 것을 알게 되었습니다.

하나님은 저에게 갈라디아서 2장 20절, "내가 그리스도와 함께 십자가에 못 박혔나니 그런즉 이제는 내가 사는 것이 아니요 오직 내 안에 그리스도께서 사시는 것이라" 하는 말씀을 주셨습니다. 저는 저의 모든 죄를 회개하고 예수님을 저의 구주로 영접하였습니다. 내가 믿음으로 예수님의 십자가를 붙들었을 때, 나의 모든 부끄러운 죄들을 용서해 주셨다는 것을 알게 되었습니다. 나는 죄로 가득하던 삶에서 떠나 제 안에 예수 그리스도를 모셔 들였습니다.

주일예배에도 신실하고 부지런히 참석하기 시작했습니다. 일대일 말씀 공부는 저를 예수님께로 더 가까이 나아가게 할 뿐 아니라, 예수님을 저에게 더 가까이 이끌었습니다. 마태복음 28장 19절 말씀에서 땅끝까지 복음을 전하라는 사명이 저의 삶의 목적이 되었습니다. 저는 점점 더 말씀 중심이 되어 갔고 세상으로부터 멀어졌습니다.

저는 술을 끊었고, 여자 친구들과 헤어졌으며, 마리화나를 끊었습니다. 이 모든 것이 하나님의 은혜였습니다. 그때 이후로 술이나 마약을 절대 하지 않았고 또 데이트도 그만두었습니다. 과거에 저를 알았던 많은 사람들은 제가 어떻게 성공할 수 있었는지 물었습니다. 오직 하나님의 은혜를 통해서만 모든 것이 가능했습니다.

남은 캠퍼스 시절은 술에 취하지 않고 영적인 사람이 되어 보냈습니다. 그리고 세상의 것보다 성경과 교회에 더 관심을 두었습니다. 예수님을 인격적으로 만나게 해주신 하나님께 감사합니다. 저는 그리스도와 함께 십자가에 못 박혔고, 이제 내가 사는 것이 아니요, 그리스도가 제

안에 사십니다. 말씀 공부를 계속하며 저를 미래의 리더로 빚으시는 것을 볼 수 있었습니다.

저는 바이블 센터로 이사를 하였고, 형제들과 함께 새벽기도를 하였습니다. 일대일 성경공부와 그룹 성경공부는 생명이 없고 비참한 운명주의자이며 소망 없던 죄인을 신실한 하나님의 종으로 놀랍게 변화시켰습니다. 저는 장막장이 되었습니다. 책임감이 함께하는 큰 영광이었습니다. 선교센터에서의 삶은 영적으로 성장하도록 도와주었고 열매 맺는 삶을 살게 했습니다. 말씀 암송과 소감 발표, 또 메시지 준비와 발표를 하며 제 삶에 하나님의 임재를 느낄 수 있었습니다. 후에 저는 선교센터의 인턴 목자가 되었고 책임감은 저를 매일 영적으로 더 강하게 해주었습니다. 저에게는 술이나 마약 때문에 오는 것이 아닌 예수님을 배우기 위해 저에게 오는 여섯 명의 양들이 있었습니다.

제가 선교센터 장막으로 들어갔을 때 잘못 행해지는 것들을 보게 되었습니다. 몇몇 형제들은 술을 마셨고, 음란에 빠져 있었습니다. 그들은 자매들과 정욕을 즐기기 위해 그들을 교회로 데려오곤 했습니다. 버가모의 사람들처럼, 우리는 음란에 빠진 이세벨을 용납하였습니다. 그들은 저와 모세, 시부시오 형제들이 선교사님들의 스파이 노릇을 했다며 비난하였습니다. 형제들은 항상 서로 다투었습니다. 처음에는 낙담이 되었고 박해를 받는 것 같았습니다. 하지만 형제들과 선교사님의 계속된 기도 가운데 몇몇은 회개하였고 다른 몇몇은 센터를 떠났습니다.

대학 졸업 후, 저는 코리아센터의 파트타임 조교로 일하게 되었습니다. 그리고 이사무엘 선교사님의 추천으로 한국 계명대학교로부터 3년 장학금을 받을 수 있었습니다. 제가 사람들에게 한국에 가는 비전에 대해 말할 때마다 사람들은 멋진 빌딩, 음식 등, 한국에 있는 세상적인 삶에만 마음을 빼앗겼습니다. 하지만 짐바브웨센터에서는 짐바브웨가 선교사를 보내는 나라요, 거룩한 백성이 되는 것이 항상 기도 제목이었습니다. 저의 기도 제목은 저의 일과 기도를 통해 우리들의 기도 제목이 응답되는 것이었습니다.

저는 선교사로서 한국에 가길 원합니다. 저를 강하게 하시는 그리스도 안에서 무엇이든 할 수 있습니다. 저의 열망은 아브라함과 같이 우리 민족의 믿음의 조상이 되고 영향력 있는 리더가 되는 것입니다. 계시록 2장 25절, "다만 너희에게 있는 것을 내가 올 때까지 굳게 잡으라" 하신 말씀과 같이 생명과 구원을 주는 사명의 열매를 맺게 하고 생명을 주는 예수님의 가르침을 굳게 잡겠습니다.

저를 구원하시고 한국에 갈 수 있는 기회를 주신 하나님께 감사를 드립니다. 저는 한국에서 유학생 선교사로서 우리 민족뿐 아니라 전 세계의 진정한 믿음의 조상으로 이끌 풍성한 영적 훈련을 받을 것을 압니다. 저의 비전은 한국어를 정복하고 예수님의 제자들을 세우는 것입니다. 또한 한국의 하나님을 배우길 원합니다. 오직 믿음으로 한국 학생들과 외국 학생들을 성경공부에 초대하고, 일대일 말씀 공부를 이룰 수 있기를 바랍니다.

대부분의 아프리카 사람들은 한국에 돈을 벌기 위해 갑니다. 하지만 저는 말씀을 가르치는 한국의 선교사가 되고 싶습니다. 제가 하나님의 말씀을 굳게 붙들고 선교사로 살도록 하나님께서 함께하시길 기도할 때 가능할 것임을 믿습니다. 하나님의 사명을 섬기는 방법과 제자를 키우는 사역을 배우길 원합니다.

저의 기도 제목은 다음과 같습니다. (1) 한국어를 정복하도록 (2) 한국에서 1:1 양을 얻도록 (3) 한국의 신실한(충성스러운) 선교사가 되도록.

저를 위해서 기도해 주십시오.

(그렇게 가난한 나라의 소년이 한국의 선교사가 되었다.)

제3부

매혹의 땅, 사랑스러운 사람들

세계 3대 폭포 빅토리아

빅토리아 폭포

한양 공동체에서 아프리카 선교 정탐을 오는 여행팀을 안내하기 위해서 나와 아내는 처음으로 빅토리아 폭포를 정탐차 방문하게 되었다. 빅토리아 폭포는 짐바브웨 서쪽 끝, 짐바브웨와 잠비아 국경에 접하여 있는 짐바브웨 최고의 관광명소이며, 세계 3대 폭포 중 하나다. 새벽 5시 반에 윤 사장이 자동차로 우리를 공항까지 데려다주었다. '에어 짐바브웨'가 파산하여 오랫동안 비행기를 못 띄우다가 다행히도 한 달 전부터 국내선만 운항을 재개했다. 그리하여 우리는 빅폴(빅토리아 폭포를 줄인 말)로 가는 국내선 비행기를 탈 수 있었다.

한 시간을 날아가 짐바브웨 제2의 도시 블라와요 공항에 잠시 멈췄다. 이곳에서 내릴 사람은 내리고, 빅폴로 갈 사람들이 탔다. 블라와요 공항을 이륙하여 30분쯤 후에 빅토리아폴스 공항 상공에 도착했다. 비행기가 착륙하기 전에 멀리서 땅이 갈라진 것 같은 틈 사이로 거대한 폭포가 쏟아져 내리는 모습이 보였다. 장관이었다.

이곳에서 여행사를 운영하는 유일한 한국여행사의 김 사장이 공항으로 우리를 마중 나왔다. 빅폴은 인구 2만 명의 조그만 시골 도시라고 한다. 김 사장 집에서 잠시 휴식을 취한 후 우리는 시내 관광에 나섰다. 먼저 짐바브웨 사람들의 재래시장을 구경했다. 옛날 50-60년대 한국에서 볼 수 있었던 대장간, 갖가지 농산물들을 파는 노점들, 착하게 보이는 사람들, 모두가 시골스럽고 정겨웠다.

다음으로 김 사장은 '빅 트리'라고 하는 바오밥나무가 있는 곳으로 우리를 안내했다. 수령이 무려 1,500년이라고 한다. 리빙스턴이 빅폴을 발견한 후 영국에서 이곳까지 물건을 가져오거나 가져갈 때, 당시에는 지도가 없었으므로 "빅 트리 앞에서 만나자"고 약속을 하고 이곳에서 서로 만났었다고 한다. 여덟 사람이 두 팔을 벌려 그 둘레를 안았으나 손이 닿지 않았다고 한다. 그 둘레가 상상을 초월하는 크기다. '나이가 천오백 살이라니! 길어야 백 년을 살면서 큰소리치며 으스대는 사람들이 각 나라에서 찾아와서 이 나무를 쳐다보고, 안아보고, 쓰다듬으면서 한마디씩 했을 텐데, 이런 사람들을 보면서 바오밥나무는 무슨 생각을 할까?' 하는 부질없는 생각이 들었다.

비빔국수로 점심을 먹고 빅폴 구경을 갔다. 우기가 지나고 강물이 가장 많이 흐르는 때라 물보라가 지상으로 백 미터 이상 구름산처럼 높이 솟아오른다. 사이사이로 거대한 폭포가 쏟아져 내린다. 일곱 색 무지개가 선명하게 떠 있다. 이 장엄한 광경을 어떤 인간의 언어로 묘사할 수 있을까? 창조주 하나님의 위엄이 느껴졌다. 우리는 비옷을 입었으나 물보라에서 떨어지는 물로 바지와 신발이 완전히 젖었다. 햇빛이 강해서 바지는 금방 말랐으나 신발은 마르지 않았다. 빅토리아 폭포는 그 폭이 2킬로미터나 된다.

미국과 캐나다 국경을 이루고 있는 나이아가라 폭포, 남미의 이과수 폭포, 그리고 이곳의 빅토리아 폭포를 세계 3대 폭포라고 한다. 나는 한국에서 사역하고 있을 때 선교지를 방문할 기회가 있었기 때문에 나이아가라와 이과수 폭포를 구경한 적이 있었다. 나의 관점에서 볼 때 세 폭포는 각기 다른 특징을 갖고 있다. 나이아가라 폭포의 특징은 웅장함이다. 한꺼번에 쏟아지는 물의 양이 엄청났다. 영화 「미션」에 등장하는 이과수 폭포는 여러 층으로 이루어져 떨어지는 것이 매우 아름다웠다. 빅토리아 폭포는 폭이 가장 넓다. 그리고 가까이에서 폭포를 볼 수 있다. 그래서 '이 세 폭포 중에서 어느 폭포가 제일이냐?' 하는 질문에 대한 답은 사람들마다 다르다. 하지만 나에게는 빅토리아 폭포가 최고였다. 우리는 두 시간 걸려서 폭포를 따라 트래킹을 한 후에 입구 카페에서 음료수를 마시며 신발을 말렸다.

숙소에 돌아와 잠시 휴식을 취한 후, 해 질 녘에 다시 숙소를 나섰다. 잠베지강 선크루즈로 우리를 안내했다. 잠베지강에서 해가 지는 광경을 보는 것은 정말 환상적이었다. 2시간 동안 아름다운 잠베지강에서 배를 타고 시원한 바람을 맞았다. 곳곳에 큰 악어들이 강가에 놀고 있는 것이 보였다. 이탈리아, 독일, 짐바브웨에서 온 관광객들과 함께 오랜 친구처럼 음료수와 스낵을 먹으며 강가의 절경을 즐겼다.

다음 날 아침 7시 반에 숙소를 출발해서 미니버스로 보츠와나 국경으로 갔다. 짐바브웨와 접하고 있는 보츠와나의 '초베' 사파리 국립공원에 가기 위해서였다. 이동하는 동안에 고속도로 옆으로 지나가는 원숭이 가족들을 만날 수 있었다. 50마리도 더 되는 한 무리의 떼가 이동하는 것이 신기했다. 1시간 달리니 보츠와나 국경에 도착했다. 짐바브웨 이민국에서 출국 스탬프를, 보츠와나 이민국에서 입국 스탬프를 찍고 우리는 다른 관광객들과 함께 보츠와나 관광 가이드들에게 인계되었다.

보츠와나 관광 가이드는 먼저 초베 국립공원 로지(펜션)로 우리를 안내했다. 이곳에서 배를 타고 오전에 3시간 정도 보츠와나와 나미비아 사이를 흐르는 초베강을 다니면서 자연 속에서 살고 있는 각종 새들과 짐승들을 구경했다. 수많은 하마들과 악어들이 평화롭게 살고 있었다. 인상적인 장면은 코끼리 떼가 수영을 하여 강을 건너는 모습이었다. 수백 킬로그램의 육중한 몸을 가진 코끼리도 수영을 잘하는 것이 신기했다. 가이드의 설명에 의하면, 코끼리 떼를 맨 앞에서 인도하는 자는 할머니 코끼리라고 한다. 할머니 코끼리는 어디에 물이 있고 어디에 목초가 있는지를 잘 알기 때문이란다. 강을 건널 때에도 물론 할머니 코끼리가 맨 앞에서 아들, 딸, 손자, 손녀 코끼리들을 데리고 다니며 훈련을 시킨다고 한다.

로지에서 점심을 먹고 오후에는 육지 사파리 관광 자동차를 타고 2시간 반 정도 끝없이 넓은 초베 국립공원을 돌았다. 수많은 야생 동물들을 볼 수 있었다. 코끼리, 임팔라, 구루, 버팔로, 기린, 원숭이, 하마, 싸비에, 다람쥐, 이구아나, 멧돼지, 사자 등을 보았다. 20여 마리의 코끼리 떼가 한 줄로 줄을 지어 걸어가는 모습과 기린 떼들이 초원에서 긴 목으로 나뭇잎들을 뜯는 모습이 가장 인상적이었다. 사자는 암사자가 먼저 사냥을 하고, 암사자가 힘이 빠지면 수사자가 사냥을 돕는다고 한다. 사냥한 고기는 맨 먼저 수사자가 먹고 다음에 새끼들이 먹는다고 한다.

'보마'라는 아프리카 전통 식당에서 아프리카 사냥 고기들로 바비큐 파티를 하는 저녁을 맛있게 먹었다. 큰 식당 안이 각국에서 온 관광객들로 가득 찼다. 짐바브웨 전통춤 공연이 매우 열정적이었다. 아침 식사 후에 아내와 나는 빅토리아 폴 호텔에 갔다. 이곳 커피숍은 빅토리아 폭포를 멀리서 바라보는 곳에 자리 잡고 있었다. 짐바브웨와 잠비아를 잇는 다리가 보이고 그 아래로 폭포에서 떨어져 흐르는 강물이 보인다. 두 협곡 사이로 떨어지는 폭포가 만들어내는 물보라가 산처럼 솟아 있다.

호텔에서 샛길로 5분쯤 걸어가니 짐바브웨 쪽 빅토리아 폭포 입구가 나왔고, 조금 더 가니 국경세관이 나왔다. 이곳에서 출국 도장을 찍고, 걸어서 다리를 건너면서 양쪽 협곡과 폭포를 구경했다. 쉬엄쉬엄 30분쯤 지나서 잠비아 국경에 도착했다. 이곳에서 20불을 내고 관광 비자를 찍은 후, 잠비아 쪽 빅토리아 폭포를 구경했다. 쌍무지개가 떴다. 너무나 아름다웠다. 물이 가장 많은 시기라 산처럼 솟아오른 물보라 때문에 폭포를 다 볼 수는 없었다. 끝자락 폭포만 선명하게 보였다. 잠비아 쪽 잠베지강 가에서 휴식을 취하며 아름다운 대 자연을 즐겼다.

택시를 타고 잠비아 쪽의 도시 '리빙스턴'에 가서 맛있는 점심을 먹었다. 그리고 리빙스턴 박물관을 구경했다. 리빙스턴 박물관에는 그의 아프리카 선교와 탐험의 역사 기록들과 유품들이 전시되어 있었다. 아프리카 초기 선교사요 탐험가로 유명한 리빙스턴은 1813년

스코틀랜드에서 전통적인 노동자 계급의 아들로 태어났다. 18, 19세기 영국에서는 복음주의 기독교인들의 열정적인 선교 활동에 의해 런던선교회 등이 설립되고 있었는데, 소년 리빙스턴도 중국 의료선교사를 꿈꾸고 있었다. 그는 방적 공장에서 일하면서 독학하여 글래스고의 앤더슨 대학교에 들어가서 신학과 의학을 공부했으나, 아편전쟁 때문에 중국에 선교사로 갈 수 없게 되었다. 그러다가 아프리카 선교사 로버트 모펫의 영향으로 1840년 런던 전도협회의 의료 전도사로서 아프리카로 파송되었다. 1841년 남아프리카 보츠와나에 도착하여 니그로 마을에 머물면서 복음 전도, 원주민 문화 연구 등을 시작했다. 그는 복음 전파뿐 아니라 교육과 의료 분야에서도 큰 기여를 했다.

탐험을 좋아한 리빙스턴은 1849년 제1차 탐험을 시작하여 1849년에 느가미호 발견, 1851년에 잠베지강 발견, 1855년에 빅토리아 폭포를 발견하고, 이 폭포를 영국 여왕 빅토리아의 이름을 따서 빅토리아 폭포로 명명했다. 그는 결국 아프리카 횡단에 성공했고, 귀국하여 '전도 여행기'를 발표했다. 1858년 엘리자베스 여왕으로부터 영국 대사로 임명되었으며, 영국 정부의 원조를 얻어 중앙아프리카 탐험 대장이 된 그는 6명의 대원을 이끌고 잠베지강 유역을 조사하던 중 포르투갈 사람들의 노예매매를 보고 이에 도전하여 수백 명의 노예를 해방시켰다. 이 때문에 포르투갈과 영국 간에 말썽이 생겨 영국 정부에서 리빙스턴에게 탐험 중지 명령을 내렸다. 1866년 왕립지리학회의 의뢰를 받아 다시 아프리카로 떠나 므웨르호와 뱅웰루호 등을 발견한 후, 탕가니카 호반 우지지에 도착했다. 1871년 여기서 열병에 걸려 사경에 빠졌으나 11월 스탠리의 수색 탐험대를 만나 극적으로 구조되었다. 그 후 스탠리 일행과 함께 탕가니카호 북부 지역을 여행했다. 이듬해 스탠리와 작별하고 탐험을 계속하였다. 1873년 5월 1일 리빙스턴은 그의 침대 옆에서 기도하는 자세로 숨져 그의 하인에게 발견되었다. 아프리카인들은 그를 존경하는 마음으로 그의 심장을 꺼내 므푼두 나무 밑에 묻고 그의 시체는 미라로 만들어 2,400킬로미터가 넘는 해안까지 운반하였다. 그리고 영국 웨스트민스터 사원에서 국장으로 장례를 치렀다. 이로써 위대한 선교사요 아프리카 탐험가로서의 생애가 마감된 것이다. 그의 유품들을 보면서 위대한 선교개척자의 기운이 전해 옴을 느꼈다.

다시 짐바브웨 쪽으로 돌아올 때는 택시를 타고 잠비아 국경까지, 그리고 국경에서 다시 택시를 타고 다리를 건너 짐바브웨 국경까지 왔다. 빅토리아 폴 호텔에 들러 석양의 빅폴을 바라보며 마신 냉커피는 특별했다. 다리 사이로 보이는 물보라 전체가 이제는 석양의 햇빛을 받아 무지개 색깔을 보인다. 이 멋진 풍경을 바라보고 있으니 하루의 피로가 풀리는 것 같다. 택시를 타고 숙소인 김 사장 집으로 왔다. 저녁 메뉴는 토종닭 백숙이었다.

다음 날 아침 7시에 숙소를 나서 킹덤 호텔에서 7시 반에 '패스파운더' 고속버스를 타고 빅토리아 폴을 출발했다. 김 사장은 우리와 지인들이 나눠 먹으라고 빅폴 토종닭 6마리를 냉동시킨 박스를 주었다. 버스는 끝없이 펼쳐진 숲속 사잇길을 달렸다. 3시간 달려 '황게' 사파리 로지에서 10분간 휴식을 취했다. 다시 3시간 달려서 블라와요에 도착했다. 이곳까지 6시간, 이곳에서 하라레로 가는 버스를 바꿔 타야 했다. 2시 반에 버스가 왔다. 2층 버스인데 우리는 1층 맨 앞좌석이다. 53, 54번. 큰 통유리 앞으로 앞의 시야가 모두 들어

온다. 가장 좋은 자리인 것 같다. 의자를 뒤로 젖히고 발을 쭉 뻗을 수 있다. 중간 '퀘케' 휴게소에서 10분간 휴식을 취했다. 하라레에 도착하니 8시 반, 깜깜한 밤이다. 총 13시간의 버스 타기, 이렇게 긴 버스 타기는 난생처음이었다. 무거운 배낭을 메고 허리를 굽혀 토종닭 6마리를 담은 박스를 들어 올리려다 허리를 삐끗했다. '아차' 하는 순간이었다. 내가 70을 눈앞에 둔 나이라는 것을 또 잊었다. 편히 걸을 수가 없었다. 윤 사장이 마중 나와 편안하게 집에 도착했다. 너무나 즐거운 정탐 여행이었다. 수산나 선교사가 준비해온 우거지 설렁탕과 밥을 맛있게 먹었다.

빅폴에서 한양 선교팀과

돔보샤와 돌산을 오르다

돔보샤와 돌산에서

짐바브웨에서는 3월 29일부터 4월 1일까지 부활절 휴일이다. 부활절은 이 나라에서 성탄절 다음으로 크게 생각하는 2대 명절이다. 부활절 휴일 기간에는 학생들은 대부분 가족을 찾아 고향으로 떠난다. 마치 한국의 추석 명절과 같다. 부활절 휴일 마지막 날 하라레에 남은 우리 공동체의 형제자매들은 돔보샤와 돌산을 등반하기로 했다.

하라레 동북쪽으로 40여 분 자동차로 달리면 돔보샤와라는 지역이 나온다. 이 지역은 돌산이 많은 것이 특징이다. 이곳에는 돔보샤와 국립공원도 있는데, 공원 안에는 그 옛날 쇼나족의 조상들이 살았던 흔적이 보존되어 있다. 자연박물관인 셈이다. 거대한 돌벽에 그려진 오래된 벽화, 그을음이 남아 있는 아궁이, 생활공간으로 사용되었던 동굴 등이 있다. 이곳은 하라레를 찾는 사람들이면 꼭 찾아보는 관광지라고 한다.

선교센터에 모였던 40여 명이 전세 낸 작은 버스(스무 명이 타는 콤비) 두 대와, 승용차 두 대에 나누어 타고 하라레를 벗어나 돔보샤와로 향했다. 모두가 오랜만에 복잡한 도시와 긴장된 생활을 했던 학교를 떠나 자연 속으로 잠시 여행을 가는 것에 한껏 고무되고 즐거워했다. 이런 점에서는 한국 사람이나 짐바브웨 사람이나 한가지다. 아니 세계 어느 나라 사람이나 다 같을 것이다. 문화가 다르고, 인종과 언어와 나라가 달라도 인간은 하나님의 형상으로 창조되었기 때문이다. 피상적으로 볼 때는 다른 점이 많지만, 본질에 있어서는 사람 사는 것이 다 같다.

우리는 돔보샤와 지역에서 가장 높은 산을 올랐다. 거대한 돌산들이 몇 개의 봉우리를 만들면서 이어져 있었다. 산 전체가 돌로 이루어진 산…. 돌이라고 부르는 것이 어쩐지 맞지 않는 것만 같은 분위기다. 그냥 거대하고 높은 산 자체가 돌로 이루어졌으니 말이다. 매우 이색적이었다. 돌산을 오르는 것은 숲이 우거지고, 계곡이 흐르고, 나무들 사이에 돌들이 서 있는 아기자기한 한국의 산을 오르는 것과 다른 묘미가 있었다. 한 시간 남짓 돌산을 기다시피 오르고, 다음에 완만한 산길을 한참 걷고, 다시 경사진 산을 올라 드디어 정상에 도착했다.

사방으로 탁 트인 시야 안으로 작은 산들과 들판이 파랗게 들어왔다. 파란 하늘은 구름 한 점 없이 청명하다. 맛이 느껴지는 것 같은 맑은 공기다. 짐바브웨는 그야말로 청정공기의 땅이기 때문에 이곳에서 느끼는 신선함과 상쾌함이란 말로 표현하기 어려울 정도였다. 탁 트인 시야와 땀 흘린 뒤에 산 정상에서 맛보는 짜릿한 기쁨. 이때 맛보는 이 기쁨 때문에 사람들은 산을 오른다. 형제자매들이 두 손을 모아 "야호!" 하고 외친다. 세계 공용어다.

"주 하나님 지으신 모든 세계" 찬송이 절로 나왔다. 모두가 목청껏 이 찬송을 불렀다(물론 영어로). 이어서 현지 목자들이 춤을 추며 쇼나어로 신나게 노래를 불렀다. 우리는 고린도전서 15장 55절을 힘차게 외쳤다. "사망아, 너의 이기는 것이 어디 있느냐? 사망아, 너의 쏘는 것이 어디 있느냐?"

인류의 최대 원수는 사망 권세다. 부활의 주 예수 그리스도, 사망 권세를 깨트리신 예수 그리스도 안에서 우리도 죽음을 정복한다. 이 땅에서부터 부활의 삶을 산다. 얼마나 놀라운 은혜인가? 얼마나 큰 구원인가? 싱싱한 짐바브웨의 젊은 청년들, 함께 성경을 공부하며 예수님을 믿고 따르는 형제자매들과 산 정상에서 합심하여 기도하고 찬송을 부를 수 있다니 너무나 감격스러웠다.

우리는 다가오는 가을 수양회와 메신저들을 위해서, 한국으로 파송받은 아폴로니아 선교사 후보를 위해서, 그리고 짐바브웨를 제사장 나라로 세워 주시도록 간절히 기도했다. 그리고 산 정상에서 옹기종기 모여 앉아 준비한 도시락을 맛있게 비웠다. 검소한 도시락도 어느 값비싼 고급 음식보다도 맛이 있었다. 땀을 흘리고 나면, 달콤한 휴식도 있다. 그러나 산 정상에서 언제까지나 머물 수는 없다. 정상에 올라왔으면 이제 내려가야 한다. 오르는 가파른 언덕이 있으면 내려가는 경사진 길도 있고, 굴곡이 있는 길이 있으면 평평한 길도 있다. 가파른 길이 있으면 완만한 길도 있다. 우리의 삶도 마찬가지다. 오르막길이 있는가 하면, 내리막길이 있다. 굴곡의 길이 있는

가 하면, 평지도 있다. 기쁨으로 환하게 웃는 날이 있는가 하면, 마음 조아리며 몸부림을 하는 날도 있다. 하는 일이 잘되는 날이 있는가 하면, 잘되지 않는 날도 있다.

  정상에 오르는 것보다 잘 내려가는 것이 더 중요하다. 이것이 더 어렵다. 오로지 오르기 위해서만 발버둥 치는 것은 어리석은 일이다. 오른 곳에서 내려오려 하지 않는 것은 더 어리석은 일이 아닐까? 산을 오르고 내리면서 인생의 평범한 진리를 배운다는 말을 떠올렸다. 이 산봉우리의 이름은 '응고마쿠리라'인데 이는 '북 치는 소리'라는 뜻이다. 성령님은 나의 가슴에서 이렇게 노래하게 만드셨다.

주의 손가락으로 만드신 것들이
어찌 그리 아름다운고?
어찌 그리 장엄하고
다양하고
섬세한고?

끝없이 펼쳐진 거대한 돌산들
눈부신 태양
기다랗게 뻗은 협곡
녹색으로 물든 대지가 뿜어내는 생명의 기운

구름, 나무, 풀, 꽃
공중에 나는 새들…
온 땅을 경외감으로 가득 채운다

그리고 겸손으로 내 마음의 옷깃을 여미게 한다

밤하늘의 달과 별들

천억 개의 은하계…

시인이 노래했듯이…

"하늘이 하나님의 영광을 선포하고,

궁창이 그의 손으로 하신 일을 나타내는도다!

날은 날에게 말하고

밤은 밤에게 지식을 전하니

언어도 없고 말씀도 없으며 들리는 소리도 없으나

그의 소리가 온 땅에 통하고

그의 말씀이 세상 끝까지 이르도다

하나님이

해를 위하여 하늘에 장막을 베푸셨도다!"(시 19:1-4)

우리의 가슴과 입술에

영원한 찬양으로 가득 채우시는 분은

오직 창조주

온 세상의 주

우리의 영존하시는 아버지

하나님이시다!

저 멀리 하늘 구름 속으로부터

천군천사들의

북치는 소리가
아련히 들린다

두 손을 모으고 기도한다
주여,
이 땅에 아브라함과 사라의
가정 하나를 세워주소서

이 거대한 돌산들은 수천 년 동안 이 자리를 굳게 지켜왔을 것이다. 이 돌산들이 옮겨진다는 것은 불가능하다. 그럼에도 불구하고 성령님은 이사야를 통해서 말씀하셨다. 산들이 떠날지라도 하나님의 자비는 우리에게서 떠나지 않을 것이며, 하나님의 화평의 언약은 흔들리지 않을 것이라고….

또한 하나님의 사람 다윗은 모든 원수들의 손에서와 사울의 손에서 건져 주신 날에 이렇게 노래했다.

"여호와 외에 누가 하나님이며, 우리 하나님 외에 누가 반석이냐?"(삼하 22:32)

우리는 때로 어려움에 처한다. 곧 망할 것 같은 두려움이 엄습하기도 한다. 세상에서 의지하던 것들이 무너져 사라지는 것을 보게 되기도 한다. 이때 하나님께서 과연 나를 사랑하시는가 의심할 수도 있다. 마음의 평화를 잃을 수도 있다. 그러나 명심하자. 산들이 떠날지라도 하나님의 자비는 우리에게서 떠나지 않는다. 하나님의 화평의 언약은 흔들리지 않는다. 그렇다. 하나님의 자비는 영원하다. 하나님의 화평의 언약은 불변한다. 여호와 외에는 참 하나님이 없으시다. 우리의 하나님 외에는 영원한 반석이 없다. 그러므로 우리는 주님의 약속 위에, 약속 안에, 약속과 함께 서서, 우리의 반석이신 하나님과 함께 믿음의 길을 걸어가는 것이다.

"산들이 떠나며 언덕들은 옮겨질지라도 나의 자비는 네게서 떠나지 아니하며 나의 화평의 언약은 흔들리지 아니하리라. 너를 긍휼히 여기시는 여호와께서 말씀하셨느니라."(사 54:10)

"여호와 외에 누가 하나님이며 우리 하나님 외에 누가 반석이냐?" (시 18:31)

예쁜 얼굴을 보여준 키다리 선인장

키다리선인장에 핀 예쁜꽃

요즘 매우 좋은 봄 날씨가 계속되고 있다. 사실 이곳에는 사계절이 있는 것이 아니라 1년을 건기와 우기로 나눈다. 하지만 이곳에서 살다가 보니 건기의 끝자락인 8-10월이 한국의 봄철에 해당되어 나는 이때를 봄이라고 부르고 있다. 이곳에서는 1년 내내 꽃을 볼 수 있지만 그래도 봄에 피는 꽃들이 더욱 활기차고 아름답다. 우리의 셋집 화단에는 키가 크고 가냘프게 생긴 키다리 선인장이 하나 있다. 1년 전에 알렉산드라 파크 식물원에서 있었던 선인장 전시회에서 사다가 화단에 심은 것이다. 그동안 키가 많이 자랐다.

며칠 전에 나는 이 선인장의 머리에 세 개의 꽃봉오리가 맺힌 것을 발견했다. 처음 봤을 때 너무나 신기해서 "와!" 하는 탄성이 절로 나왔다. 키다리 선인장의 머리에 맺힌 꽃봉오리는 처음 봤기 때문이다. 나는 창조주 하나님의 솜씨에 감탄하며, 하나님을 찬양했다. 그런데 오늘 이른 아침 화단에 나가보니 그 꽃봉오리 중 하나가 활짝 피어 아름다운 얼굴 모습을 드러내고 있었다. 바깥은 보라색 꽃잎들로 둘렀고, 그 안은 몇 겹의 하얀 꽃잎들이 둘렀고, 중앙엔 노란 꽃술들이 가녀리게 서 있었다. 활짝 웃고 있는 모습이 너무나 예뻤다. 이 꽃이 내뿜는 은은한 향기 또한 기가 막혔다.

이 선인장은 화단에 서 있는 다른 꽃나무들에 비해 화려하지도 않다. 키만 클 뿐 가냘프게 생겼다. 온몸은 날카로운 가시들로 옷을 입고 있다. 볼품이 별로 없다. 이파리 하나 없이 가시들로만 둘러싸인 이 선인장은 우리 화단에서도 그리 환영을 받지 못했다. 나도 이 선인장에 가까이 다가가 만져주거나, 따뜻한 눈길을 주지도 않았다. 그런데 이 선인장이 감추고 있었던 얼굴 모습이 이렇게도 아름답고, 화려하고, 예쁠 것이라는 것은 상상도 못했던 바이다. 어디 그뿐인가? 그만이 내뿜고 있는 그 고운 향기를 어떻게 말로 표현하랴! 그는 다른 어떤 꽃보다도 진하고, 코끝뿐 아니라 나의 온몸 속을 사로잡는 향기를 내뿜고 있다. 아… 그는 창조주 하나님의 솜씨와 영광을 드러내고 있는 하나님의 걸작품이다. 나는 이 키다리 선인장 안에 하나님께서 부여하신 고귀한 생명과, 겉모습과는 다른 그토록 아름다운 얼굴과, 그에게만 주신 독특한 향기를 인하여 좋으신 아버지 하나님께 감사와 찬송을 드렸다.

나는 이 꽃을 찬찬히 그리고 이리저리 돌아보면서 선인장에게 속삭였다. "키다리 선인장아, 이렇게 예쁜 얼굴을 보여줘서 정말 고맙다. 너는 그동안 다른 화려한 꽃들에 밀려서 별로 사랑을 받지 못하고 화단 한쪽 편에 묵묵히 서 있었지? 너무 키가 커서 바람만 불어도 잘 넘어졌고…. 나는 너를 일으켜 세우고 받침대를 세워줄 때면, 왜 이렇게 중심이 약하냐고 핀잔도 줬지? 네가 이렇게 예쁜 얼굴과 깊은 속내와 진한 향기를 가진 줄도 모르고 별로 눈길을 주지 않았던 것을 사과한다. 정말 미안해. 그런데도 넌 그동안 아무 말 없이 자리를 지켜줬어. 더구나 오늘은 너의 진짜 아름답고 향기 나는 모습을 보여줬어. 고마워! 사랑해!" 나는 그의 아름다운 얼굴을 카메라에 담았다.

짐바브웨는 한반도의 2배 크기에 인구는 1천2백만이라고 한다. 자연이 아름답고, 기후도 좋고, 땅도 좋고(거의가 평지임), 지하자원도 많으나 국민소득 500불에 못 미치고 있다. 젊은이들에게 이 나라의 가장 큰 어려움이 무엇인가 물어보면 거의 대부분이 권력을 잡은 자들의 부정부패라고 말한다. 1980년 독립 당시의 초대 대통령이 아직도 31년째 집권하고 있다. 지하자원을 캐어 팔아 달러를 벌지만 대부분의 달러가 기간산업 확충이나 생산시설에 투자되지 않고 있다고 한다. 서방세계에서는 이 나라를 경제제재로 고립시켰고, 이 나라는 배타적인 온갖 규제로 인해서 외국자본이 들어오지 못하고 있다고 한다.

몇 년 전에 극심한 인플레이션으로 인해서 자국 화폐가 폐기되었고, 이후로는 미국 달러를 화폐로 통용하고 있다. 자국 화폐 자체가 없는 나라다. 여기에다가 공식적인 에이즈 감염자가 30%라고 하고, 실제는 그보다 훨씬 많다고 한다. 영아 사망률까지 높아 평균 수명이 40세에 못 미친다고 한다. 젊은이들이 미래에 대한 희망을 갖지 못하고 있다. 희망이 보이지 않는다고 한다. 이런 말을 들을 때 너무나 마음이 아프다.

이들 속에 무겁게 자리를 잡고 있는 것들은 절망감, 운명주의다. 그러나 우리의 아버지 하나님은 희망의 하나님이시다. 선하시고 좋으신 하나님이시다. 선하신 우리의 하나님은 이들에게, 그리고 이들을 위하여, 큰 희망을 갖고 계신다. 그리고 오늘도 쉬지 않고 그 희망의 새 역사를 이루고 계신다. 마치 가시 옷을 두르고 있는 키다리 선인장에게서 예쁘고 향기 나는 얼굴을 꽃피우듯이 말이다.

이들은 겸손하다. 마음이 순수하다. 가슴이 뜨겁다. 열정이 있다. 종교심이 강하고, 진리를 알고자 하는 소원이 있다. 캠퍼스에서 만나 복음을 전하면 거절하는 젊은이가 거의 없다. 말을 걸면 모두가 따뜻한 마음으로 대화를 나눈다. 하나님은 마음이 가난하고 겸손한 자에게 은혜를 주신다.

"주여, 거룩한 주님의 날, 이 땅의 많은 청년들과 함께 하나님을 예배할 수 있는 은혜 베푸심을 감사드립니다. 이들을 향한 하나님의 마음을 조금이라도 알게 해주시고, 이들을 향한 사랑을 부어주심을 감사드립니다. 이들에게 영생의 말씀을 심어주소서. 이들 가운데에서 주님께 헌신된 참제자들을 세워주소서! 이 땅을 하나님과 세상 만민을 섬기는 제사장 나라, 거룩한 백성, 축복의 근원으로 만들어 주소서! 주의 영광을 드러내시고, 주께서 영광 받으소서!"

"심령이 가난한 자는 복이 있나니 천국이 그들의 것임이요."(마 5:3)

사라스 자매들과 치베로 호수공원을 가다

치베로 호수공원에서 사라스 자매들과

어제는 비가 내렸다. 짐바브웨는 이제 우기에 접어들었다. 비가 많이 올 때는 며칠씩 쉬지 않고 내린다. 빗줄기가 엄청 굵다. '장대비'라는 말이 실감이 난다. 장대 같은 비가 말 그대로 하늘에서 땅을 향해 쏟아진다. 천둥 번개까지 동반한다. 이 빗줄기들이 도로 곳곳에 큰 구멍들을 만든다. 도로를 물로 가득 채우기도 한다. "역시 아프리카의 빗줄기는 다르구나!" 하고 우리는 놀라곤 한다. 비가 온 뒤에는 움푹움푹 파인 구덩이들 때문에 자동차를 운전하려면 여간 신경이 쓰이는 것이 아니다. 짜증이 날 정도다.

오늘은 이번 학기 사라스팀 마지막 소감발표 모임을 갖는 날이다. 그동안은 학교 안에 있는 나의 연구실에서 매주 토요일에 이 모임을 가져왔다. 그런데 오늘은 하라레 근방에서 가장 아름다운 경치를 자랑하는 치베로 호수공원에서 이 마지막 소감 모임을 갖기로 했다. 동시에 이곳에서 이번 학기의 처음이자 마지막 피크닉을 하기로 했다. 다음 주부터는 학기말 시험이 시작되기 때문이다. 사라스팀 자매들도 모두 치베로 호수공원 피크닉을 기대하며 들뜬 마음으로 한 주간 열심히 기말시험 준비를 했을 것이다. 그런데 일기예보는 오늘도 하라레에 비가 온다는 것이었다. 모처럼의 나들이요 피크닉인데 비가 온다면 치베로 호수공원에 갈 수가 없다. 그렇게 되면 우리 자매들의 실망이 얼마나 크겠는가? 우리는 모처럼의 사라스팀 야외 소감 발표 모임과 즐거운 소풍을 위해서 좋은 날씨를 주시도록 간절히 기도했다.

나는 날이 새자마자 창문의 커튼을 열고 하늘을 바라봤다. 비는 그쳤다. 그러나 아직 먹구름이 덮여 있었다. 그런데 그 구름이 서서히 걷힌다. 아침을 먹을 무렵에는 마침내 밝은 해가 그 얼굴을 드러냈다. "야호! 밝은 태양이 나타났다!" 하나님께서 오늘 사라스팀 마지막 소감 모임과 우리들의 소풍을 축복하심을 알 수 있었다.

아침 10시에 우리의 만남의 장소인 학생처 건물 뒤 주차장으로 갔다. 이곳에 17명의 자매들이 모두 모였다. 모두가 환한 얼굴에 들뜬 모습이다. 초등학생 때 소풍 가는 날의 어린이들처럼 웃고 떠들며 즐거워했다. 이들 모두가 싱싱한 짐바브웨 국립대학교 여학생들이다. 하나님께서 지난 1년 새에 우리 선교사들에게 보내주셔서 일대일로 성경을 공부하고 있고, 주일 예배에 참석하는 자매들이다. 이들은 하나님의 말씀을 사랑하고, 겸손히 영적인 훈련을 받고 있는 이 땅의 소망이요, 아름다운 믿음의 어미 후보들이다.

자매들은 모두 대절 콤비(하라레에서 대중교통으로 사용하고 있는 소형

버스를 콤비라고 부른다)에 올랐다. 나는 자동차에 점심 도시락과 음료수와 과일 등을 듬뿍 실었다. 나의 자동차에는 안나 선교사와 수산나 선교사가 동승했다. 나는 앞서 신나게 달리며 콤비의 길을 안내했다. 하라레를 떠나 남쪽으로 40분을 달려서 우리는 아름다운 치베로에 도착했다. 도로를 벗어나 비포장 숲속 길을 10여 분 붉은 먼지를 일으키며 들어가자 치베로 호수공원이 나왔다. 입구에 주차하고 표를 사서 공원 문으로 들어서자 넓고 깨끗하게 가꿔진 잔디밭이 펼쳐져 있었다. 아름드리 나무들이 그늘을 만들고, 잔디밭 너머로 넓고 파란 호수가 물결을 출렁였다.

호숫가에는 정박한 보트들이 떠 있고, 물고기를 잡는 중년의 아저씨는 그물을 던진다. 가끔 모터보트가 호수 위를 달리며 물살을 가른다. 기러기들이 춤을 추며 푸른 하늘을 난다. 호수 뒤로는 낮은 산들이 멋지게 둘러 있었다. 강이 없는 하라레 도시에서만 살다가 이렇게 바다처럼 출렁이는 물결을 보니 마음이 탁 트이고 기분이 상쾌했다. 이 호수는 하라레의 식수의 근원이기도 하다. 자매들은 모두가 처음 와본 곳이라며 너무 좋아했다. 역시 하나님께서 창조하신 세상은 너무나 아름답다. 자매들은 이 아름다운 자연경관을 보자 모두 "와!" 하는 탄성을 질렀다.

11시부터 각자 공부한 성경 말씀에 기초해서 써온 개인 간증 소감을 발표하는 데 1시간 40분이 걸렸다. 17명 모두가 발표했다. 소감을 발표하는 내내 시원한 바람이 불어왔다. 진실된 말씀 소감들은 모두 은혜가 있었다. 몇몇 자매들은 구체적으로 회개하고 결단하는 소감을 발표했다. 나는 이들의 소감을 듣는 동안 이들의 인생에 개입하셔서 일하고 계시는 하나님으로 인해 마음이 감동되고, 가슴

치베로 호수공원에서 사라스 자매들과

뭉클함을 느꼈다. 그리고 마음으로 아버지 하나님께 감사를 드렸다.

"아버지, 감사합니다. 갖가지 어려운 환경과 인생의 문제를 안고 있는 아버지의 딸들, 이들 각 사람을 이토록 사랑하셔서 택하여 주시고, 말씀을 통해서 만나주시고, 은혜를 베푸심을 감사합니다. 이들 각 사람 안에 치유의 역사를 행하시니 감사합니다."

이후에 나는 15분 정도, 보통 세상의 여인들과 사라의 차이에 대해서 강의를 했다. 그리고 마지막에는 "여러분들은 보통 여인들로 살기를 원하는가? 아니면 이 시대의 사라들로 살기를 원하는가?" 물었다. 모두가 한목소리로 "이 시대의 사라들로 살기를 원한다."고 답했다. 우리는 모든 영광을 하나님께 돌렸다. 그리고 하나님께서 이들 한 사람 한 사람을 이 시대의 열국의 어미요 기도의 어미 사라들로 키워 주시도록 축복했다. 네 명의 자매들이 자신들을 이 땅의 사라로 키워 주시도록, 그리고 짐대와 짐바브웨를 위해서, 대표로 기도함으로써 모임을 마쳤다.

이후에 준비해간 맛있는 도시락을 펴놓고 치베로 호숫가 작은 잔치를 벌였다. 시원한 바람, 따스한 햇살, 출렁이는 물결, 모두가 하나 되어 완벽한 아름다움을 만들었다. 파아란 호수 위를 비추는 붉은 태양은 연신 금빛 물결을 만든다. 우리는 모두가 신이 나서 이야기꽃들을 피우며 준비해간 음식을 맛있게 먹었다. 자매들은 오늘의 치베로 호수공원 소감 모임과 소풍이 마치 천국 잔치와 같다고 말했다. 치베로 호숫가의 작은 잔치도 이렇게 즐겁고 행복한데, 우리 주님이 계신 하나님의 나라에서 갖게 될 잔치는 얼마나 멋지고, 즐겁고, 풍성하고, 아름다울까? 우리 모두가 아름다운 신부가 되어 신랑되신 어린양의 혼인 잔치에 참여하게 될 때, 그 기쁨과 감격이 어떠할 것이며, 얼마나 행복할까 생각하니 나의 눈시울이 뜨거워졌다. 그리고 조용히 속으로 고백했다.

"예수님, 사랑합니다!"

점심을 먹은 후 자매들은 저마다 멋진 포즈를 취하며 호숫가에서 사진을 찍었다. 나는 오늘만큼은 전문 사진사가 되어 주었다. 이 또한 즐겁고 신나는 일이었다. 이후에 우리는 이 공원 안에 따로 만들어 놓은 조류공원을 둘러봤다. 처음 보는 신기한 새들, 아름다운 자태를 뽐내는 새들을 보는 것도 즐거웠다. 버스를 기다리는 동안 자매들은 잔디밭에서 쇼나어 찬송을 부르며 흥겹게 춤을 췄다. 돌아오는 버스 안에서도 이들은 연신 찬송을 부르며 하나님을 찬송했다. 모두가 너무나 행복해했다. 다시 학교로 돌아오니 오후 4시경이 되었다. 이번 학기 마지막 사라스팀 소감 모임을 넘치도록 축복하시고, 우리 모두에게 큰 기쁨을 주신 하나님께 찬송과 감사를 드린다. 하나님 아버지께서 이들 각 사람을 이 시대의 사라들로 키워주시기를 기도한다.

"하나님이 또 아브라함에게 이르시되 네 아내 사래는 이름을 사래라 하지 말고 그 이름을 사라라 하라. 내가 그에게 복을 주어 그로 네게 아들을 낳아 주게 하며 내가 그에게 복을 주어 그를 여러 민족의 어머니가 되게 하리니 민족의 여러 왕이 그에게서 나리라."(창 17:15-16)

고아들의 아버지, 우리들의 아버지

아름다운 짐대 캠퍼스에서

산드라는 짐바브웨 국립대학교 정치학과 2학년이다. 그녀는 지난 학기에 함께 자취를 하고 있는 친구 릴리안을 따라 우리 모임의 예배에 처음 참석했다. 이후로 나는 그녀와 일대일로 성경을 공부하기 시작했다. 그녀는 한국어도 공부하고 싶다고 해서 한국어 개인지도를 해줬다. 그리하여 그녀는 한국어 초보반에 합류하게 되었다. 이후로 지난 학기 동안 매주 꾸준하게 일대일로 성경을 공부해왔고, 주일 예배에도 참석하고 있다.

나는 일대일로 성경을 공부하는 학생들에게 나의 가족관계나 살아온 내력을 간략하게 이야기해 주고, 그 학생들의 가족관계나 자라온 배경을 물어본다. 부모님은 살아 계시는지? 형제들은 몇이며, 본인은 몇째인지? 고향은 어디고, 고등학교는 어디에서 다녔는지? 현재의 어려움은 무엇이며, 어떤 고민이 있는지? 장래 희망은 뭣인지? 지금 학교생활은 어떤지? 등 좀 더 인격적인 관계 속에서 하나님의 말씀을 나누고, 받기 위해서다. 다시 말하면, 성경공부가 이론적이 되지 않고, 좀 더 실존적인 공부가 되도록 하기 위함이다.

내가 산드라에게 가족관계를 물었을 때, 그녀는 눈물을 글썽였다. 그리고는 닭똥 같은 눈물을 뚝뚝 떨어뜨렸다. 그녀는 차분하게 자신의 이야기를 들려줬다. 부모가 없단다. 그녀가 네 살 때 부모가 이혼했다고 한다. 네 살이면 나의 둘째 손녀 마리 나이인데, 그 어린 것이 뭘 알았겠는가? 어느 날부턴가 갑자기 아빠가 없어졌던 것이다. 한 살짜리 남동생과 엄마와만 살게 되었던 것이다. 그 어린 산드라는 엄마에게 "아빠는 어디 갔어?"라고 많이 물었을 것이 아닌가? 무슨 말로도 설명이 제대로 되었을 리가 없었을 것이다. 아빠가 사라진 것은 그녀에게 큰 상처를 남겼을 것이다. 철이 들어 이혼이라는 말을 알게 되었을 때, 그녀가 받은 상처는 얼마나 더 컸을까? 나는 너무나 마음이 아팠다. 나는 그동안 부모가 이혼하여 반쪽이 된 가정에서 자란 학생들을 많이 만났었다. 그래서 더 마음이 아팠다.

그런데 그녀가 초등학교 6학년이던 13살 때, 어머니마저 병으로 돌아가셨다(이 땅에서는 젊은 나이에 세상을 뜨는 사람이 적지 않다). 겨우 10살이 된 남동생과 자신만을 덩그렇게 남겨놓고서. 그녀에게는 가까운 친척도 없었다. 이때는 정말 얼마나 힘들었을까? 땅이 꺼지고, 하늘이 무너진 것만 같았을 것이다. 세상에 어린 남동생과 단둘이 남겨졌을 때, 그녀가 맛봐야 했을 그 상실감을 누가 다 이해할 수 있었겠으며, 또 누가 공감하며 대신해줄 수 있었겠는가? 그런데 하늘 아버지는 이렇게 세상에 고아로 남겨진 산드라와 남동생 아이들을 그냥 버려두지 않으셨다. 하나님은 어느 미국인 과부 선교사를 그들에게 보내주셔서 그들을 돌보게 해주셨다. 이 선교사님이 여러모로 애를 쓴 결과 두 아이의 학비는 정부에서 지원하도록 조치가 취해졌다. 그리고 이들의 생활비는 그 미국인 선교사가 대줬다. 이 과부 선교사는 이후로 고아가 된 두 남매에게 엄마 아빠가 되어 줬던 것이다.

그런데 산드라가 고등학교 3학년일 때, 그 미국인 선교사가 본국으로 돌아갔다. 나이가 많이 들어 더 이상 오지에서 활동할 수 없게 되었기 때문이었다. 산드라와 남동생은 한참 청소년 앓이를 해야 했던 나이에 또 하나의 아픈 이별을 경험해야만 되었다. 의지할 이 아무도 없는 세상살이를 다시 시작해야만 되었다. 산드라는 가슴에 큰 상처를 안고서도 이 모든 아픔을 딛고서 일어섰다. 여러 가지 잡일을 하면서 생계를 꾸려갔다. 그리고 비뚤어지지 않고 잘 자랐다. 그녀는 마음이 겸손하고 착하다. 성실하다. 그녀는 열심히 공부해서 좋은 성적을 받았다. 그리하여 짐바브웨 최고 대학인 국립대학교 정치학과에 들어올 수가 있었다. 얼마나 대견한가? 같이 살던 남동생은 고등학교 기숙사로 들어갔다. 그녀는 성적이 좋고, 부모가 없는 고아였기 때문에, 1학년 입학생들 중에서 몇 사람에게 주는 에코넷(짐바브웨에서 가장 큰 통신회사) 회사 장학금을 받아서 기숙사비를 낼 수 있었다. 그러나 2학년이 되어서는 더 이상 기숙사에 머물 수 없게 되었기에 릴리안과 함께 학교 앞에 허름한 셋방을 얻어 자취를 하고 있다.

하나님의 은혜로 나는 산드라와 창세기 1장부터 공부를 시작했다. 그녀는 마음이 가난하여 처음부터 말씀을 잘 받았다. 하나님의 창조 주권을 영접하고, 또한 하나님이 우리들의 영원한 참 아버지이심을 영접한다고 했다. 예수님은 마음이 가난한 자가 복이 있다고 하셨는데, 그녀는 복 받은 자이다.

나는 그녀에게 '그동안 얼마나 힘이 들었겠느냐? 여기까지 잘 버티고 살아온 것이 정말 대견스럽다. 하나님 아버지 안에서는 운명이 없고, 모든 것이 합하여 선을 이루신다'고 말해줬다. 어릴 때 아픔을 많이 당하였기 때문에 이 땅에 아픔을 당한 많은 사람들을 더 깊이 이해하고 이들의 아픈 곳을 싸매주는 믿음의 어미가 될 수 있을 것이라고 격려해 줬다. '한 사람의 인생을 섭리하시는 하나님께서 너의 인생에 선하시고 온전하신 뜻을 두고 계시지 않겠는가?' 그녀는 이 모든 말씀들을 잘 받아들였다. 그녀는 눈에서 눈물을 닦았다.

그녀는 이 세상의 아버지 어머니는 떠났으나, 이제 영원한 하늘 아버지가 계시니 감사하다고 한다. 그녀는 장차 외교관이 되는 꿈을 갖고 있다. 더 넓은 세상을 오가며 도움이 필요한 자들을 돕는 사람이 되고 싶다고 한다. 그녀는 자매 제자 팀인 '열국의 어미들' 사라스 팀에 합류했다. 매주 토요일마다 이 모임에서 말씀 소감을 발표하며 성장하고 있다.

우리의 하늘 아버지는 고아와 과부들에게 특별한 관심을 갖고 계신다. 그리고 고아와 과부들을 잘 돌보라고 명하신다. 그런데 하나님을 떠난 모든 인간들은 사실상 영적으로 볼 때, 모두가 고아들이 아닌가? 우리의 하나님은 고아들의 아버지시다. 우리 모두의 아버지시다. 우리에게 영원한 하늘 아버지가 계시니 얼마나 복된 일인가? 하늘 아버지는 전능하시고 전지하시다. 빛이시며 사랑이시다. 긍휼과 자비의 아버지시다. 우리의 영원하신 하늘 아버지께 감사를 드린다. 우리에게 하늘 아버지가 계시나 이 땅의 아버지도 필요하다. 나는 산드라에게 필요할 때마다 이 딸의 아버지가가 되어 주려고 노력하게 되었다.

"공중의 새를 보라 심지도 않고 거두지도 않고 창고에 모아들이지도 아니하되 너희 하늘 아버지께서 기르시나니 너희는 이것들보다 귀하지 아니하냐?"(마 6:26)

"너희는 기도할 때에 이렇게 하라. 아버지여, 이름이 거룩히 여김을 받으시오며 나라가 임하시오며."(눅 11:2)

그 한 사람이 되게 하소서

짐바브웨의 시골집

이삭 형제는 짐바브웨 국립대학교 컴퓨터공학과 2학년이다. 그는 잘생겼고, 인상이 매우 부드럽다. 착하고, 사랑스러운 형제다. 또한 그는 수재다. 고등학교를 전교 1등뿐 아니라, 하라레의 위성도시인 취퉁귀자 지역 전체의 1등으로 졸업했다. 그런가 하면 그는 고등학교를 2년 줄여서 조기 졸업을 했다. 그래서 18살에 짐바브웨 국립대학교에 입학했다. 그는 컴퓨터, 기초과학, 비즈니스를 동시에 공부하고 있다.

나는 그를 지난 3월 나의 연구실이 있는 학생처 건물 1층 시멘트 벤치에서 만났다. 이곳은 학교 내에서 와이파이가 비교적 잘 잡히는 곳이다. 그래서 많은 학생들이 이곳으로 온다. 이곳에 가면 언제나 학생들이 컴퓨터를 켜놓고 뭔가를 열심히 하고 있는 것을 볼 수 있다. 그날도 이삭 형제는 이곳에서 인터넷을 하고 있었다.

나는 그에게 다가가서 말을 걸었다. 먼저 나를 소개했다. 내가 한국어 교수라고 소개하면 학생들은 짐대의 유일한 한국인인 나를 호기심 어린 눈으로 바라보며 내 말을 경청한다. 이삭도 컴퓨터 조작을 멈추고 내게 관심을 보였다. 나는 이런저런 이야기 끝에 젊은 대학 시절은 매우 중요하다는 것, 젊은이들은 비전이 있어야 한다는 것을 말했다. 그리고 그를 성경공부와 한국어 공부에 초청했다. 성령님께서 그의 마음을 움직여 주셨던지, 그는 다음 날 아침 제 발로 나의 연구실로 찾아왔다. 이렇게 해서 나는 그와 창세기 공부를 시작할 수 있었다.

그는 한국어도 배우고 싶다고 했다. 그런데 지난 학기에는 한국어 입문반이 없었다. 그래서 나는 개인적으로 입문 과정 전체를 그에게 가르쳐줬다. 그리고 특별시험을 치른 후, 그는 이번 학기에 입문 과정 다음 과정인 초보자 과정에 합류하게 되었다. 그리고 열심히 한국어도 공부했다.

나는 그를 주일 예배에도 초청했다. 그는 꾸준하게 일대일로 성경을 공부하게 되었고, 주일 예배에도 참석하게 되었다. 그리고 성경학교와 여름 수양회도 참석하며 믿음의 사람으로 자라고 있다.

그의 아버지는 취퉁귀자에서 자동차 수리와 고장 난 자동차를 사다가 잘 고쳐서 파는 일을 한다고 한다. 이런 일을 하는 사람은 이 나라에서 돈을 잘 버는 사람에 속한다. 그에게는 어머니가 셋인데, 자기의 친어머니가 셋째라고 한다. 그래서 그는 아버지와 함께 살지는 못하고 어머니와 따로 산다고 한다. 이곳에서는 돈을 잘 버는 남자가 몇 명의 부인을 두는 일이 흔하다고 한다. 그에게는 배다른 남동생이 하나, 여동생이 둘이다. 그는 자기의 어머니에게는 외아들인 셈이다.

그는 컴퓨터를 능숙하게 다룬다. 장차 중요한 컴퓨터 프로그램 개발자가 되는 것이 그의 꿈이다. 그는 아직 십대의 청년답다. 그는 매우 자유롭다. 호기심도 많고, 해보고 싶은 것들도 많다. 무엇보다 순수하다. 그는 성경 말씀을 잘 받는다. 그는 매주 창세기를 꾸준하게 공부하고 있다. 그는 말씀을 통해서 하나님의 창조주권을 영접했고, 하나님을 영화롭게 하고, 하나님의 영광을 드러내는 것이 자신이 인생 목적임을 깨닫게 되었다고 한다.

한 사람 의인 노아를 통해서 홍수심판 중에도 그와 그의 가족들이 구원을 받았고, 노아는 새 역사의 주역이 되었다. 한 사람 아브라함은 믿음으로 의롭다 함을 얻는 자들의 조상이 되었고, 그 한 사람을 통해서 이스라엘 민족이 형성되었다. 모세 한 사람을 통해서 이스라엘은 이집트의 노예 상태에서 구원을 받게 되었고, 약속의 땅까지 인도를 받았다. 역사 속에서 어느 시대나 어두운 세상에 빛을 밝힌 한 사람들이 있었다.

제2차 세계 대전이 끝난 후 식민통치 아래 있던 나라들의 독립의 물결이 일어났다. 이를 지켜보기만 했던 아프리카 대륙은 1957년 가나를 필두로 독립을 시작해서 1970년에는 거의 모든 나라가 독립했다. 그런데 짐바브웨와 남아프리카공화국만은 예외였다. 왜냐하면 강력한 백인 정부의 통제하에서 흑인이 정권을 장악하는 것을 용납하지 않았기 때문이다. 영국 사람들이 끝까지 놓지 않고자 했던 곳이 짐바브웨와 남아공이었던 셈이다. 그러다가 짐바브웨가 1980년에, 남아프리카공화국은 1994년에 꿈에 그리던 흑인 정부가 세워지게 되었다.

　독립 후 30여 년이 지난 지금 짐바브웨는 아프리카 나라들 가운데 최빈국이 되었다. 짐바브웨가 현재의 어려운 상황에 빠진 데에는 여러 가지 요인들이 있겠지만, 가장 큰 문제는 지도자의 문제라고 볼 수 있다. 짐바브웨는 한반도의 1.8배에 달하는 넓은 땅에 인구는 1,200만이다. 땅의 90%가 평지고, 경작이 가능한 땅이다. 기후도 온난하여 1년 내내 농사를 지을 수 있다. 세계 곳곳으로 옥수수, 사탕수수 등을 수출하여 1980년대 중반까지 '아프리카의 빵 바구니'로 불릴 정도로 부유한 나라였다. 자연경관도 아름답다. 유명한 빅토리아 폭포가 있는 나라다. 다이아몬드, 석탄, 구리, 철광석 등 풍부한 지하자원도 갖고 있다.

　짐바브웨의 대통령 무가베는 한때 영국의 식민지배에 맞서 싸워 12년간 옥살이를 했을 정도로 존경받는 '독립운동가'였다. 하지만 1980년 짐바브웨 독립과 함께 초대 총리에 오른 후 변하기 시작했다. 그는 1987년, 대통령이 계속해서 연임할 수 있는 대통령제로 헌법을 고치고, 스스로 대통령이 되었다. 그리고 지금까지 33년째 독재를 하고 있다. 1992년에는 흑인을 괴롭혔다며 무력으로 백인들에게서 농장과 공장을 빼앗아 독립전쟁에 참여했던 군인들과 농사를 지을 줄 모르는 측근들에게 나눠줬다. 그리고 유력한 백인들은 그 땅에서 쫓아냈다. 보복을 한 것이다.

　발전된 농사법, 농기계, 제조기술을 가지고 있던 백인들이 쫓겨나고 그 땅을 떠남으로써, 오늘날에는 그 농장들이 모두 잡초만 무성한 초원으로 변했다. 유럽연합, 미국 등 서방 국가들은 경제지원을 끊었으며, 가뭄까지 겹쳤다. 무가베는 화폐를 마구 찍어내어 초인플레이션이 시작되었다. 2009년 짐바브웨는 자국 통화를 폐기하기에 이르렀다. 그런데도 무가베는 초호화생활을 계속했다. 그가 독재를 하는 33년 동안 관공서에 부정부패가 깊이 뿌리를 내렸다. 지난 2월, 국민들은 굶주리는데 그는 한화 약 20억 원을 들여서 빅폴에서 생일잔치를 열었다.

남아프리카공화국에서 자유 총선에 의해 대통령이 된 남아공 최초의 흑인 대통령 넬슨 만델라는 백인들에 의해 많은 박해를 받았다. 그는 종신형을 받고 에스퀴티니 섬 로벤 아일랜드 감옥에서 27년간을 복역했다. 그는 석방된 후에도 흑인해방 운동을 계속했다. 그는 인종격리 정책인 아파르트헤이트는 종식되어야 마땅하지만, 남아프리카공화국은 유지되어야 한다는 신념을 갖고 파국을 막기 위해서 백인 정부와 줄루족 등과 협상을 계속했다. 그리하여 민주적인 선거를 관철시켰다. 이러한 공로로 1993년 당시 남아공의 대통령이었던 클레르크와 함께 노벨평화상을 받았다. 그리고 1994년 남아공 최초의 흑인 참여 자유총선거에 의하여 구성된 다인종(36개의 분파) 의회에서 남아공 제8대 대통령에 선출되었으며, 마침내 남아프리카공화국에서 아파르트헤이트는 종결되었다. 이로써 350여 년에 걸친 인종분규를 종식시킨 것이다.

만델라는 대통령에 취임한 후 백인사회에 대한 보복을 하지 않고, 진실과 화해위원회를 설치했다. 그리하여 화해와 평화, 단합을 주장하여 피 흘리는 일 없이 과거사를 정리했다. 그리고 흑인들의 생활수준을 향상시키기 위해 주택, 교육, 경제개발 계획을 도입했다. 새로운 민주헌법 제정을 지휘했다. 그는 5년 임기 만료 후 재임하지 않고 대통령에서 물러났고, 정계에서도 은퇴했다. 이후 8년 동안 민간인으로서 에이즈 퇴치, 어린이 교육, 반전운동, 아프리카 분쟁 조정 등 수많은 일에 자신을 바쳤다. 남아프리카공화국은 아프리카 대륙에서 가장 선진화된 나라가 되었다.

옆 나라인 보츠와나는 1966년에 독립을 했으나 세계 최고의 가난한 나라였다. 국민들은 대부분 떠돌이 유목으로 생활했다. 독립 후 초대 대통령은 세레체 카마였다. 그런데 1967년에 세계 최대의 다이아몬드 광산이 발견되었다. 광산 채굴권을 통째로 외국에 넘기고 목돈과 커미션을 챙기던 당시 아프리카 다른 나라들의 관행과는 달리 카마 대통령은 합자회사를 설립하는 방식을 택했다. 그는 광산 개발로 생긴 막대한 수익금으로 도로를 건설하고, 학교를 짓고, 병원을 세우고, 관계시설과 농업기술을 개발하고, 인프라 정비에 쏟아 부었다. 스스로 청렴하게 살았고, 부정부패를 철저하게 배격했다.

카마 대통령 이후에 정권교체도 민주적으로 평화롭게 이루어졌다. 아프리카 신생 독립국에서 보기 드문 일이었다. 이 모든 것들이 경제 성장의 초석이 되어 1967-1980년까지 세계에서 가장 빠른 경제 성장을 이뤘다. 2대 대통령 퀘트 마시레이를 이어서 카마 전 대통령의 세 명의 아들 중 장남인 이안 카마는 2008년에 보츠와나의 3대 대통령이 되었다. 보츠와나는 남아프리카공화국 다음으로 발전된 나라가 되었다.

짐바브웨는 현재 실업률이 80-90%라고 한다. 많은 사람들이 가난과 질병으로 고통을 당하고 있다. 하나님을 경외하고 두려워하는 한 사람의 지도자, 동시에 국민들을 사랑하고, 국민들을 위해서 자기를 던지는 한 사람이 필요하다. 나는 이 땅에 하나님을 경외하고 백성들을 사랑하는 지도자를 일으켜 주시도록 기도한다. 나는 함께 성경을 공부하는 이 땅의 청년들을 위해서 기도할 때 이 기도를 함께 한다. 오늘도 이삭 형제를 하나님을 경외하고 자기 백성을 사랑하는 영향력 있는 지도자로, 믿음의 사람으로 키워 주시기를 기도한다. 하나님께서 그를 '이 나라의 그 한 사람 중 하나'로 키워 주시기를 기도한다. 이 나라 청년들을 위해서 드리는 나의 이 기도는 무모하고 황당하게 들리는 기도라고 말할 수도 있을 것이다. 그러나 나와 안나 선교사를 전에 알지도 못했던 이 짐바브웨에 와서 살게 하신 하나님께서 내 마음에 아픔을 주시고, 이런 기도를 하도록 거룩한 부담감을 주신다. 그러므로 나는 오늘도 이 기도를 계속한다.

> "한 사람의 범죄로 말미암아 사망이 그 한 사람을 통하여 왕 노릇 하였은즉 더욱 은혜와 의의 선물을 넘치게 받는 자들은 한 분 예수 그리스도를 통하여 생명 안에서 왕 노릇 하리로다. … (그) 한 사람이 순종하지 아니함으로 많은 사람이 죄인 된 것같이, (그) 한 사람이 순종하심으로 많은 사람이 의인이 되리라."(롬 5:17, 19)

벽난로의 장작불

독수리팀 형제들

아침에 하라레 시내에 인도 사람이 운영하는 여행사를 찾아갔다. 오는 겨울 방학에 스위스 제네바에서 사역하고 있는 폴리 선교사 가정의 초청을 받아 유럽을 방문하게 되었기 때문이다. 그런데 웬일인지 여행사는 문이 잠겨 있었다. 차를 몰아 지도를 파는 가게를 찾아갔다. 하라레 지도를 사기 위해서다. 이곳에는 자동차 내비게이션이 없기 때문에 어디를 가든지 꼭 지도로 확인을 해야만 한다. 지도는 이곳 생활의 필수품 중 하나다. 도시 중심에 위치한 지도 가게에 들어가니 책꽂이에 먼지가 수북이 쌓여 있었다. 쉽게 하라레 지도책을 구할 수 있을 것으로 생각했는데, 하나도 없었다. 그런데 가게 주인이 누군가에게 전화를 걸었고, 한참 후에 어떤 사람이 그 가게로 왔다. 그를 따라가란다. 나는 그를 따라 5분 정도 걸어서 어떤 건물로 들어갔다. 좁고 어두컴컴한 계단을 올라 2층의 한 방으로 들어갔다. 그곳에서 그는 컴퓨터에 저장되어 있는 한 장짜리 된 하라레 지도를 출력해줬다. 지도는 깨끗하게 잘 나왔다. 그렇게 반가울 수가 없었다. 지도 한 장에 35불을 줬다.

학교 연구실로 돌아와 치쿠라 형제와 창세기 11강, "하나님의 홍수심판"을 공부했다. 그는 노아 시대와 같은 이 시대에 노아와 같은 믿음의 사람으로 살겠다고 했다. 치쿠라는 경제학과 1학년이다. 작년 9월 입학 초부터 나와 일대일로 성경을 공부해 왔고, 주일 예배에도 꾸준히 참석하고 있다. 그는 지난 학기 한국어반에서 일등을 했다. 그는 매주 소감도 써온다. 그는 보기 드물게 성실하고, 반듯하고, 영적 소원이 있는 학생이다. 그는 장차 교수 목자가 되는 것으로 꿈이 바뀌었다고 한다. 기특하기도 하고 기쁘기도 했다. 성실하고 한결같은 그는 예수님의 좋은 제자가 되리라고 기대된다. 주께서 치쿠라를 예수님의 참제자로, 이 나라의 영향력 있는 리더로 키워 주시기를 기도한다.

오후에 한국의 YTN TV 리포터로 일하면서 아프리카에서 영상제작 일을 하고 있는 권 씨가 연구실로 찾아왔다. 그녀는 하라레에 두 주 동안 머물면서 이곳에서 한국 드라마를 통해 일어난 한류에 대해서, 그리고 짐대에서 진행하고 있는 한국어 강좌에 대해서 취재하기 원한다고 했다. 한국어반 학생 중에서 한국 드라마 왕 팬인 페이스, 그리고 에스더, 실레, 릴리안과 인터뷰를 했다. 그리고 나의 한국어 수업시간에 들어와서 동영상을 찍고, 나와도 따로 인터뷰를 했다. 3년 전, 오직 믿음으로, 한 번도 와보지 못했던 짐바브웨에 와서 짐바브웨 국립대학교에 한국어 강좌 개설을 제의했던 때가 생각났다.

오늘은 늦가을 바람이 좀 심하게 불었다. 집에 돌아와 보니 뒤뜰 화분에 심겨진 키다리 선인장이 바람에 쓰러졌다. 작년에 그렇게 멋지고 예쁜 꽃을 피워 얼굴을 보여줬던 그 선인장이다. 머리가 땅에 닿았고 엉덩이와 속살이 드러났지만 부러지지는 않았다. 온몸을 완전히 구부린 채 버티고 있었다. 나는 이런 선인장이 참 고마웠다. 나는 두 개의 긴 수숫대로 받침대를 세우고 선인장을 받침대에 묶어 바로 세워주면서 속삭였다. "키다리 선인장아, 이렇게 허리와 온몸을 구부린 채 종일 얼마나 고생이 많았니? 그런데도 부러지지 않고 끝까지 버텨줘서 정말 고맙다."

우리 인생들에게도 받침대가 필요하다. 인간들은 큰소리를 치고 한없이 교만하지만, 사실인즉 예수님의 비유대로 상한 갈대와 같고 꺼져가는 심지와 같다. 바람만 심하게 불어도 쓰러지기 쉽다. 넘어지기 쉽다. 무엇이 인생들에게 견고한 받침대일까? 창조주 하나님을 아는 것, 그의 보내신 구주 예수님과 성령님을 아는 것, 그리고 하나님의 영원불변하시는 말씀이 기록된 성경이 진정한 인생의 받침대다.

하라레의 날씨가 점점 추워진다. 아직 겨울이 오지는 않았는데 말이다. 오늘 새벽 최저기온이 섭씨 영상 9도였다. 하지만 건물에 난방장치가 없는 이곳에서 이른 새벽에 느끼는 체감 온도는 이보다 훨씬 낮다. 낮에는 아직 따뜻하지만 말이다. 7월에 최저기온이 영상 4도까지 내려갈 때면 아마도 한국에서 느끼던 영하 20도 정도의 추위 같다. 나이가 든 외국인들은 겨울 내복을 입어야 한다. 이때는 낮에도 두꺼운 옷을 입는다. 한국에 살 때는 아프리카라고 하면 무조건 무더운 날씨만 연상했었다. 이렇게 추울 것이라고 상상조차 하지 않았다. 나는 한국에서는 거의 내복을 입지 않고 살았다. 그런데 아프리카에 와서는 6, 7월에 내복을 입게 되었다. 그리고 겨울에는 꼭 한 번씩 허리 근육통을 심하게 앓아야만 했다. 온몸의 근육이 추위에 점점 수축이 되어 허리든, 골반 부위든, 약한 부분에서 심한 통증을 유발한다. 이 또한 아프리카 현장 선교지에서 맛보는 체험이며 삶의 맛이다.

영국 사람들이 이곳에 집을 지을 때, 모든 주택의 거실에 벽난로를 설치했다. 우리가 살고 있는 단층 서민 아파트 거실에도 벽난로가 있다. 그러니 겨울철이 가까워지면 하라레 도로변에 장작더미를 쌓아놓고 파는 광경을 쉽게 볼 수 있다. 지난주에 나는 장작 한 더미를 8불을 주고 사왔다. 시골에서 자란 나는 장작불에 밥을 해서 먹고, 온돌을 데워 겨울을 보냈던 어린 시절의 추억을 갖고 있다. 이런 나는 짐바브웨에 와서 겨울에 벽난로에 장작불 피우는 것을 좋아한다. 좀 즐기는 편이다. 불쏘시개로부터 장작으로 불이 붙어 점점 퍼지는 것을 보는 것도 즐겁다. 타오르는 장작불을 쬐고, 고구마도 구워 먹는다. 자연인의 여유와 낭만을 맛본다. 안나 선교사는 불 쬐는 것은 괜찮은데 거실에 불티가 튀고 재 먼지가 쌓인다고 장작불 피우는 것을 별로 좋아하지 않는다. 내가 볼 때는 별로 재 먼지가 쌓이는 것 같지 않은데 말이다.

나는 오늘 거실의 벽난로에 장작불을 지폈다. 불길이 활활 타오르는 것을 보면서 희열을 느꼈다. 타오르는 장작불은 오그라든 근육을 풀어주고, 온몸을 따뜻하게 해준다. 얼굴과 가슴을 화끈거리게 한다. 불은 태우는 힘이 있다. 불은 뜨겁다. 불은 힘과 열정의 상징이다. 불은 어둠을 밝힌다. 우리 집 벽난로의 장작불은 겨울 내내 나에게 가장 좋은 벗이 되어 준다.

성경은 성령님을 불에 비유하기도 한다. 오순절 다락방에 성령이 강림하실 때 불의 혀처럼 갈라지는 것들이 성도들에게 보여 그들 각 사람 위에 하나씩 임하였다고 기록하고 있다(행 2:3). 성령님은 제 삼위의 인격의 하나님이시다. 성령님은 우리의 사고와 의식과 삶에서 더러운 것들을 태운다. 그리고 예수님의 성품의 열매들을 맺게 하신다. 그리스도를 닮아가게 하신다. 그래서 성령님은 정화의 영이며 성화의 영이시다. 이 성화의 목표는 예수 그리스도의 장성한 분량이 충만한 데까지 이르는 것이다(엡 4:13).

성령님은 능력의 영이시다. 성령님을 주로 모시고 그분의 지배를 받는 자들을 통해서 성령의 나타나심과 능력으로 복음을 증거하게 하신다. 그 사역의 목표는 세계선교의 완수다. 이를 위해 다양한 은사들을 선물로 주신다. 또한 성령님은 진리의 영이시며, 살리는 영이시다. 성령님은 우리를 모든 진리 가운데로 인도하신다. 하나님의 말씀을 깨닫게 해주신다. 성령님은 회개시키시고, 거듭나게 하시고, 성화시키신다. 성령님은 기쁨의 영이시다. 성령님은 우리로 하여금 하나님께 대한 찬송과 감사와 기쁨으로 넘치게 하신다. 성령님은 사랑의 영이시다. 하나님의 사랑에 감동되어 살게 하신다. 자유로운 영혼으로 살게 하신다. 성령님은 열정의 영이시다. 성령의 충만함을 받은 자들의 가슴을 뜨겁게 달군다. 열정적이 되게 하신다. 순교적 정신으로 무장하게 하여 주님을 따르는 참제자의 삶을 살게 하신다.

벽난로 안에서 타오르는 장작불을 쬐면서 나는 기도했다.

"주여, 이 추운 날씨에 타오르는 장작불을 주심을 감사드립니다. 타오르는 저 장작불처럼 매 순간 제 가슴과 영혼이 성령님의 불로 타오르게 하소서. 그리하여 제 가슴이 매 순간 벽난로의 장작불처럼 뜨겁게 하소서. 이 뜨거운 주님의 사랑으로 이 땅의 청년들을 사랑하게 하소서. 주여, 이 땅 청년들의 가슴에 성령의 장작불을 불붙여주소서. 이 땅에 성령의 불같은 생명의 역사를 허락하소서!"

> "마치 불의 혀처럼 갈라지는 것들이 그들에게 보여 각 사람 위에 하나씩 임하여 있더니"(행 2:3)

이 나이에 테니스를

테니스 코치 파널과

우기가 끝났는데 어젯밤에도 장대비가 쏟아졌다. 이틀째다. 지구의 온난화 현상으로 기후가 변하고 있는 탓인가? 어쨌거나 물의 절대량이 부족한 아프리카 땅에 물을 내려주신 아버지의 자비와 은총에 감사를 드렸다. 오늘도 아침 8시 반, 후문을 통과해서 코스모스가 활짝 핀 녹지대 사이로 난 도로를 달려 연구실로 향하는 내 마음은 무척 상쾌했다. 차창을 통해서 들어오는 아침 공기는 맑고 신선하고 깨끗했다. 하늘 아버지를 향한 감사와 찬양이 절로 나왔다.

아침마다 이렇게 맛난 공기를 마시며 캠퍼스로 출근하고, 싱싱한 청년들을 만나 한국어를 가르치고, 또 함께 생명의 말씀을 나눌 수 있다는 것, 하나님의 나라와 이 나라와 그들을 위해서, 그리고 세계 구원을 위해서 기도할 수 있다는 것이 아직도 꿈만 같다. 여러 갈래의 오솔길을 걸어서 강의실로 가고 있는 학생들이 보였다. 기숙사들은 캠퍼스의 동남쪽에 모여 있다. 여러 동의 NC, 스윈턴, 만프레드 등의 기숙사에서 강의실로 가는 학생들은 끝이 보이지 않는 녹지대 사이로 난 오솔길을 걸어서 간다. 북서쪽 끝자락에 있는 의대나 공대로 가려면 적어도 15분쯤은 걸린다. 이들을 보는 것도 행복하다. 그 옛날 시골 초등학교에 다닐 때 논밭 사이로 난 오솔길을 걸어서 등교했던 천진난만한 개구쟁이 시절의 추억을 떠올리게 한다.

이곳 학생들은 착하다. 문명화된 나라의 대도시 학생들과 달리 많이 순수하다. 지지난 주 화요일에는 기숙사 여러 식당에서 일하는 분들이 모두 출근을 하지 않았다. 얼마 동안인지는 모르나 월급을 받지 못해서였단다. 당연히 학생들은 그날 아침을 먹지 못했다. 그들은 대강당에 모여서 항의를 했다. 그날 학교에는 일주일 휴업이라는 방이 붙었다. 기숙사에 살고 있는 학생들에게는 오후 3시까지 나가라는 명령과 함께…. 물론 수업도 모두 중단되었다. 학생들은 부랴부랴 짐을 꾸려 고향으로 내려갔다. 멀리 국경 지대에서 온 학생들은 시커먼 매연을 뿜어내는 시외버스의 딱딱한 의자에 앉아서 밤을 새우며 가야 했다. 이 나라의 현실을 보면 희망이 보이지 않는다. 일대일로 성경을 공부하고 기도하는 것이 현실의 도전들 앞에서 매우 작아 보인다.

요 며칠 유진 피터슨의 《그 길을 걸으라》를 읽었다. 참 좋았다. 이 책에서 그는 미국의 예언자적 시인인 웬델 베리가 쓴 시구를 인용하여 이런 말을 했다. "하나님 나라 일을 하면서 그 열매를 보는 사람은 없다. 우리는 삼나무를 심을 따름이다." '이렇게 단정적으로 말해도 되는가?' 하는 반문이 없진 않았지만, 그의 말은 내 마음에 다시

울림이 되었다. 그리고 길 되신 예수님께서 하신 말씀이 생각났다.

"그런즉 한 사람이 심고, 다른 사람이 거둔다 하는 말이 옳도다."(요 4:37)

성령님께서는 나와 안나 선교사에게 아프리카를 향한 간절한 심정을 주셨고, 우리 주님께서 유언으로 주신 대위임 명령에 순종케 하셨다. "너희는 가서 모든 족속으로 제자를 삼으라." 태어나서 자라고, 교육받고, 일했던 조국, 68년을 살아온 조국과 동족들을 떠나 낯선 땅으로 나아올 때 우리의 마음을 비워주셨다. 성 삼위 하나님께 대한 신뢰와 믿음을 주셨다. 그런데 이 나라와 사람들을 알아갈수록 마음의 답답함이 더해짐을 느꼈다. 왜일까? 속히 열매를 보고자 함 때문이었던 것 같다. 주께서는 다시 나의 마음을 비우게 하신다. 주께서 우리로 언제까지 이곳에서 사역하도록 허락하실지 알 수 없다. 오직 믿음으로 다만 뿌리고 심으려 한다. 그리고 기도의 단을 쌓으려 한다. 백 년 후를 바라보면서….

내가 한국에서 전임사역자로 일할 때, 당시의 시니어 동역자들(50, 60대)이 매주 한 번씩 본부센터에 모여서 함께 기도하고, 성경을 연구하고, 성경공부 교재를 만들었다. 그리고 점심을 먹은 후에는 동네 공원에서 족구를 했다. 임시 네트를 치고서 말이다. 그 당시에 우리에게 있어서 족구는 몸의 활력을 북돋아 주는 보약이요, 건강을 지켜주는 고마운 친구요, 스트레스를 날려주는 즐거운 스포츠였다. 전요한, 양마가 목사들이 선교사로 부르심을 받고 시카고로 파송을 받기 전, 그리고 고 김모세 목사가 아직 이 땅에 살아 있을 때인 2003-2004년이 아마도 시니어 족구팀의 전성기였지 않나 싶다.

십수 년을 함께 족구를 하다 보니 호흡도 너무나 잘 맞았다. 고 김모세 목사는 상대 팀 공격수의 눈빛만 봐도 볼이 어디로 갈지를 알아차리고 그 육중한 몸을 쏜살같이 날려 두툼한 뱃살로 공격을 무력화시키곤 했다. 그래서 상대 공격수의 힘을 빼고, 자기 팀원들의 기분을 좋게 했다. 우리가 족구하는 것을 보고 주변에 직장을 가진 젊은이들이 도전해 와서 그들과 시합을 한 적도 있다. 그러나 젊은 그들도 오랫동안 팀워크를 다져온 우리 시니어 팀을 이기지는 못했다. 한 시간씩 땀을 흘리고 난 후 조그마한 서민 식당에 가서 수제비나 된장찌개를 먹을 때면 그야말로 꿀맛 같았고, 몸과 마음이 청년의 스피릿으로 충만해짐을 느끼곤 했었다.

우리는 선교지를 방문해서도 틈이 나면 족구를 했다. 현지 리더들에게 족구를 가르쳐서 몇 나라에 족구를 보급하기까지 했다. 한 번은 모스크바에서 열린 구 CIS 여름수양회에 참석한 후였다. 우리 시니어 족구팀의 멤버가 모자라 빈터에서 축구를 하고 있던 러시아 십대 청년들에게 족구를 가르친 후 함께 게임을 하였다. 이들은 금방 족구를 익혔고 힘과 패기가 있었다. 그러나 한 번도 우리 시니어 팀을 이기지 못했다. 조금 열이 받쳤는지 이들은 우리에게 축구를 하자고 제안했다. 그래서 우리는 이들과 축구시합을 했다. 그런데 우리 팀은 5:0으로 참패를 당했다. 그들이 신이 나서 어쩔 줄 몰라 했던 기억이 새롭다.

시니어들이 선교지로 흩어지게 된 이후로 시니어 족구팀은 자연스럽게 사라졌다. 이후로 내가 시카고나 독일을 방문할 때 보면 시니어들이 테니스를 하고 있었다. 테니스 라켓을 한 번도 잡아 본 적이 없는 나는 함께 어울려 운동을 할 수가 없으니 조금은 아쉬웠다. 지금은 한국에 가 봐도 족구를 하는 후배 사역자들은 없고 테니스를 하는 사역자들이 늘어나고 있었다. 이곳 짐바브웨에서는 함께 즐기며 육체를 단련할 수 있는 마땅한 운동이 없다. 고지대라 조깅을 하는 사람도 볼 수가 없다. 이곳에 도착한 초기에 몇 사람으로부터 골프를 배우라는 권면을 받았다. 어떤 분은 본인이 사용하던 골프채 세트를 나에게 건네주기도 했다. 이곳에 사는 한인들이 유일하게 하는 운동이 골프다. 이곳에서는 골프가 고급스럽거나 사치스러운(?) 게 아니다. 초등학생들도 원하면 학교에서 정식으로 골프를 배울 수 있다. 공원 도시인 하라레 시내 곳곳에 골프장(아름다운 잔디 공원)이 있다. 모두 영국 사람들이 만들어 놓은 것들이다. 돈이 들지도 않는다. 그러나 골프로 운동을 하는 데에는 많은 시간을 들여야 하는 것을 알았다. 그래서 아예 시작을 하지 않았다.

이번 학기 들어 몸의 컨디션이 좀 좋지 않았다. 피곤이 쉽게 왔다. 그래서 나는 테니스를 시작해 보기로 했다. '이 나이에 그렇게 과격한(내가 볼 때는 테니스가 과격한 운동으로 보였음) 테니스를 시작해도 되겠나?' 하는 생각이 있었으나, '주님의 성령님이 거하시는 내 몸도 건강하게 유지해서 주님께서 쓰실 수 있는 그릇으로 항상 준비되고 드려져야 하지 않겠는가? 이 나이에 뭔가 새로운 것을 배운다는 것은 유쾌한 일이지. 또한 선교지나 한국에 갈 때 동역자들과 어울려 함께 몸을 부대끼며 운동을 할 수 있는 즐거움을 되찾아야지…' 하는 생각으로 이 나이에 테니스를 배워보려 한다.

제임스 선교사가 '파널'이라는 현지인 청년 테니스 코치를 소개해 줬다. 나는 이 청년과 한 주 한 시간씩 만나서 테니스를 배우기로 했다. 드디어 오늘 나는 파널을 만났다. 그는 인상이 좋은 청년이었다.

그리고 매우 친절하게 라켓을 잡는 법부터 하나씩 잘 가르쳐줬다. 그런데 지금까지 비슷한 운동으로는 탁구를 해본 것밖에 없는 나에게 처음 잡아본 테니스 라켓이 무겁기까지 했다. 또한 몸은 예전 같지 않았다. 볼은 라켓에 맞지도 않고 튕겨 나간다. 그러나 우리 선교사들과 어울려 테니스를 할 수 있는 날이 오겠지? 나는 짐바브웨 국립대학교 내에 있는 테니스 코트를 언제나 자유롭게 이용할 수 있다. 그러니 평일에는 언제든지 혼자서라도 연습을 할 수가 있다. 테니스 운동을 통해서 몸을 단련하고, 내 몸을 하나님이 기뻐하시는 거룩한 산 제물로 드려야 하겠다.

"그러므로 형제들아, 내가 하나님의 모든 자비하심으로 너희를 권하노니 너희 몸을 하나님이 기뻐하시는 거룩한 산 제물로 드리라. 이는 너희가 드릴 영적 예배니라."(롬 12:1)

제4부

이름 없는
선교의 영웅들

선한 싸움을 싸우고 달려갈 길을 마쳤다

이요한(오른쪽), 마리아(왼쪽) 선교사

오전 시간에 이제임스 선교사에게서 전화가 왔다. 그는 한국에 있는 이요한 선교사가 소천한 사실을 아느냐고 물어왔다. 한양선교회 홈페이지에서 이 기사를 봤다고 한다. 순간 정신이 멍해졌다. 어젯밤, 잠자리가 뒤숭숭해서 오늘 무슨 일이 일어나지 않는가 하며 아침부터 약간은 긴장하고 있던 터였다. 나는 아무 말도, 아무 일도 할 수 없었다. 가까운 사람의 죽음이 큰 상실감을 가져다줌을 다시 한번 체험했다.

종일 마음이 아프고, 아쉽고, 안타깝고, 슬프기까지 했다. 성경을 읽고 기도를 하면서 슬픔을 극복하고, 이요한 선교사의 천국 입성 환송식(장례식)에 보낼 조사를 썼다. 조사를 쓰면서도 아직 젊은 그가 떠난 것이 너무나 아쉽다는 생각을 떨칠 수가 없었다. 그러나 이

가운데에도 우리의 하나님 아버지의 더 크고, 선하시고, 완전하신 뜻이 있음을 믿으며 간신히 조사를 완성하여 메일로 보냈다.

> 사랑하는 요한 선교사님을 그리며
>
> 사랑하는 요한 선교사님! 요즈음 밤마다 마음 졸이며 안나 선교사와 저는 요한 선교사님의 건강회복을 위해서 기도했는데, 결국은 하나님의 부름을 받고 천국으로 입성하셨단 말입니까? 우리가 한국을 떠나 아프리카 짐바브웨로 오기 며칠 전, 요한 선교사님은 우리 집을 방문하여 신신당부하지 않았습니까? 우리가 이 나이에 오지 선교사로 떠나니 1년에 꼭 두 달은 한국에 와서 몸을 회복해야 한다고 말입니다. 그랬던 분이 이렇게 훌쩍 먼저 떠나시다니요?
>
> 34년 전, 종로 5부 시절, 20대 청년으로 김옥화 자매에게 일대일로 성경을 배우기 위해서 선교센터를 드나들던 당신의 모습은 찬란했지요. 젊음의 열정과 예수님의 은총에 사로잡혀 빛을 발하던 당신의 모습… 김옥화 자매와 가정교회를 이루게 되었을 때, 그 광채는 두 배로 강렬해졌지요. 너무 좋아서 입이 양쪽 귀에 걸쳐져 내려올 줄 모르던 그 모습이 지금도 제 눈에 선합니다.
>
> 한양대 선교 개척기, 기찻길 건너편 단칸 셋방에 살면서도 항상 웃음을 잃지 않고 선교센터의 모든 궂은일을 도맡아 섬기시던 요한 선교사님의 충성된 모습 역시 잊을 수가 없습니다. 첫 한양선교센터 건축을 온 마음으로 섬기시고, 다니던 한국은행도 헌신짝처럼 버리셨지요. 그리고 예수님의 선교명령에 순종하여 아직 어린 자녀들 셋을 데리고 멀고 먼 나라 파라과이로 떠나셨지요. 그 믿음의 용기와 선교 정신은 동역자들에게 큰 도전이요 귀감이 되었지요. 이는 하나님 나라 역사책에 기록되

어 있을 것입니다.

　당신과 마리아 선교사님은 영육 간에 척박한 땅 파라과이에서 자비량 선교사로서 물질자립을 위해서 보따리 장사부터 시작했습니다. 그러면서도 자신을 돌보지 않고 복음전파에 매진하셨습니다. 그리하여 샛별과 같은 로시오, 오스까르, 세르지오를 동역자로 얻었고, 힐다, 페르난도, 미리암 등 많은 학생들을 일대일 성경공부로 섬기셨습니다. 그 땅에 선교센터를 짓고, 스페인어를 공부하여 스페인어로 주일 메시지를 전하며 복음 역사를 일구셨습니다.

　자비량하기 위해서 옷 가게, 전자제품 가게를 열었다가, 후에는 척박한 땅을 매입해 큰 농장을 만들었고, 가축과 채소와 과일나무들을 기르셨습니다. 제가 그 넓고 아름답게 가꾸어진 농장을 가 보았을 때, 당신이 흘린 땀과 눈물과 기도를 가히 짐작할 수 있었습니다.

　그런데 이렇게 충성된 하나님의 종 당신은 어느 날 강도의 총에 맞았습니다. 얼마나 어처구니없고, 아프고, 고통스러웠습니까? 당신은 많은 피를 흘렸지요. 당신은 총에 맞고서도, 그 강도를 제압한 용사였습니다. 하지만 이후로 당신은 계속 빈혈로 쓰러지시기를 반복하셨고, 그러면서도 당신의 한마디는 늘 "나는 괜찮아요!" 였지요.

　치료차 한국에 와서도 항상 괜찮다며 먼저 선교센터 구석구석을 살피고, 보수할 곳을 찾아내어 섬기셨지요. 자기 몸보다도 동역자들을 먼저 챙기셨지요. 그리고 조금만 좋아지는 기미가 보이면 다시 선교의 땅 파라과이로 나가고자 준비하셨지요.

　결국, 사랑하는 두 아들, 요한이와 요셉이가 가정을 이루자, 총총히 사명의 땅으로 나아가셨습니다. 그리고 또 그곳에서 몸을 돌보지 않고 땀 흘려 일하다가 6개월 만에 병이 중하여져 다시 귀국하셨습니다. 그 열정과 사명감은 누구도 따라갈 수 없는, 정말 못 말리는 분이셨지요. 당신은 의사인 전아브라함, 민누가 목자들에게 책망도 많이 받으셨지요. 당신은 진정 위대한 믿음의 용사요 선교의 영웅이셨습니다.

그런 중에도 지난봄에는 양수리 근처에 주말농장 땅을 임시로 얻은 기쁨에 동역자들을 위해 열심히 삽질하면서 기뻐하셨지요. 대상포진 등 때마다 오는 심한 통증 중에도 요한 선교사님은 한 번도 얼굴을 찡그리지 않고 늘 의연한 모습을 보이셨습니다.

저희가 짐바브웨로 출국하는 날에는 거의 다 나은 건강한 모습으로 공항까지 나와 배웅해 주셔서 조금은 안심했었습니다. 그런데 3개월이 조금 지난 지금 너무도 빨리 우리 곁을 떠나셨습니다. 오늘 저희는 한양선교회 홈페이지를 통해서 요한 선교사님의 소천받은 소식을 접했습니다. 그렇게 항상 밝게 웃던 요한 선교사님의 모습을 이 땅에서는 다시 볼 수 없다는 생각에 마음이 무너져 내렸습니다.

내일 주일 메시지와 세례 성찬 예배를 섬겨야 하는데, 오후 내내 아무 말도, 아무 일도 할 수 없었습니다. 우리의 슬픔과 아픔을 하나님 아버지는 아시는지, 이곳 짐바브웨 하라레에 갑자기 천둥 번개와 함께 억수 같은 장대비를 오후 내 쏟아주셨습니다. 아마도 이 땅에서 믿음의 선한 싸움을 다 마치고 하나님의 부름을 받아 천국에 입성한 그대를 환영하는 천군 천사들의 장엄한 오케스트라였나 봅니다. 그동안 육체와 심령을 다 쏟아부어 주님과 주님의 양들을 섬기셨으므로 하나님 아버지께서 "이제는 되었다!"고 여기신 것 같습니다.

이제 남아 있는 마리아 선교사님과 세 자녀, 요한, 한나, 요셉, 그리고 두 며느리를 생각할 때 마음이 아픕니다. 한걸음에 달려가서 많은 위로의 말과 아픔을 함께 나누고 싶습니다. 그러나 우리는 너무나 먼 곳에 있습니다. 하나님께서 마리아 선교사님과 자녀들에게 부활 신앙과 하나님의 나라의 산 소망을 새롭게 주실 것을 믿습니다. 그리고 요한 선교사님의 믿음의 유산을 따라 항상 하나님의 영광과 유익을 먼저 생각하고, 다른 사람을 먼저 섬기는 주님의 종들로, 주님께 영광 돌리는 삶을 살게 하실 것을 믿습니다. 유족들을 위해서 기도하겠습니다.

우리에게 부활이요 생명이신 주 예수 그리스도를 보내주셔서 사망의 권세를 파하시고 영생과 영원한 하나님의 나라를 회복하여 주신 아버지 하나님께 감사와 찬송을 드립니다. 선하시고 의로우시며, 그 인자가 영원하신 우리의 아버지 하나님께서 우리에게 언제나 변함없는 사랑과 은혜와 위로와 산 소망을 부어 주시니 더욱 감사를 드립니다.

우리의 소망은 이 땅에 있지 않음을 믿습니다. 예수 그리스도 안에서는 잠자는 것은 있어도 죽음이 없음을 믿습니다. 우리는 하나님께서 하시는 일을 온전히 이해할 수는 없어도, 하나님은 선하시고, 우리에게도 가장 완벽하시다는 것을 믿습니다. 아버지 하나님 안에서 위로를 얻습니다. 이 위로가 유족들 각 분에게도 임하시기를 기도합니다.

사랑하는 요한 선교사님! 영광스럽고 아름다운 하나님의 나라에서 우리 주님과 먼저 간 성도들의 뜨거운 영접을 받고, 우리 주님으로부터 의의 면류관을 받으셨을 줄 믿습니다. 이제 주님의 품 안에서 편히 쉬소서. 저희 역시 열심히 주님의 일을 하다가 언젠가 요한 선교사님의 뒤를 따라갈 것입니다. 저희와 남은 동역자들이 믿음의 선한 싸움을 다 싸우고 의의 면류관을 얻을 때까지 믿음의 경주를 잘 할 수 있기를 기도합니다.

"나는 선한 싸움을 싸우고, 나의 달려갈 길을 마치고 믿음을 지켰으니, 이제 후로는 나를 위하여 의의 면류관이 예비되었으므로 주, 곧 의로우신

재판장이 그날에 내게 주실 것이며, 내게만 아니라 주의 나타나심을 사모하는 모든 자에게도니라."(딤후 4:7-8)

짐바브웨에서 이사무엘, 안나 선교사

나미비아 심방 길을 여시다

나미비아 빅토르 목자

짐바브웨에 파송받아 와서 두 번째 방학을 맞았다. 나와 아내 안나 선교사는 이번 방학에 아프리카의 다른 나라들도 돌아보고자 기도를 했다. 성령님께서는 현지인 리더 한 가정이 자비량 선교사로서 고군분투하고 있는 나미비아로 심방 길을 여셨다.

나와 안나 선교사는 난생처음 타보는 정원 37명의 작은 비행기를 타고 하라레 공항을 출발하여 보츠와나 상공을 서쪽으로 가로질렀다. 기내 폭은 고속버스보다도 좁아 양쪽 창 너머로 끝없이 펼쳐진 사막이 보였다. 2시간 20분 만에 호세아 카쿠토 나미비아 국제공항에 도착했다. 오랜만에 현지인 선교 책임자인 아브라함 빅토르와 10살 된 아들 필립을 뜨거운 포옹으로 만났다.

나미비아는 남부아프리카에 위치한 공화국이며 북쪽에 앙골라와 잠비아, 동쪽에 보츠와나와 짐바브웨, 남쪽과 동쪽에 남아프리카 공화국을 접경하고 있다. 수도는 빈드혹인데, 이는 사막 한가운데 세워진 오아시스와 같은 도시다. 나미비아의 건조한 땅에는 부시면족, 다마라족, 나마콰족이 초기부터 거주했으며, 반투족이 대략 14세기 경부터 살기 시작했다고 한다.

18세기 후반 영국과 네덜란드 선교사들이 들어왔었지만, 1884년 독일령 보호국이 되었다. 1920년 국제연맹은 나미비아를 남아프리카 공화국에 위임시켰다. 그러다가 독립전쟁 후, 1990년 3월 21일에 남아프리카공화국으로부터 독립을 얻었다.

나미비아의 인구는 약 180만 명이며, 안정적인 다당제 의회민주주의를 실행하고 있다. 농업, 가축 몰이, 관광, 그리고 값비싼 보석과 금속 채굴은 나미비아의 경제의 중추를 형성한다. 대략 인구의 절반이 하루 1.25달러의 국제적인 빈곤선 아래 살며, 2007년 에이즈에 감염된 성인 인구의 15%와 함께, 그 영향으로 심각한 고통을 겪고 있는 나라다.

하라레도 건기(겨울)가 시작되어 꽤 추웠는데, 사막 한가운데 도시요 적도에서 더 멀리 떨어진 이곳 빈드혹은 정말 추웠다. 낮에는 비교적 따뜻했으나 밤이 되자 기온이 뚝 떨어졌다. 내복에다가 츄리닝까지 껴입고, 작은 전기난로를 켜고도 부들부들 떨면서 새우잠을 자야만 했다.

나미비아는 20년 전 현재 짐바브웨에서 사역하고 있는 이제임스 선교사가 대사관 직원으로 일하면서 아내인 페트라 선교사와 함께 개척을 시작했다. 아브라함 빅토르가 선교의 첫 열매였다. 16년 전 이 선교사 가정이 직장을 따라 짐바브웨로 옮긴 후, 빅토르는 나미비아 선교의 책임을 맡아 지금까지 섬기고 있다. 빅토르 선교사는 2001년에 우간다의 베티 자매와 가정을 이루었다. 그는 정부기획원에서 공무원으로, 베티는 의사들에게 보험료를 계산해주는 회사에서 일하고 있다.

이들은 아프리카 어디나 공통으로 겪고 있는 어려움, 둘 다 일을 하지만 넉넉지 않은 형편, 극심한 강도와 절도의 위험(이들도 몇 차례 도둑을 맞고 작은 집에 보안 장치를 하고 있었음), 전기와 물과 위생관리 등 열악한 환경에서 고군분투하고 있다. 동역해 주는 한인 선교사 한 사람도 없이 모든 어려움을 극복하면서 캠퍼스 선교의 중심을 지키고 있는 이들은 참으로 귀한 하나님의 용사요, 선교의 영웅들이다.

성령님께서는 세 번의 성경공부를 축복하셨다. 우리는 빅토르 선교사 부부와 함께 마가복음 4장, '천국 비유들', 마가복음 5장, '혈루증 여인을 고치신 예수님', 로마서 8장, '믿는 자의 승리'를 공부했다. 그리고 주일예배에서는 창세기 15장 1-6절을 본문으로, '비전의 하나님'이라는 제목의 메시지를 전했고, 안나 선교사는 인생 소감을 발표했다. 성령님께서는 성경공부와 주일예배를 축복하시고, 모두에게 은혜와 감동을 주셨다.

우리는 나미비아 대학교(UNAM, University of Namibia) 의과대학, 공과대학을 방문하여 하나님께서 이 캠퍼스의 청년들에게 구원의 복음을 전해주시고 제자를 일으켜 주시도록 간절히 기도했다. 이후에 비공식적 정착지역인 카투투라 지역으로 베티 목자의 양 레니아 자매를 심방했다. 이 지역은 끝없이 펼쳐진 빈민촌으로서 언뜻 보기에도 너무나 열악한 환경이었다. 마침 레니아가 집에 있어 반갑게 만날 수 있었다. 나는 레니아의 신앙의 삶을 위해서 간절히 기도해줬다.

우리 부부는 엿새 동안 아브라함 빅토르 선교사 집에서 함께 지내면서 성경공부뿐 아니라 김치도 담고, 한국 음식을 만들어 섬기면서 사랑의 교제를 했고 좋은 친구 관계를 맺을 수 있었다.

성령님은 아브라함과 베티 선교사에게 겸손하고 갈급한 마음을 주셔서 말씀을 영접하도록 역사하셨다. 그들은 특히 로마서 8장 25-39절을 통해서 은혜를 받았다고 말했다. 그들은 하나님의 완전무결한 섭리, 우리에 대한 하나님의 구원의 계획과 경륜의 깊고 오묘하심, 우리를 대신하여 중보기도를 하시는 성령님, 세상 그 무엇도 우리를 끊을 수 없는 하나님의 절대적인 사랑을 통해서 믿는 자들에게 보장된 승리를 새롭게 영접한다고 말했다.

우리는 뜨거운 마음으로 합심하여 나미비아와 세계선교를 위해서 기도했다. 아브라함과 베티 선교사는 우리의 방문이 큰 위로와 격려를 주었고, 하나님의 비전을 새롭게 붙드는 기회가 되었다며 거듭 고마움을 표했다. 5박 6일의 짧은 방문을 통해서 선하게 일하신 성령님께 감사드린다. 헤어짐이 많이 아쉬웠다.

앞으로 이 가정교회와 그들의 사역을 위해 기도하며 도울 수 있기를 다짐해본다.

"그러나 이 모든 일에 우리를 사랑하시는 이로 말미암아 우리가 넉넉히 이기느니라."(롬 8:37)

체코와 폴란드의 개척선교사들

체코 자비량 선교사들

나와 안나 선교사는 유럽에서 사역하고 있는 선교사들의 초청으로 유럽 선교여행을 하게 되었다. 우리는 하라레 공항을 떠나 열네 시간의 비행 후에 체코의 수도 프라하의 바츨라프 하벨(Václav Havel) 국제공항에 도착했다. 선교의 여장부 신한나 선교사와 선교동역자들의 뜨거운 환영을 받았다. 많은 비가 내리고 있었다. 프라하에 일주일째 많은 비가 내려 도로가 끊기고 침수된 곳이 있다고 했다. 우리는 프라하 선교센터에서 가까운 데 위치한 작은 호텔에서 여장을 풀고 휴식을 취했다.

다음 날 오전까지 우리는 숙소에서 성경을 읽으며 기도의 시간을 가졌다. 신한나 선교사가 프라하 시내에 있는 한 식당으로 우리를 점심 식사에 초대했다. 박사무엘 선교사가 친절하게 우리를 안내해

줬다. 폭우로 도로가 끊긴 곳이 있어 우리는 버스, 트램, 메트로 등을 이용하여 2시간 만에 시내 번화가에 있는 식당에 도착했다.

신한나 선교사는 시내에서 '아리랑'이라고 하는 한국식품 가게를 운영하여 자비량하며 캠퍼스 선교를 섬기고 있다. 우리는 맛있는 점심을 대접받고, 잠시 박사무엘 선교사와 함께 프라하 시내를 구경했다. 프라하는 체코의 중서부 블바타 강변에 위치한 체코의 경제, 정치, 문화의 중심도시다. 우리는 프라하의 구시가지와 프라하성 사이를 흐르는 아름다운 블타바강가로 나갔다.

체코 프라하 선교는 88서울올림픽 이후 동구권의 공산주의가 무너지면서 개방을 하게 될 초기, 독일에서 사역하던 신이삭, 한나 선교사들이 체코로 파송됨으로써 시작되었다. 신이삭 선교사는 우직하고 충성된 하나님의 종이었다. 그런데 안타깝게도 한창 일할 나이에 하나님 나라로 부름을 받았다.

신한나 선교사는 오직 믿음으로 이 큰 아픔을 극복했고, 하나님의 부르심에 순종하여 체코 캠퍼스 선교와 제자양성에 헌신했다. 그리고 여장부의 기질을 발휘해서 자비량 사업체를 섬겨왔다. 이제는 아들 다윗이 성장하여 훌륭한 선교 동역자가 되었다. 하나님께서 그녀의 자비량 사업을 크게 축복하셨다. 그녀의 식품사업체는 한국으로부터 컨테이너로 식품을 수입해 와서 체코뿐 아니라 유럽 전역에 보급하는 기지의 역할을 하고 있다. 현지인 알렉시 목자가 체코 선교역사에 주인으로 세움을 받고 동역하고 있다.

저녁에 신한나 선교사와 아들 2세 선교사 신다윗, 강여호수아, 강마리아 선교사와 딸 강소망, 박사무엘, 박안나 선교사, 현지인 리더 알렉시와 마르틴이 선교센터에 모였다. 안나 선교사가 인생 소감 및 짐바브웨 선교 보고를 발표했다. 이후에 나는 선교사들과 함께 "성령님은 누구신가?" 주제 공부를 했다. 성령님께서 역사하심으로 모두가 큰 기쁨과 감사 가운데 자정이 가까운 줄 모르고 성령님에 대한 공부를 할 수 있었다.

다음 날 아침에 호텔 식당에서 신다윗, 알렉시와 영어로 성령론을 공부했다. 이들은 진지하게 말씀을 받았다. 이들이 성령님의 충만을 받고, 성령님의 인도하심을 따라 사는 성령의 사람들이 되기를 기도한다.

오후 1시경에 선교센터에서 점심을 먹고 공항으로 나갔다. 다음 방문지인 폴란드 바르샤바로 가는 비행기를 탔다.

"체코 선교여행을 축복하시고, 영광 받으신 성령님 감사합니다. 사랑합니다."

저녁 7시경에 폴란드의 수도 바르샤바 쇼팽(Warsaw Chopin) 국제공항에 도착했다. 주 안에서 사모하던 박엘리야 선교사님이 우리를 뜨겁게 환영해줬다. 하나님은 폴란드가 개방을 한 초기에 박엘리야 선교사에게 예수님의 선교명령에 단순히 순종하는 믿음을 주셨고, 본국에서의 안정된 삶을 버리고 오직 믿음으로 냄비 하나를 들고 폴란드로 떠나오게 하셨다. 그는 처음에 고생도 많았다. 그러나 그를 폴란드로 인도하신 하나님은 그가 자비량하면서 캠퍼스 선교역사를 개척할 수 있도록 도우시고 일하셨다.

우리는 엘리야 선교사님의 집에 가서 바드보라 선교사, 큰딸 폴란이와 반가운 만남을 가졌다. 모두가 사모하던 하나님의 사람들이다. 함께 저녁을 먹고 즐거운 대화를 나눴다. 그들은 우리가 한국대표직을 위임하고 현역에서 은퇴한 후인데 어떻게 그 나이에 아프리카 짐

폴란드 자비량 선교사들

바브웨에 선교사로 떠날 수 있었는지에 대해 듣기를 원했다. 우리는 성령님께서 어떻게 우리 가운데서 일하셨고, 어떤 은혜를 베푸셨는지를 나눴다.

바르샤바는 폴란드의 수도이자 폴란드 최대 도시로 폴란드의 정치, 경제, 문화의 중심지다. 2차 세계대전 동안 나치 군에 의해 도시 대부분이 파괴되어, 전후 폐허 위에 도시를 재건해야 했다. 복원된 구시가지의 전통적인 분위기와 재건 계획에 바탕을 둔 기능적인 신시가지가 조화를 이루고 있었다.

다음 날 아침에 나와 안나 선교사는 비스툴라 강변을 걸으며 산책을 즐겼다. 엘리야 선교사님 댁에서 점심을 함께한 후, 즈비섹 형제가 와서 그 한 사람을 위해 아프리카 선교 보고를 했다. 이후에 쇼팽 공원을 산책했다. 저녁에는 토마쉬가 와서 함께 저녁을 먹고 다시 선교 보고를 했다. 토마쉬는 엘리야 선교사를 만난 지 14년이 되었다고 한다. 즈비섹도 10년이 되었다. 이들은 우리 선교사님들의 사랑을 알고 지금까지 관계성을 유지하고 있고 주일예배도 참석하지만, 아직 예수님을 개인적인 구주로 영접하지는 않았다고 한다. 둘 다 이 땅의 엘리트들이다. 엘리야 선교사는 이들을 위해 기도할 때 안타까움과 답답함으로 인해 눈물을 흘렸다. 다음 날 아침에 선교센터에서 선교사들과 함께 성경을 공부했다.

이후에 우리는 고속열차를 타고 폴란드의 다른 도시 포즈난으로 향했다. 2시간 반 만에 포즈난에 도착했다. 사모하던 이한나 선교사가 현지인 자매인 요안나와 딸 한나(초 5)와 함께 기차 플랫폼으로 우리를 마중 나와 반갑게 만났다. 한나 선교사가 능숙하게 운전을 하여 집으로 갔다. 다른 세 자녀 수산나(초2), 은선, 요한(유치원)이를 만났다. 모두 귀엽고 사랑스런 아이들이다. 저녁을 먹고 있을 때 이헨릭 선교사가 퇴근을 했다. 헨릭 선교사는 한국 회사에 현지 채용 직원으로 일을 하는데 새벽부터 밤중까지 일을 해야 한다고 한다. 이렇게 힘들게 자비량하면서 충성스럽게 선교역사를 섬기고 있는 그는 드러나지 않은 선교의 영웅이다.

다음 날 아침 10시에 이헨릭, 이한나 선교사들과 함께 모였다. 안나 선교사가 인생 소감 발표 및 선교 보고를 발표했다. 우리 둘이 특송을 했다. 이후에 성령님은 누구신가 공부를 했다. 점심 후에 시내로 나갔다. 포즈난 대학교에 가서 이 캠퍼스에 믿음의 조상과 열두제자, 열두 마리아들을 세워 주시도록, 이한나 선교사의 마지막 시험과 석사 논문을 위해서, 누가복음 말씀 역사를 위해서 간절히 기도했다.

한나 선교사는 이곳 대학에서 폴란드어 석사 과정에 입학하여 마지막 시험과 논문만 남겨놓고 있다고 한다. 원래 한국에서 피아노를 전공한 피아니스트인 한나 선교사는 헨릭 선교사와 동역하고, 네 아

포즈난 자비량 선교사들

이를 해산하여 키우면서, 이곳에서 자비량 선교를 섬기기 위해서 대단한 도전을 했다. 그의 믿음과 도전정신에 박수를 보내며 하나님께 영광을 돌렸다. 석사를 마친 후 포즈난 대학교 한국어과에 교수요원으로 들어갈 길을 열어 주시도록 비전을 갖고 기도하고 있다.

아이들 학교와 유치원에 가서 네 자녀를 데리고 구시가지 광장에 있는 한국 식당에서 저녁을 먹었다. 몹시 피곤했다. 일찍 잠을 청했다. 내일 일찍 일어나 다음 목적지인 런던으로 가기 위해 새벽 4시경에 공항으로 가야 하기 때문이다. 우리는 성령님으로 말미암아 거듭났고 새 생명을 얻었다. 하나님의 자녀는 오직 성령님의 인도하심을 따라 사는 자들이다.

"성령님이시여, 걸음을 인도하소서! 순종하여 따르겠나이다!"

"만일 우리가 성령으로 살면 또한 성령으로 행할지니"(갈 5:25)

현지인 리더십이 세워진 영국 런던

아브라함 카이어 목자 부부와

폴란드 포즈난의 이헨릭, 한나 선교사 집에서 새벽 3시 반에 잠이 깼다. 짐을 챙겨서 공항으로 나가 영국 런던으로 가는 비행기를 탔다. 자고 일어났는데도 피곤이 풀리지 않고 여전히 배가 묵직하고 소화가 안 되지 않았다. 아침도 먹을 수 없었다. 두 시간 비행 끝에 런던 루턴(London Luton) 국제공항에 도착했다. 런던 지부의 아브라함 카이어 목자와 김여호수아 선교사가 마중 나와 있었다. 한 시간 반 정도 걸려서 런던 노스에 있는 작은 호텔에 짐을 풀고 휴식을 취했다.

윤모세, 사라 선교사를 통해 개척된 런던은 현지인 제자 아브라함 카이어 목자가 책임자로 섬기고 있다. 그는 영국왕립예술대학의 교수로 재직 중이다. 그는 영국에서 이름 있는 미술가이기도 하다. 런던 센터는 현지인 제자양성과 현지인 제자에게로 리더십 이양이 잘 이루어진 곳이다. 다시 말하면 선교의 좋은 모델이 되는 지역이다.

선교의 가장 바람직한 역사는 선교사가 현지인들에게 복음을 전파하고 예수님의 제자로 양성해서, 결국은 현지인 리더십을 세워 현지인이 사역을 이어가는 것이다. 이는 곧 성경적인 모델이요 사도 바울적인 모델이다.

현지인 리더십을 세우기까지는 선교사들의 희생이 필요하다. 선교사들은 마치 거름이 작물로 하여금 잘 자라서 열매를 맺게 하기 위해서 온전히 썩고 희생되는 것처럼 말이다. 그러므로 이 일이 실제 상황에서는 쉽지 않은 것이다. 이것이 인간의 연약함이다. 이런 점에서 런던 선교센터는 선교의 사역이 가장 모범적으로 진행되고 있는 지역이다.

영국은 근대선교의 아버지라 불리는 윌리암 캐리를 비롯해서 허드슨 테일러 등 위대한 선교사들을 해외 선교 오지에 파송해서 복음을 전해준 축복받은 나라다. 존 버니언, 찰스 스펄전, 존 스토트, 마틴 로이드존스 등을 비롯해서 무수한 하나님의 큰 종들을 배출한 영국이다.

대학 시절에 옥스퍼드에서 '홀리 클럽' 운동을 시작해서 후에 감리교로 발전하게 된 학생운동가요 선교사였던 존 웨슬리, 학생운동으로 시작해서 세계선교역사에 큰 족적을 남긴 케임브리지 세븐을 생각할 때 이 땅에 발을 딛고 있는 것이 감개무량했다. 또한 중국 내륙 선교로 섬기는 동안 아내와 두 자녀들을 현장에 묻으며 일생을 중국선교에 바친 위대한 중국선교의 개척자 허드슨 테일러를 생각했다.

이제는 이런 영국이 선교사를 필요로 하는 땅이 된 것이 한편으로는 마음 아프기도 했다. 여하튼 우리는 모든 것을 하나님께 감사하며, 빚진 마음으로 영국과 영국 캠퍼스 제자양성 역사를 위해서 기도할 수 있었다.

점심때 여호수아 선교사와 함께 잠깐 틈을 내어 집중적으로 개척하고 있는 UCL캠퍼스를 방문했다. 런던 선교센터는 1만 명의 성경 선생을 세워주시도록, 영국 100개 대학 개척 역사를 이루어 주시도록, 이 두 개의 큰 기도 제목을 갖고 기도하고 있었다. 나는 UCL캠퍼스에서 이 기도 제목을 갖고 간절히 기도했다.

저녁 7시 반에 선교센터에서 영국 형제들과 선교사들은 영어로, 자매들과 자매 선교사들을 한국어로 나와 안나 선교사가 각각 성령님 공부를 하는 은혜가 있었다. 참석자들은 성령님께서 적절한 때에 합당한 말씀 공부와 영적 방향을 주셨다고들 말하며 기뻐했다. "성령에 의해 살라", "성령의 인도를 받으라", "성령의 충만을 받으라", "성령을 소멸하지 말라" 등의 실천적인 말씀이 모두의 심령에서 역사하심을 볼 수 있었다. 런던 선교센터에서는 매주 토요일 형제 목자들 소감 모임과 자매 선교사들 소감 모임이 이루어지고 있다. 아브라함 카이어 목자와 대화하는 중에 내일 주일 예배 메시지를 내가 섬기기로 했다. 카이어 목자는 나의 메시지 영어 원고를 오리지널 영어로 수정해줬다.

하나님의 은혜로 우리는 오늘 6월 9일, 런던 선교센터에서 주의 백성들과 함께 주일예배를 드릴 수 있었다. 현지인들이 중심이 된 예배라 나의 마음이 더욱 설레고 감동되었다.

하나님은 부족한 나를 통해서 에베소서 4장 13절, "그리스도의 충만함에 이르라"는 제목의 선교 보고 겸 메시지를 주셨다. 그리고 안나 선교사를 통해서 요한복음 3장 16절을 요절로 "하나님이 세상을 이처럼 사랑하사"라는 제목의 인생 소감과 선교 보고로 섬기도록 하셨다. 말씀과 선교 보고를 통해서 하나님께서 영광을 받으시고, 참석한 모든 분들 속에 역사하신 성령 하나님께 찬송을 드린다.

"주여! 이 작은 무리의 주님께 헌신된 영국의 지성인들을 통해서 영국에 영적 부흥을 주시고, 이 나라를 다시 한 번 제사장 나라 거룩한 백성으로 세우시고 세계를 섬기는 복이 되게 하옵소서! 아멘."

"우리가 다 하나님의 아들을 믿는 것과 아는 일에 하나가 되어 온전한 사람을 이루어 그리스도의 장성한 분량이 충만한 데까지 이르리니."(엡 4:13)

새벽이슬 같은 주의 청년들이

머더 배리 선교사님과

오늘은 날씨가 몹시 추웠다. 내복을 입고 외투까지 껴입었다. 한국에서 살 때는 아프리카에 이렇게 추운 날도 있다는 것을 상상하지 못했다. 다른 사람들도 비슷한 생각일 것이다. 그러나 건물에 난방장치가 없는 이곳에서 새벽 기온이 영상 4도까지 내려가면, 아마도 한국에서 영하 10도 이상 추위의 체감온도를 느끼는 것 같다. 온몸이 오그라드는 느낌이다. 나는 이곳에서 겨울을 지날 때마다 허리 근육통을 한 주씩 앓곤 했다. 7월은 짐바브웨에서 1년 중 가장 추운 한겨울이며, 비가 내리지 않는 건기에 속한다.

이스라엘 땅의 건기에는 서쪽에서 부는 저녁 강풍이 지중해의 수분을 머금은 공기를 운반하고, 밤에는 그 공기가 냉각되어 새벽이슬로 내린다. 이 이슬은 많은 양의 수분을 공급한다. 강우량이 부족하고 뜨거운 태양이 작열하는 이 지역에서, 건기에도 모든 식물이 죽지 않고 자라 열매를 맺는 것은 바로 이 새벽이슬 때문이다. 이 새벽이슬에는 몇 가지 특징이 있다. 새벽이슬은 이른 새벽, 아무도 보지 않는 때에 조용히 내린다. 태양이 고개를 들고 나타나기 훨씬 전이다. 그러므로 새벽이슬은 곧 사라지지 않고 땅과 식물들을 적실 수 있다. 새벽이슬은 소리 없이 내린다. 들레지도 않고, 드러나지도 않는다. 사람들 모르게 내린다. 새벽이슬은 식물들에게 자기를 아낌없이 다 내어 준다.

시편 110편 3절은 주의 청년들을 새벽이슬과 같다고 말한다.

"주의 권능의 날에 주의 백성이 거룩한 옷을 입고 즐거이 헌신하니 새벽이슬 같은 주의 청년들이 주께 나오는도다!"

왜 이들을 새벽이슬에 비유했을까? 하나님의 말씀으로 거듭하고 변화되어 주님께 헌신된 청년들이야말로 드러나지 않지만, 사람들에게 생명의 복음을 전해줄 하나님의 군대이기 때문일 것이다. 동시에 진리에 대하여 헌신적이고 열정적인 이들이 곧 하나님 나라의 첨병들이기 때문일 것이다.

주의 청년들은 교회의 희망이요, 그 나라 미래의 희망이다. 생명을 살리는 사역의 활력소다. 교회의 역사를 통해서 볼 때, 영적으로 암울했던 때에 하나님은 캠퍼스에서 젊은 청년들 가운데 부흥을 일으키시고, 그 시대의 교회와 세상을 깨우는 영적 각성의 불씨들이 되게 하셨다. 독일의 할레 대학에서 일어난 경건주의 운동, 영국의 홀리 클럽 운동, 케임브리지 세븐 운동, 미국의 건초더미 운동, 자원자 운동이 모두 그렇다.

하나님의 크신 은혜와 축복 가운데 나와 안나 선교사는 짐바브웨 국립대학교의 겨울 방학을 맞아 지난달에 유럽의 일곱 나라 열 지역을 방문할 수 있었다. 가는 곳마다 선교 동역자들과 하나님의 말씀을 나눴고, 성령님께서 우리 안에, 그리고 우리를 통해서 어떻게 일하고 계시는지를 나눴다. 하나님 아버지께서는 가는 곳마다 큰 은혜와 감동을 주셨다. 한 지역에서 대략 2박을 하고 다른 나라 혹은 다른 지역으로 옮겨 다니는 것은 강행군이었다. 그러나 각기 다른 언어권에서 새벽이슬 같은 주의 청년들을 만나는 감격은 우리의 모든 피로를 풀어줬다.

스위스에서 야다니엘, 안드레아스, 크리스토프, 마리안느, 토마스, 빌리를 만났다. 체코에서 알렉시를, 폴란드에서 토마쉬와 즈비섹, 요안나를, 영국에서 아브라함 이안, 폴 리지, 대런, 제임스를 만났다. 그리스에서 스타마티스를, 독일에서 발터넷, 폴커 켈러, 피터 슈바이쳐, 요아킴, 스테판, 요한, 크리스토프, 라이너를 만났다. 이들은 모두 우리의 한국 전문인 자비량 선교사들을 통해서 맺은 사역의 열매들이다.

이들은 언어가 다르고, 얼굴 모양이 다르고, 문화가 다르다. 살아온 배경이 다르다. 그러나 나는 이들을 만날 때마다 자비량하면서 주님의 선교명령에 순종해서 자신의 모든 것들을 헌신한 주의 종들을 통해서 일하신 성령님의 놀라운 역사를 볼 수 있었다. 우리 선교사들을 통해서 증거된 하나님의 말씀과 성령님의 역사로 일어난 놀라운 기적의 열매들을 보고 만질 수 있었다. 우리는 새벽이슬과 같은 이 청년들과 마음 찡한 주님의 사랑을 나눌 수 있었고, 유럽의 영적 부흥의 희망을 볼 수 있었다.

하나님께서 대학을 시대 시대마다 영적 각성 운동의 예루살렘이요 모판으로 삼으셨던 이유는 무엇일까? 나는 이렇게 이해한다. 적어도 대학은 그 시대에 가장 순수하고, 열정적이며, 진리를 사랑하는 젊은이들이 모인 곳이기 때문이 아닐까? 하나님은 이런 캠퍼스 청년들의 가슴에 생명의 복음, 진리의 말씀을 심으셔서 그 시대와 세계의 영적 각성 운동에 불을 붙이고자 하셨기 때문이 아닐까?

청년 시절은 인생의 그 어느 때보다도 중요하다. 나 자신도 대학 1학년 때 처음 성경을 접했다. 성경에서 영원한 진리를 발견했으며, 바른 세계관과 인생관을 갖게 되었다. 인생의 목표와 길이 바뀌었다. 하나님의 은혜와 주권 가운데 청년 사역자로 부름을 받고 살아온 세월이 42년이다. 지나온 생애를 돌아볼 때 너무나 감사하다. 칠순이 된 내가 짐바브웨 국립대학교의 청년들과 함께 하나님의 말씀을 나누며 이 나라와 세계의 영적 각성과 부흥을 위해서 기도할 수 있다는 것이 너무나 행복하고 기쁘다. 꿈만 같다. 내가 20세 때에 처음 만났던 미국인 선교사 머더 사라 배리, 나의 영적 어머니가 된 그녀는 당시 33세였다. 이제 83세가 된 그 사라 머더 배리는 지금도 미국 학생들에게 성경을 가르치고 있다.

"영원한 청춘, 머더 배리, 존경하고 사랑해요."

청년들은 조각되지 않은 통나무와 같다. 그러나 최고의 예술가이신 하나님이 그들을 만지시면 모두가 최고의 걸작들이 된다. 청년 사역이 살아야 교회가 살고, 국가의 밝은 내일이 있다. 여러 도전과 장애물과 맞닥뜨리며 오늘도 이름 없이 빛도 없이 묵묵히 헌신하고 있는 이 땅의 청년 사역자들에게 존경과 격려와 사랑의 박수를 보낸다.

나는 짐바브웨 국립대학교의 청년들을 사랑한다. 이들이 오늘 내가 하나님의 말씀을 살아내기 위해 투쟁하는 이유다. 이들이 이 나라의 미래요 희망이다. 나는 기도한다.

"주여, 이들을 예수 그리스도의 복음으로 구원하소서. 이들 가운데에서 예수님의 참제자들을 일으켜 주소서! 짐바브웨를 제사장 나라 거룩한 백성 선교사를 파송하는 나라로 만들어 주소서!"

오늘도 새벽이슬 같은 주의 청년들 때문에 너무나 행복했다. 아, 사랑하는 새벽이슬 같은 주의 청년들이여!

> "주의 권능의 날에 주의 백성이 거룩한 옷을 입고 즐거이 헌신하니 새벽이슬 같은 주의 청년들이 주께 나오는도다!"(시 110:3)

데이빗 킴과 샘 어거스틴 선교사 이야기

데이빗 킴, 샘 어거스틴 선교사

데이빗 킴 선교사는 한국에서 대학 시절에 요한복음 1장 14절 말씀을 통해서 예수님을 개인적인 구주로 영접하게 되었다고 한다. 그는 변화되었고, 그의 섬김과 성경공부를 통해서 세 명의 제자들이 세워졌다. 졸업 후에는 고등학교 교사요, 성경 선생으로 9년을 쓰임 받았다. 1993년, 데이빗 킴과 조이 킴 부부는 예수님의 선교 명령에 순종하여 한국에서의 안정된 생활을 뒤로하고 미국에 자비량 선교사로 파송을 받았다.

이들이 미국에 와서 처음에는 접시닦이와 요리사 보조 등을 하면서 자립을 했고, 선교역사를 섬겼다. 후에는 대학에 들어가 공부하여 물리치료사 자격증을 따서 물리치료사가 되었다. 그는 시카고에 있는 드폴 대학 개척자로 부르심을 받고 충성스럽게 선교사역으로 섬겼다. 하나님은 그의 선교사역을 축복하셔서 제레미 헤이젝을 제자로 양육하여 후계자로 세우도록 역사하셨다. 현지인 제자를 리더로 세우게 되었으니 선교사역을 더욱 즐겁고 안정되게 섬길 수 있는 상황이 된 것이다. 그런데 그는 한 달 후에 홀연히 시카고를 떠나서 인디애나폴리스로 갔다. 그의 나이 53세였다. 왜 시카고를 훌쩍 떠났는가? 새롭게 인디애나폴리스 대학선교를 개척하기 위해서였다. 현지인 제자양성과 현지인 리더에게로의 리더십 계승이라는 분명한 선교의 철학을 실천하기 위해서다.

선교사들이 수년 동안 모든 것을 쏟아부어 선교역사를 개척한다. 하지만 선진국 캠퍼스 선교에서 현지인 제자를 열매로 맺는 것은 쉽지 않다. 현지인 제자의 열매가 맺히고 예배 공동체가 형성되는 것은 하나님의 특별한 은혜의 역사라고 할 수 있다. 이렇게 되면 이제 조금은 안정되게 역사를 섬길 수 있고, 선교사역에도 탄력이 붙을 수 있는 상황이 된다.

그런데 바로 이때 현지인 리더에게 역사를 계승시키고 훌쩍 떠나서 새로운 개척을 시작한다는 것은 더욱 쉽지 않은 결단이다. 그런데 데이빗 킴 선교사는 그렇게 했다. 그는 사도 바울의 선교 정신과 전략을 그대로 행동으로 옮긴 것이다. 얼마나 멋있고 아름다운가? 이는 살아 계신 하나님, 선교역사의 주인이신 성령님을 실제로 믿기에 가능했을 것이다. 하나님께서 신령한 은혜를 주셨기 때문에 가능했을 것이다.

젊은 미국인 리더인 제레미 헤이젝은 한 선교의 지구를 섬기는 자립적인 책임자요 말씀의 종으로 성장하고 있다. 데이빗 킴 선교사 자신도 새로운 개척에 대한 비전과 기대로 부풀어 있다. 매일 캠퍼스에 가서 기도하며 성경을 공부할 학생들을 찾고 있다. 이제 한 달 되었다. 하나님은 이런 그에게 학생들을 성경공부에 보내주고 계신다고 한다.

그는 우리가 어바나 샴페인에 온다는 소식을 듣고 자동차로 두 시간을 달려서 우리를 만나러 왔다. 우리는 기쁘고 즐거운 만남을 가졌다. 사도 바울의 선교전략, 곧 네비우스 선교전략을 역설해온 나는 데이빗 킴 선교사와의 만남이 더욱 기뻤다. 나는 그와 개척역사를 위해 축복하며 기도했다. 이런 믿음의 사람들이 많이 일어날 때, 우리가 기도해온 미국의 주요 대학 561캠퍼스 개척이 이루어질 것이고, 우리 공동체가 하나님이 계속 쓰실 수 있는 그릇이 될 것이다.

어바나 샴페인의 샘 어거스틴 리 선교사는 어바나 샴페인 지역의 선교 책임자다. 그는 우리 공동체에서 부모들의 대를 이어 선교에 헌신 된 첫 2세 선교사다. 그는 초등학생일 때 부모를 따라 선교지 미국에 왔다. 그의 부모들이 곧 우리 모임의 개척 조상인 고 이사무엘 선교사님, 그리고 현재 시카고의 기도의 여종 그레이스 리 선교사님이시다.

샘 어거스틴 선교사는 그레이스 선 리 선교사와 아름다운 선교 가정을 이뤘다. 그레이스 선 리 선교사는 매우 헌신적이고 절대적인 복음 신앙으로 무장된 믿음의 여인이다. 샘 선교사는 미국에서 화학박사 학위를 받고 연구소에서 일하면서 선교역사를 섬기고 있다.

우리 공동체에서는 선교사의 자녀들을 'MK'(missionary kid)라고 부르는 대신에 '2세 선교사', 곧 'SGM'(second generation missionary)라고 부른다. 하나님께서 우리 공동체의 개척 리더들에게 이런 개념을 갖도록 역사하신 것이다. 호칭은 정체성을 나타내고, 정체성을 형성한다. 자녀들을 2세 선교사라고 부르는 것은 그들이 어릴 때부터 단순히 '선교사 부모를 둔 자녀들'이라는 정체성 대신에 '부모들의 대를 이어 선교에 부름을 받은 사람들'이라는 정체성을 갖기 원하는 부모들의 기도였고 소원이었다.

이렇게 부르면서 어릴 때부터 성경을 배우게 하고, 자라면서 부모들의 선교역사에 동참하도록 돕는다. 그들은 악기 연주나 찬양 인도 등을 통해서 부모들의 선교역사에 동역자들이 되도록 돕는다. 성장하면 선교사로서의 정체성을 갖고 하나님을 섬기도록 돕는다.

2세들은 선교현장에서 태어나 자라기 때문에 선교의 가장 큰 장벽인 언어문제, 문화의 장벽 문제가 없다. 이들이 복음을 영접하여 거듭나고 2세 선교사로서의 정체성을 지니게 되면 선교역사에 아주 귀하게 쓰임 받을 수 있는 자원이 된다. 그리고 현지의 주류 사회에 들어가 영향력을 끼치는 미래의 지도자들이 될 수 있다.

샘 어거스틴 선교사는 첫 2세 선교사일 뿐 아니라, 2세 선교사의 모델이 되고 있다. 그의 영어 주일 메시지는 역동적이었고, 가슴 뭉클한 감동을 주었다. 말씀의 샘을 판 깊이와 하나님의 가슴이 느껴졌다. 젊은 학생들과 소통하는 자유로움이 있었다. 그는 원고를 보지 않고 메시지를 전했다.

우리 공동체의 메신저들은 메시지 원고를 철저하게 준비한다. 기도하면서 쓰고 또 반복해서 고치면서 다시 쓴다. 하지만 그렇게 쓴 원고를 보지 않고 자유롭게 메시지를 전하는 사람은 많지 않다. 그런데 샘 선교사는 원고를 보지 않고 전하면서도 본문의 내용에 흐트러짐이 없었다. 지난 3년 동안 여러모로 고난을 겪으면서 하나님의 연단을 받은 그는 말씀의 종으로 훌쩍 성장해 있었다. 앞으로 하나님께서 그를 크게 쓰실 것이 기대된다.

어바나 샴페인은 학교를 중심한 작은 도시이기 때문에 졸업 후에 학생들이 모두 직장을 따라 큰 도시로 떠난다. 그러나 샘과 그의 동역자들은 세계를 품는 마인드를 갖고 있기 때문에 사람을 키워 미국 전역과 전 세계로 파송하고자 하는 선교 정신이 충만함을 보았다.

하나님께서 택한 백성 이스라엘이 이집트에서 종살이하고 있을 때, 그들을 인도하여 낼 목자요 지도자로 모세를 부르시며 말씀하셨다.

> "또 이르시되 나는 네 조상의 하나님이니 아브라함의 하나님, 이삭의 하나님, 야곱의 하나님이니라."(출 3:6)

우리의 하나님은 아브라함의 하나님, 이삭의 하나님, 야곱의 하나님이시다. 조상들의 하나님, 부모들의 하나님, 그리고 나의 하나님이시다.

복음의 계승, 신앙유산의 계승, 역사의 계승은 하나님께서 기뻐하시는 뜻임이 분명하다. 선교사의 자녀들은 자기들의 의사와는 상관없이 선교지에서 선교사의 자녀들로 태어났다. 이에 따른 어려움도 적지 않다. 이런 가운데 이들이 부모들의 신앙과 삶을 계승하고, 2세 선교사로서의 정체성을 갖게 되는 것을 하나님의 은혜의 역사요, 매우 소중한 복이다. 선교지에서 태어나서 자라고 있는 많은 2세들이 하나님의 은혜와 도우심으로 어려움들을 극복하며 하나님의 사람들로 잘 자라게 해주시기를 기도한다. 그리고 이들이 인격적으로 예수님을 만나게 되고, 하나님의 부르심을 받아 2세 선교사들로 세움받는 복을 주시기를 간절히 기도한다.

"또 이르시되 나는 네 조상의 하나님이니 아브라함의 하나님, 이삭의 하나님, 야곱의 하나님이니라. 모세가 하나님 뵈옵기를 두려워하여 얼굴을 가리매."(출 3:6)

꿈꾸는 자와 눈물로 씨를 뿌리는 자

데이빗 황, 기드온 신 선교사

아침에 신기드온 무철 선교사가 우리를 만나러 왔다. 얼마나 반갑고, 감회가 새로웠는지 모른다. 그가 한국에서 대학생이었을 때, 나는 그가 참여하게 된 한양공동체의 책임목회자였으니 말이다. 그를 보자 "꿈꾸는 자가 오는도다"라는 말씀이 떠올랐다.

그는 풍족지 못한 가정에서 자랐다. 이로 인한 마음의 상처가 있었다. 하나님은 이런 그를 대학 시절에 우리 공동체에 담기게 하셨고, 성경을 공부하다가 예수님을 구주로 만나게 하셨다. 더 나아가 하나님은 그에게 장차 교수 목자가 되어 과거 자기와 같이 인생의 상처를 안고 방황하는 대학생 청년들에게 학문을 가르치고 복음을 전하는 가슴 벅찬 꿈을 심어 주셨다.

특별한 꿈이 없이 그저 막연하게 살던 그가 자기의 생애를 통해서 이루고자 하는 꿈을 꾸게 된 것이다. 이후로 그의 대학 생활은 달라졌다. 그는 전공공부를 좋아하게 되었고, 열심히 공부했다. 동시에 하나님의 사람으로 성장하고자 하는 영적 소원을 갖고 신앙훈련을 잘 받았다. 그리고 캠퍼스 복음 역사에 동참하여 섬기면서 기도 생활에도 힘썼다.

꿈은 좋은 것이다. 꿈은 아름답다. 꿈은 무지개색이다. 꿈은 사람을 히죽히죽 웃게 만든다. 꿈은 사람을 설레게 만든다. 꿈은 사람을 흥분시킨다. 꿈은 보이지 않는 힘의 원천이다. 꿈이 없는 백성은 망한다고 했다(잠 29:15-18). 사람에게는 꿈이 있어야 한다. 특히 젊은이들에게는 더욱 꿈이 있어야 한다. 사람에게 꿈이 없으면 그 인생은 죽은 인생이 되고 만다. 그래서 영국의 어떤 소설가는 "지옥이란 꿈이 없어진 상태"라고 썼던가?

인류 역사에 위대한 발자취를 남긴 사람들은 대개가 꿈을 꾼 사람들이었다. 꿈을 꾸지 않는 사람은 도전도 발전도 없다. 꿈이 있어야 도전도 하고, 발전도 한다. 청년 시절은 꿈을 꾸는 시기다. 청년 시절에는 꿈을 꿔야 한다. 꿈을 꾸되 좋은 꿈들을 꿔야 한다. 그 꿈들을 이루기 위해서 준비하고 노력해야 한다.

예수님을 만난 후 꿈을 꾸게 된 신기드온 무철 형제는 대학 시절에 신앙훈련을 받으면서 장차 교수 목자가 되기 위해서 열심히 공부했다. 그리고 하나님께서 미국 유학의 길을 열어주시도록 간절히 기도했다. 하나님은 그의 기도를 응답하셨다. 그에게 풀 장학생으로 어바나 샴페인에 올 수 있는 길을 열어주셨다. 그는 선교사 유학생으로서 파송을 받았다. 하나님은 그가 선교사 유학생으로서의 정체성을 지키며 이곳에서 토목공학 박사 학위를 받게 하셨고, 박사 후

폴, 메리 최 선교사

과정까지 마치게 하셨다.

물론 이 긴 학문의 과정은 쉬운 길은 아니었다. 그러나 그가 하나님께서 주신 꿈을 되새기며 믿음과 기도로 이 과정을 감당했을 때, 하나님은 그로 이 모든 과정을 다 마칠 수 있게 하셨다. 하나님께서 이 모든 과정을 마칠 수 있는 지혜와 인내와 능력을 주신 것이다. 그리고 하나님은 그에게 매사추세츠의 스프링필드에 있는 웨스턴 뉴잉글랜드 대학교의 조교수 자리를 주셨다. 이제 얼마 후면 그와 그의 아내 한나 페이스 선교사는 어바나 샴페인을 떠나 매사추세츠의 웨스턴 뉴잉글랜드 대학으로 떠난다.

나와 안나 선교사는 어바나 샴페인에 와서 그와 그의 아내 한나 선교사와 교제할 때 너무나 기쁘고 감격스러웠다. 그의 꿈을 이뤄주신 전능하신 하나님께서 앞으로 그를 통해서 어떤 일을 하실지 기대가 된다. 하나님께서 그에게 주신 꿈의 성취는 이제부터다.

하나님은 나와 안나 선교사를 어바나 샴페인을 떠나 미주리주에 있는 세인트루이스로 인도하셨다. 이곳은 폴, 메리 최 선교사들이 선교 개척을 섬기고 있는 곳이다. 미국 미주리주 세인트루이스에 있는 워싱턴 대학교는 미국 중서부의 하버드로 불린다고 한다. 이곳에서의 복음 사역은 난공불락의 성과 같았다.

9년 전, 폴, 메리 최 선교사들이 시카고에서 이곳 개척자들로 파송을 받았다. 폴 최 선교사는 초기에 매일 집에서 20분을 달려 대학 정문에 왔다. 그리고 정문 계단 위에 서서 "나라가 임하시오며!"를 외치고 기도를 했다. 때로는 눈물을 흘리면서…. 성경을 공부할 학생들을 찾았다. 만나는 학생들에게 복음의 씨를 뿌렸다. 성령님께서는 이런 눈물을 흘리며 씨를 뿌린 역사를 축복하셔서 벤자민 형제를 리더로 세우셨고, 신실하게 성경을 공부하는 학생들을 보내 주셨다.

세인트루이스 센터에서 2세 선교사(고등학생 선교사 자녀들) 8명과 함께 특별한 모임을 가졌다. 이들 중 대부분이 고등학생이었고, 중학생은 한 명이었다. 나는 먼저 이들이 가진 고민이 무엇인가를 물었다. 하나님께서 자기 인생에 둔 뜻이 무엇인가를 정확히 알지 못하는 것이 고민이라는 것에서부터, 아버지의 직장 얻는 문제, 어려워지는 학교 공부, 주변의 좋지 않은 영향력과 문화 등 다양한 고민들을 말했다.

한국인 2세 선교사로서 미국에 사는 이들에게 나는 다니엘의 예를 들어 하나님의 사람으로서의 정체성을 갖는 것의 중요성에 대해 이야기했다. 그리고 꿈을 가져야 함을 말했다.

청년의 때는 씨를 뿌리는 시기다. 마음 밭에 영원한 진리의 말씀의 씨를 뿌려야 한다. 창조자를 기억하고 그분께 대한 믿음의 씨를 뿌려야 한다. 기도의 씨를 뿌려야 한다. 전공 분야의 지식의 씨를 뿌려야 한다. 좋은 책을 읽어 지혜의 씨를 뿌려야 한다. 더 나아가 다른 사람들에게 사랑의 씨, 섬김의 씨를 뿌려야 한다. 이웃과 사회와 조국을 위하여 봉사의 씨를 뿌려야 한다.

인생에서 반드시 추수의 때가 온다. 젊은 날 청년의 때에 얼마만큼 씨를 뿌렸는가에 따라 추수의 결과가 달라진다. 그러므로 청년의 때에는 울면서라도 씨를 뿌려야 한다. 아니 씨를 뿌리기 위해서 눈물을 흘리는 수고를 감당해야 한다. 울면서라도 씨를 뿌리는 사람은 반드시 기쁨으로 그 단을 거두게 될 것이다. 시편 126편 5, 6절을 보면, "눈물을 흘리며 씨를 뿌리는 자는 기쁨으로 거두리로다. 울며 씨를 뿌리러 나가는 자는 반드시 기쁨으로 그 곡식 단을 가지고 돌아오리라"라고 하였다. 선교 일선 각처에서 눈물로 복음의 씨, 기도의 씨, 사랑의 씨를 뿌리고 있는 모든 주의 종들에게 박수를 보낸다. 이들을 위해서 기도한다.

"눈물을 흘리며 씨를 뿌리는 자는 기쁨으로 거두리로다."(시 126:5)

인생은 건축이다

폴, 나오미 당 선교사

예수님은 그 유명한 산상보훈의 말씀을 모두 마치시면서 두 종류의 건축자에 대해 말씀하셨다. 우리 인간을 건축자에 비유하신 것이다. 일생을 통해서 한 채의 집을 짓는 건축자. 그렇다. 사람은 누구나 일생을 통해서 한 채의 인생 집을 짓는다. 그 인생 집이 어떤 겉모습과 내용을 가졌든지 말이다.

이런 의미에서 볼 때, 한 사람의 일생은 그가 평생 지은 한 채의 건축물이라고 말할 수 있다. 각 사람이 짓는 인생 집의 모양은 참으로 다양하다. 다양하기에 아름답다. 다양하기에 귀하다. 하나님께 부름을 받은 사역자가 섬기는 복음 역사도 하나의 건축물이라고 말할 수 있을 것이다. 사람은 누구나 건축자다. 그러므로 "인생은 건축이다"라고 말할 수 있다.

각 사람은 다양한 모양으로 인생 집을 짓는다. 그런데 건축에 있어서 가장 중요한 것은 무엇일까? 사람마다 견해가 다를 수 있다. 하지만 예수님은 건축에 있어서 가장 중요한 것을 기초공사로 보셨다. 그렇다. 건축에 있어서 가장 중요한 것은 기초공사일 것이다. 무엇보다도 기초공사가 튼튼하고 견실해야 한다. 기초공사가 부실하면 아무리 좋은 재료로, 겉모양이 멋진 건물을 세워도, 건축물 자체가 무너져버릴 수 있기 때문이다. 건축물이 무너진다면 일생을 통해서 쏟아부은 모든 수고가 허사가 되고 마는 것이 아니겠는가?

예수님의 비유에서 보면 두 종류의 건축자가 있다. 하나는 지혜로운 건축자요, 다른 하나는 어리석은 건축자다. 지혜로운 건축자는 그 집을 반석 위에 짓는다. 반면에 어리석은 건축자는 땅 위에 집을 짓는다. 건축기술이 발전하지 못했던 옛날에는 별다른 기초공사 공법이 없었다. 그저 땅을 다지고 그 위에 집을 짓거나, 혹은 땅을 파내고 반석 위에 집을 짓거나 하였다.

젊은 날 청년의 때는 자기의 인생 집 건축의 기초공사를 하는 때다. 그러므로 부지런히 하나님의 말씀을 공부하여 영접하고, 예수님을 만나야 한다. 예수님을 자기 인생의 기초요 반석으로 영접하고, 예수님과 깊은 사랑의 교제를 나누며, 예수님의 말씀 위에 자신의 인생관, 가치관, 세계관을 세워야 한다.

하나님의 은혜로 나와 안나 선교사는 세인트루이스를 떠나 밀워키를 방문하여 폴, 나오미 당 선교사들과 주 안에서 감격의 만남을 가졌다. 폴, 나오미 당 선교사는 미국 밀워키에 있는 위스콘신 대학교에서 복음전파와 제자양성 사역으로 섬기고 있다. 폴 선교사는 중학교 교사로서, 나오미 선교사는 간호사로서 자비량하며 선교를 하고 있다.

폴 선교사의 인생 철학 사역 철학은 기초를 튼튼히 하는 것이다. 본인이 먼저 예수 그리스도 복음을 더 깊이 알고 그 위에 자신의 인생 집을 세우고자 애쓴다고 한다. 또한 그는 밀워키의 선교사역도 예수 그리스도 복음 위에 사람을 세우는 일과, 많은 무리를 모으려 하기보다는 몇 사람이라도 예수님의 말씀을 단순하게 믿고 단순하게 순종하는 참 제자를 세우는 것에 집중하고 있다. 복음 사역도 역시 건축이다.

하나님은 그를 통한 선교사역을 축복하셔서 제프, 그렉, 제임스, 마리아 형제자매들을 사역의 열매요 조상들로 세워주셨다. 우리는 밀워키 동역자들과 현지인 리더들과 함께 요한일서와 갈라디아서를 공부하면서 하나님의 말씀이 주는 풍성한 생명과 은혜를 공급받을 수 있었다.

우리는 한 인간으로서 인생의 집을 짓는 데 있어서 하나님의 말씀에 기초한 인생 철학이 필요하다. 또한 하나님께 부름 받은 사역자에게는 성경적 사역 철학이 필요하다. 갈수록 교회가 인간화, 세속화되고 있다고 많은 사람들이 우려한다. 이런 시대에 사역자들이 복음 역사를 섬기는 데 있어서 예수님의 방법보다도 세상의 풍조나 경영철학을 흉내 내며 따라가고 있지는 않는지 돌아봐야 한다.

인간의 지혜와 세상의 경영철학 위에 세워지는 교회는 비가 내리고 창수가 나고 바람이 불 때, 힘없이 무너지게 될 것이다. 오직 반석 위에 세운 교회만이 무너지지 않을 것이다. 그러므로 사역자들은 자신이 먼저 예수 그리스도 복음을 더 깊이, 인격적으로 알고, 그 위에 자신을 세우는 일에 무엇보다도 집중해야 한다. 그리고 그 복음 위에 사람을 세워가야 한다.

　예수 그리스도 위에 인생 집을 짓는 사람, 복음 위에 사람을 세우며, 참제자를 세우는 데 모든 것을 투자하는 일에는 믿음과 인내와 역사의식, 자기 비움과 자기 부정이 필요하다. 성령의 충만함과 성령의 인도를 따름이 필요하다. 그러나 이것이 지혜로운 건축이다.

　"주여, 제가 젊은 날 청년의 때에 주님을 만나게 해주시고, 주님과 주님의 말씀 위에 인생의 집을 지어오게 해주신 은혜와 복을 인하여 깊이 감사를 드립니다. 인생을 마치는 날까지 지혜로운 건축자가 되게 하여 주옵소서! 주여, 이 땅의 인생들이 지혜로운 건축자들이 되도록 도와주옵소서! 특히 주님께 부름 받은 사역자들이 지혜로운 건축자들이 되게 하여 주옵소서!"

> "그러므로 누구든지 나의 이 말을 듣고 행하는 자는 그 집을 반석 위에 지은 지혜로운 사람 같으리니 비가 내리고, 창수가 나고, 바람이 불어 그 집에 부딪치되 무너지지 아니하나니, 이는 주초를 반석 위에 놓은 까닭이요, 나의 이 말을 듣고 행하지 아니하는 자는 그 집을 모래 위에 지은 어리석은 사람 같으리니 비가 내리고 창수가 나고 바람이 불어 그 집에 부딪치매 무너져 그 무너짐이 심하니라."(마 7:24-27)

인생은 항해다

거룩하신 하나님, 창조주이신 하나님이 죄로 인해 타락한 이 세상을 너무나 사랑하셨다. 하나님을 불순종하고 온갖 죄악 가운데 살고 있는 인생들과 세상을 구원하시기 위해서 독생자까지도 아낌없이 십자가에 화목제물로 희생하셨다. 하나님의 이 사랑을 알지 못하고 어두움 가운데서 헤매면서도 제멋대로 살고 있는 우리 인생들을 향하여 지금도 종일 두 팔을 벌리시고 그 사랑의 품 안으로 돌아오라고 말씀하신다. 아버지 품에 안겨서 큰 구원과 사랑을 받은 자들에게는 이웃을, 그리고 우리에게는 특히 캠퍼스 청년들을 그렇게 사랑하라고 말씀하신다.

미국 인디애나 대학교에서 열린 국제 성경 수양회 마지막 밤에는 신앙의 결단과 헌신의 시간이 있었다. 수백 명의 새벽이슬 같은 주의 청년들이 예수님을 구주로 영접한다며 무대 앞으로 나아갔다. 2천 5백여 명의 수양회 참석자들이 예수님께 자신의 인생을 다시 한 번 헌신할 것을 결단하고 자리에서 일어섰다. 나도 그들 중에 있었다. 은혜와 감동과 감격의 순간이었다. 성령님께서 회중 가운데서 말씀을 통해서 강력으로 역사하신 때문일 것이다.

우리 모든 인생은 하나님께로부터 와서 하나님께로 돌아간다. 출발점과 도착점이 있다. 그 기간이 짧지 않다. 80-90년이다. 요즘은 100세 시대라고도 한다. 여하튼 누구나 '일생'이라는 망망대해를 건넌다. 그러므로 "인생은 항해다"라고 말할 수 있다. 그리스도의 공동체의 역사도 하나의 항해다. 하나님께서 시작하신 우리의 공동체가 1961년에 항해를 시작해서 이제 52년이 되었다.

망망대해를 건너가는 항해에는 순풍에 돛을 단 배처럼 순항만 있는 것이 아니다. 난항도 있다. 예기치 않은 광풍이 휘몰아칠 때도 있다. 암초에 걸려 파선의 위험에 처할 때도 있다. 인생의 항해도 마찬가지다. 순풍에 돛을 단 듯 순탄할 때도 있지만, 감당하기 어려울 만큼 힘든 때도 있다. 순항과 난항은 개인의 생애에만 있는 것이 아니다. 한 가정에도 있고, 한 나라에도 있다. 지구촌에도 있다. 그리스도인의 공동체에도 있다.

하루는 제자들이 예수님을 모시고 갈릴리 바다를 횡단하는 항해를 하고 있었다. 그런데 갑자기 돌풍이 바다를 강타했다. 순식간에 큰 파도가 일어났고, 배에는 물이 차올랐다. 배 안은 순식간에 아수라장이 되었고, 제자들은 극도로 예민해졌고, 죽음의 공포에 휩싸였다.

갈릴리 바다는 거대한 호수인데 그 표면이 지중해면보다 240미터나 낮다. 그래서 낮에는 지중해 연안의 열대성 기후에 바다 표면의 공기가 뜨겁게 달궈진다. 그런데 해발 2,760미터나 되는 헤르몬산에서 때때로 차가운 기류가 갑자기 협곡을 통해 내려와 바다 표면의 가열된 공기와 충돌한다. 이때 맹렬한 광풍이 일어나 갈릴리 바다를 강타한다. 이것이 '라일랖스'라고 부르는 돌풍이다.

잠에서 깨어나신 예수님은 성난 바람과 바다를 꾸짖으며 명령하셨다. "잠잠하라! 고요하라!" 그러자 광풍이 그쳤고, 성난 파도가 잔잔해졌다. 이는 창조주만이 행하실 수 있는 초자연적인 기적이었다. 예수님은 영계와 자연계를 다스리시는 창조주이시다. 역사를 운전하시는 역사의 주관자이시다. 광풍이 그치고 성난 파도가 잔잔해짐으로 제자들은 무사히 목적지에 도착할 수 있었다.

예수님이 우리의 인생 배의 진정한 선장이요 항해사이시다. 그분께 내 인생 배의 '키'를 내어드려야 한다. 그분이 내 인생 배의 키를 잡으실 때, 우리는 목적지까지 도달할 수 있다. 그러나 우리 인생들은 어리석어서 자기 자신이 인생 배의 선장이 되려 하고, 배의 키를 잡으려 한다. 거듭나 예수님을 믿고 사는 신자들마저도 자기도 모르는 사이에 내 인생 배의 참 선장 되시는 예수님의 키를 빼앗아 스스로 배를 운전하려고 한다. 물론 그리스도의 공동체의 참 선장도 예수 그리스도시다. 그러므로 공동체의 운전의 키를 언제나 참 선장이 되시는 예수 그리스도께 내어드려야 한다.

우리가 스스로 선장이 되어 인생의 배를 운전하려 하기 때문에 예수님께서 때로는 광풍을 통해서라도 우리의 인생 배의 '키'를 그분께 돌려드리도록 일하신다. 그러므로 우리는 인생의 광풍을 만날 때, 두려움에 떨거나 비명을 지를 것이 아니다. 사람을 원망하고 환경을 탓할 것이 아니다. 더구나 하나님을 원망할 일이 아니다. 자신을 돌아보고, 나의 인생 배의 진정한 선장이 되시는 예수님께 인생 배의 '키'를 돌려드려야 한다.

광풍을 바라보면 죽을 것 같을지라도, 예수님을 바라보면 희망이 생기고 믿음이 생긴다. 개인이든, 가정이든, 그리스도의 공동체든, 국가든, 겸손히 그분께 배의 '키'를 돌려드릴 때, 광풍 중에도 안전할 수 있다. 평안한 마음으로 잠도 잘 수 있다. 반드시 소망하는 그곳에 이를 수 있다.

우리 공동체의 항해에도 순항만 있지는 않았다. 광풍도 있었고 암초도 있었다. 두 번이나 배는 심하게 흔들렸고, 많은 지체들이 실족했다. 공동체의 한 부분이 떨어져 나가는 고통도 당했다. 참으로 가슴 아픈 일이다. 이런 과정을 통해서 우리를 낮추시고, 배의 키를 주님께로 돌려드리며, 오늘 여기까지 항해를 할 수 있었던 것이 오로지 하나님의 은혜다. 하나님의 긍휼이다.

광풍과 암초의 도전은 앞으로도 있을 것이다. 우리 개인이나 공동체가 끝까지 잊지 말아야 할 것은 진정한 선장이 되시는 예수님께 배의 '키'를 맡겨 드리는 것이다. 예수 그리스도를 주님으로 모시고, 예수 그리스도께 초점을 맞추는 것이다. 그리고 끊임없이 성경으로 돌아가는 것이다.

내 인생의 항해가 70년이 되었다. 목적지에 이를 때를 알지 못한다. 광풍과 암초의 도전 가운데 넘어지고 헤매기도 했지만, 이를 통해서 내 인생 배의 키를 예수님께 내어드리게 하시고, 여기까지 온 것은 오직 하나님의 은혜다. 하나님의 무한하신 긍휼과 용서와 사랑과 격려다. 하나님의 무한하신 사랑 안에서 요즘 나의 항해는 즐겁고, 역동적이고, 행복하다. 다시 내 인생 배의 '키'를 예수님께 맡긴다. 성령님께 맡긴다.

"아버지, 이 세상을 향하신, 하나님을 버리고 대적한 세상을 향하신, 그리고 이 죄인을 향하신 그 무한하신 사랑에 감격하며 감사를 드립니다. 아버지의 사랑으로 제 마음을 채워 감격하게 하시고, 제 마음을 강권하십니다. 연약한 저도 아버지의 그 사랑으로 내 이웃을, 짐바브웨 청년들을 사랑하렵니다. 성령님이여, 그렇게 할 수 있도록 도우소서! 제 인생 배의 키를 나의 주님이신 예수님께 맡겨드립니다. 본래 주님의 것이었습니다. 저의 인생 항해를 아버지의 선하신 뜻대로 운행하시옵소서!"

"하나님이 세상을 이처럼 사랑하사 독생자를 주셨으니 이는 저를 믿는 자마다 멸망치 않고 영생을 얻게 하려 하심이니라."(요 3:16)

인생은 장거리 경주다

UBF국제수양회

데이빗 황 선교사는 대학 시절에 우리 공동체에 담겨서 성경을 공부하는 중에 예수님을 개인적인 구주로 영접하는 은혜를 받은 분이다. 이후 그는 오직 믿음으로 공부해서 도시공학 석사학위를 받았다. 하나님은 그에게 세계선교의 비전을 심어주셨고, 마침내 그의 기도에 응답해 주셔서 그는 미국 톨리도 대학교에 유학생 선교사로 파송을 받게 되었다.

그는 이곳에서 톨리도 대학교의 경영학과 종신교수로서 학생들을 가르치면서 캠퍼스 선교를 섬기고 있는 폴 홍 박사(자비량 선교사)의 제자로서 홍 박사의 지도하에 새롭게 엠비에이 과정을 공부하게 되었다. 공학도에서 경영학이라는 새로운 분야를 공부하는 것은 쉽지 않은 도전이었을 것이다. 그러나 그는 오직 살아 계신 하나님만을 의지하고 믿음과 기도로 도전했다. 그리고 폴 홍 박사의 격려와 지도하에 열심히 공부하여 엠비에이를 마치고, 경영학으로 박사학위까지 받게 되었다. 그는 이 모든 것이 살아 계신 하나님의 일하심으로 이루어진 선물이요 은혜라고 고백했다.

하나님은 이런 그에게 펜실베니아주에 있는 쉬펜스버그 대학에 교수 자리를 주셨다. 그래서 내일 그의 가족은 쉬펜스버그로 떠난다. 쉬펜스버그 교수 자리는 50대 1의 경쟁 가운데서 뽑힌 자리라고 한다. 그를 아는 사람들은 모두 이를 기적이요 믿음의 승리라고 말한다.

그에게는 어릴 때 앓은 심한 귀앓이 후유증으로 귀가 잘 들리지 않는 핸디캡이 있다. 그래서 교수 자리를 얻는 데 먼저 행하는 전화 인터뷰에서 여러 번 실패를 맛봐야만 했다. 그런데 쉬펜스버그는 전화인터뷰 없이 직접 면담만 하게 되었다. 그는 직접 면접에서 합격했다. 이 모든 과정에도 보이지 않는 주님의 손이 함께하셨다는 생각이 든다. 하나님은 오직 믿음으로 자신의 약점을 극복하도록 그를 도우셨다. 영어, 학문, 취업, 목양 등에서 어려움에 부딪칠 때마다 그의 아내 폴린 선교사와 함께 살아 계신 하나님만 의지하며 기도로써 이를 극복하도록 도우셨다. 어떤 때는 40일 작정 기도를 하기도 했다.

하나님은 이런 그를 통해서 톨리도에서 두 명의 백인 학생인 컬크 카이저와 안토니를 수년 동안 일대일 성경공부와 사랑으로 돕게 하셨다. 이 두 사람은 예수님을 구주로 영접하고 변화되었고, 목자로 서게 되었다. 컬크 카이저는 정사라 2세 선교사와 결혼하여 아름다운 가정교회를 이뤘다. 컬크 카이저는 눈물로 이들에 대한 감사를 표하며, 사도 바울을 통해서 주신 말씀, 곧 "내 능력이 약한 데서 온

전하여 짐이라"는 말씀이 데이빗 황 선교사의 삶을 통해서 성취되었다며, 이 말씀이 진리임을 강조했다.

바울에게도 육체의 가시가 있었다. 어떤 사람은 그 가시가 심한 안질이었다고 하고, 어떤 사람은 간질이었다고도 한다. 그것이 무엇이었는지는 정확히 알 수 없다. 그는 이 육체의 가시를 치료해 주시도록 하나님께 세 번 기도했다. 그런데 하나님께서는 그의 가시를 고쳐주지 않으셨다. 그리고 이렇게 말씀하셨다.

"내 은혜가 네게 족하도다. 이는 내 능력이 약한 데서 온전하여짐이라."
(고후 12:9)

그 후 그는 자신에게 있는 가시를 도리어 기뻐하며 이렇게 간증했다.

"그러므로 도리어 크게 기뻐함으로 나의 여러 약한 것들에 대하여 자랑하리니 이는 그리스도의 능력이 내게 머물게 하려 함이라."

데이빗 황 선교사는 큰 핸디캡과 많은 십자가 중에도 결코 포기하지 않고 오직 믿음과 기도로 도전했다. 하나님은 그의 여러 약한 것들을 통해서 하나님의 능력이 그에게 머물게 하셨고, 그 능력을 나타내셨다. 하나님은 그를 축복하셨다. 이 사실은 그를 아는 모든 사람들과 현지 리더들에게 큰 도전이 되었다. 하나님께 영광을 돌렸다.

그가 쉬펜스버그에 가서도 믿음으로 테뉴어(종신 교수)를 얻고, 훌륭한 교수요 전문인 선교사로서 풍성한 열매를 맺게 되도록 기도해 달라고 부탁했다. 데이빗 선교사의 삶을 통해서 약한 데에 그 능력이 머물게 하시고, 약한 데서 그 능력의 온전함을 보여주신 하나님께 찬양을 드린다. 그리고 데이빗, 폴린 선교사들이 계속해서 겸손히 그분의 능력을 의지하여 교수 선교사의 길을 걸어가기를 바라며 격려의 박수를 보낸다.

하나님의 은혜와 인도하심 가운데 나와 안나 선교사는 두 달 이십 일 동안의 선교지 방문 여행을 마치고 어젯밤 아프리카 짐바브웨로 돌아왔다. 지구를 한 바퀴 반 정도 돈 장거리 여행이었다. 다시 제2의 고향 짐바브웨 하라레로 돌아오니 마음이 평안했다.

하나님은 우리로 먼저 유럽의 열한 지역을 방문하는 복을 주셨다. 이후에 두 주간 한국을 방문하는 은혜를 주셨다. 그리고 미국 열두 지역을 방문하는 은혜를 주셨다. 가는 곳마다 주님과 복음을 위해서 자신의 인생을 헌신하고 있는 하나님의 사람들을 만날 수 있어 행복했고, 위로를 받았고, 피차 격려하며 기도할 수 있어서 감사했다.

마지막으로 하나님은 펜실베이니아 인디애나 대학교에서 열렸던 국제수양회에 참석하여 하나님의 절대적인 사랑의 품 안에 새롭게 안기게 하시고, 동시에 하나님께서 세계 각처에서 놀라운 일을 행하고 계시는 손길을 볼 수 있는 은혜와 새로운 비전을 주셨다. 너무나 감사하고 감사했다.

하나님은 우리로 방문한 곳마다 한국 선교사님들, 현지인 리더들과 함께 말씀을 나누게 하셨고, 성령님께서 지난 2년 동안 나와 안나 선교사 가운데서, 그리고 우리를 통해서 짐바브웨에서 어떤 일들을 행하셨고, 어떻게 풍성한 은혜를 베푸셨는가를 나눌 수 있었다. 그리스도 안에서 귀한 사귐을 가질 수 있었다.

"하나님 감사합니다."

선교여행을 모두 마칠 수 있도록 필요한 건강을 주시고, 우리의 길을 섬세하게 인도하신 성령 하나님께 찬송과 영광을 돌린다. 나와 안나 선교사, 짐바브웨 복음 사역을 위해 기도해주신 모든 분들께 감사를 드린다. 내일은 짐바브웨 국립대학교 신입생 오리엔테이션이 있는 날이다. 이때 신입생들 중에서 한국어 새 입문반 학생 이백 명을 모집할 예정이다. 9월부터 학기가 시작되면 한국어 수업과 목양으로 매우 바쁘게 될 것이다.

사도 바울은 노년에 로마 감옥에 갇혔다. 그는 로마의 감옥에서 성령의 감동으로 빌립보 성도들에게 쓴 서신에서 인생을 마라톤 경주에 비유했다. 그는 30대 청년 시절에 예수님을 만난 후, 성령의 이끌림을 받아 이방 세계 선교에 전 생애를 헌신했다. 주님은 그를 통해서 당시 아시아와 유럽에 복음을 편만하게 전하셨다. 수많은 그리스도의 제자들을 세우셨고, 그리스도의 공동체들을 세우셨다.

그렇다. 인생은 장거리 경주라고 할 수 있다. 장거리 경주에는 많은 시간과 에너지가 필요하다. 인내가 필요하다. 넓은 지평을 볼 수 있는 안목과 역사의식과 비전이 필요하다. 무엇보다도 장거리 경주에서 중요한 것은 푯대를 잃지 않는 것이다. 골인지점에 도달하기까지, 우직하고 충성스럽게, 끝까지 코스를 완주하는 것이다. 아무리 열심히 달렸어도 도중에 푯대를 잃어버린다면 목표 지점에 도달할 수가 없다. 그럴 때 모든 수고가 헛될 수 있다. 그 골인점은 그리스도 예수 안에서 하나님이 위에서 부르신 부름의 상이다. 그리스도의 영광이 충만한 영원한 하나님의 나라요 영원한 삶이다.

현재 나의 인생 경주가 어디에 이르렀던지 사도 바울과 같이 푯대를 향하여 달려가는 것이다. 하나님의 부르심의 상을 향해 앞에 있는 것을 잡으려고 달려가는 것이다. 나의 장거리 마라톤과 같은 인생 경주를 새로운 마음으로 달려가려 한다. 주께서 모든 주의 종들의 아름다운 인생 경주를 축복하시기를 기도한다.

> "내가 이미 얻었다 함도 아니요 온전히 이루었다 함도 아니라. 오직 내가 그리스도 예수께 잡힌 바 된 그것을 잡으려고 달려가노라. 형제들아 나는 아직 내가 잡은 줄로 여기지 아니하고 오직 한 일 즉 뒤에 있는 것은 잊어버리고 앞에 있는 것을 잡으려고 푯대를 향하여 그리스도 예수 안에서 하나님이 위에서 부르신 부름의 상을 위하여 달려가노라."(빌 3:12-14)

모든 것을 가르쳐 지키게 하라
– 가나의 개척선교사들

가나 자비량 선교사들

여기는 아프리카 중서부 해안에 자리 잡은 나라 가나다. 가나의 수도 아크라에서 자동차로 두 시간 정도 더 내륙으로 들어온 한적한 시골 마을에 있는 수양관이다. 어제 하라레를 출발하여 요하네스버그를 거쳐 가나의 수도 아크라 코토코 공항까지 오는 데 8시간이 걸렸다. 그리고 자동차로 두 시간을 더 달려 한밤중에 이곳 수양관에 도착했다. 아프리카의 남동부에서 중서부로 오는 데 이렇게 많은 시간이 걸리다니, 아프리카 대륙이 정말 크다는 것이 실감 났다.

이곳에서 '가나 세계선교대회'가 열렸다. 이 대회는 '에딘버러 세계선교대회'의 대륙별 후속편이라고 할 수 있다. 3년 전 일본 동경에서 '에딘버러 선교 100주년 기념 세계선교대회'가 열렸었다. 그때 주

최 측은 나에게 '차세대 선교 동원'이라는 트랙의 책임을 맡겨줬다. 이 트랙을 섬기면서 나는 하나님께서 우리 공동체를 통해서 행하고 계시는 제자양성과 전문인 자비량 선교의 역사와 그 사례를 소개한 바가 있었다. 그리고 3년이 지난 지금 나는 아프리카 가나에서 열리는 이 선교대회에 초청을 받아 이곳에 오게 되었다.

아침 8시부터 프로그램이 시작되었다. 몇 개의 주제 강의가 있었고, 그룹 토의, 13개의 트랙으로 나누어 가진 트랙 모임이 있었다. 아프리카 27개국에서 152명이 참석했고, 주최국인 가나에서 300여 명이 참석했다. 짐바브웨에서는 나와 안나 선교사만 참석하여 우리는 짐바브웨의 대표 격이 되기도 했다. 강당을 가득 메운 목회자, 선교 지도자들의 선교 열기도 뜨거웠다.

이번 대회의 주제는 '우리 세대의 모든 백성 제자화'다. 요절은 마태복음 28장 18-20절이다. 9개의 주제 강의와 13개의 트랙의 주제들이 모두 제자화에 관한 것이다. 아프리카 선교현장에 와서 선교사들로부터 많이 듣는 말이 있다. "아프리카에는 자칭 신자라고 하는 사람이 많으나 예수님께 자신을 헌신하고 따르는 사람, 곧 제자는 찾아보기 힘들다. 또 이들의 신앙이 말씀에 뿌리를 내리지 못하고 감정적인 면이 강하다."

이번 가나 대회의 주제 강의들과 트랙들을 보면서 아프리카 교회 및 선교 지도자들이 아프리카의 영적 상황에 대하여 문제의식을 갖고 고민하며 기도하고 있다는 사실을 알게 되었다. 이들은 이제 영적으로 쇠락하고 있는 유럽을 아프리카 교회가 책임져야 한다는 말도 하고 있다. 아프리카 교회 지도자들이 전하는 주제 강의는 복음이 있고, 깊이도 있고, 간절함이 있었다. 주님을 향한 뜨거운 열정이 있었다.

특히 주요 5개 트랙의 주제들은 다음과 같은 것들이었다. '정부와 지도자의 변화를 통한 국가 제자화', '고등교육의 변화를 통한 국가 제자화', '예술의 변화를 통한 국가 제자화' 이들 모두의 주제는 국가 제자화이다.

우리 주 예수 그리스도 자신도 공생애 동안에 많은 무리들을 모으려 하거나 변화시키려 하기보다는, 열두 제자들을 하나님의 말씀으로 교육하고, 훈련하고, 믿음의 사람들로 키우는 데 집중하셨다.

그러므로 우리가 기도하는 제자양성은 한 개인이 예수님을 믿고 거듭나고, 예수님께 자신의 인생을 헌신하는 자를 양성하는 것에 머물러서는 안 된다. 그가 몸담고 일하는 곳, 그가 머무는 곳에서 변화를 일으키는 사람, 예수님의 가르침과 삶을 통해서 변화를 일으키는 사람이 되어야 한다. 다른 사람들에게 영향을 미치고, 자신이 맡은 각 분야의 일을 통해서 그 조직과 사회에 영향력을 끼치는 사람으로 자라야 한다. 이것이 예수님의 참제자다.

내가 짐바브웨로 보냄을 받아 현실을 직시하면서 몸부림치고 있는 것은 '이곳에서 이런 제자를 어떻게 키울 수 있는가?' 하는 것이다. 물론 성령님께서 일하셔야만 가능하다. 그러나 예수님께서 보여주신 모범을 요약하면 두 가지다. 하나는 창조주이신 성자 하나님이 사람들 가운데로 내려가셔서 함께 사신 것이다. 예수님의 성육신을 배우지 않고는 이곳에서 제자양성을 할 수가 없다. 하나님은 짐바브웨에 와서 나로 새롭게 하나님의 성육신을 배우도록 인도하셨다. 이곳에서 성육신을 배우는 것은 더욱 어렵게 느껴진다. 다른 하나는 사람들에게 삶으로 자신의 가르침을 보여주신 것이다. 예수님은 말씀을 삶으로 보여주셨다. 그리고 나를 따르라고 말씀하셨다.

하나님의 은혜로 우리는 가나에서 선교 개척자로 사역하고 있는 트루먼 리 선교사님 가정교회에서 함께 교제하는 복을 누릴 수 있었다. 트루먼 리 선교사는 8년 전, 나이지리아 라고스에 있는 S회사에 취업하여 전문인 자비량 선교사로 파송받아 아프리카로 나아왔다. 이곳에서 7년간 근무하면서 물질 자립을 했고, 선배 선교사들과 함께 동역하여 선교역사를 섬겨왔다. 이 동안 마리아 선교사와 결혼하여 가정교회를 이뤘다.

나이지리아 라고스에서의 삶에는 어려움이 많았다. 그들은 강도를 당하기도 했고, 말라리아도 몇 번 걸리는 고난을 겪기도 했다. 하지만 믿음으로 모든 어려움들을 이기며 자비량 선교사로서 주님께 충성했다. 예쁘고 사랑스런 두 딸 메리와 쥴리아가 태어났고, 이제 메리는 5살, 쥴리아는 3살이 되었다.

하나님은 성실하면서도 신실한 믿음의 사람 트루먼 리 선교사를 회사에서도 중요한 사람이 되게 하셨다. 지난해 11월 승진을 하게 하셨고, 이로써 그의 가정은 가나의 수도 아크라에 있는 S회사로 옮겨오게 되었다. 그리하여 가나의 첫 전문인 자비량 선교사가 되었고, 개척역사를 섬기게 되었다. 트루먼 리 선교사 부부는 참으로 겸손하고 신실한 자비량 선교사들이다. 이들은 세상에서 드러나지 않지만, 하나님 편에서 볼 때, 오지 선교의 위대한 개척자들이요 선교의 영웅들이다.

하나님은 이들에게 린다와 에피아 두 자매를 보내주셨고, 린다와 에피아는 마리아 선교사와 꾸준하게 일대일로 성경을 공부하면서 성장하고 있다. 또한 마리아 선교사는 선교역사를 위해서 가나 국립대학교 영어과정에 입학을 했다. 그리하여 외국인 기숙사의 독방을 얻을 수 있었다. 이 방은 일대일 성경공부와 주일예배 처소로도 사용되고 있다. 하나님께서 캠퍼스 중앙에 아담한 선교센터를 주신 것이다.

가나 최고의 대학인 가나 국립대학교는 매우 넓은 캠퍼스를 갖고 있었다. 어제 우리는 캠퍼스 센터에서 예배를 드렸다. 우리 부부를 포함해서 모두 6명이 참석했다. 린다 자매도 참석했다. 린다 자매는 언어학과 2학년인데 말씀을 잘 받으며 자라고 있다.

비록 소수의 무리였지만, 가나의 미래의 지도자들이 모여서 공부하고 있는 국립대학교 캠퍼스의 중심부에서 하나님을 찬양하고, 기도하며, 예배를 드릴 때, 하나님은 나의 마음에 큰 감동을 주셨다. 가슴 뭉클함을 느끼게 하셨다. 마리아 선교사가 대표기도를, 우리 부부가 특송으로 섬겼고, 트루먼 선교사가 마가복음 10장 32-52절, "섬기러 오신 예수님" 메시지를 유창한 영어로 은혜롭게 전했다.

우리도 예수님을 통해서 섬김의 삶을 배워가게 하시고, 열매 있는 삶을 살게 하심을 감사드린다. 우리의 생을 복되게 하시며, 우리를 통해서 이 땅에 하나님의 나라를 확장해 가시는 아버지 하나님께 찬송을 드린다. 이 외진 아프리카 땅에서 섬기러 오신 예수님의 삶을 본받아 헌신하고 있는 트루먼 선교사님 부부를 인하여 하나님께 감사를 드린다.

우리는 캠퍼스를 돌아봤다. 그리고 법대 건물 앞에서 간절히 합심하여 기도했다. 이 캠퍼스에 믿음의 조상 아브라함과 사라를 세워주시도록, 그리고 열두 제자들을 세워주시도록, 이 캠퍼스가 가나의 복의 근원이 되게 하시고, 가나가 세계를 향하여 제사장 나라 거룩한 백성, 선교사를 파송하는 나라가 되게 해주시도록 기도했다.

예수님은 하나님의 나라를 겨자씨 한 알에 비유하셨다. 눈에 보일까 말까 한 작은 겨자씨가 거목이 되어 많은 새들이 깃들이듯이 한 사람에게 심겨진 복음의 씨가 자라 큰 하나님의 나라를 이룬다. 하나님 아버지께서 가나 국립대학교의 린다와 에피아 자매들 속에 심으신 겨자씨와 같은 복음이 자라고 열매를 맺게 하시기를 기도한다.

넷이 함께 성령님 주제 성경공부를 진지하게, 은혜 충만한 가운데 하면서 말씀으로 교제했다. 선교사들에게는, 특히 오지에서 한 가정이 자비량하면서 선교하는 개척자들에게는 큰 영적 자가발전소가 필요하다. 그 영적 자가발전소가 곧 전지전능하시며 영원하신 성령 하나님이시다.

"주여, 이 선교의 오지에서 한 가정으로 개척을 시작한 주의 종들을 매 순간 성령으로 충만함을 받게 하소서. 성령님과 긴밀한 교제를 통해서 성령을 좇아 살게 하소서. 이들을 통해서 이 땅의 지성인들 가운데 복음의 씨를 심으시고, 복음으로 변화되고 훈련된 참 제자들, 미래의 영적 지도자들을 일으켜 주소서!"

> "예수께서 나아와 말씀하여 이르시되 하늘과 땅의 모든 권세를 내게 주셨으니, 그러므로 너희는 가서 모든 민족을 제자로 삼아 아버지와 아들과 성령의 이름으로 침례를 베풀고, 내가 너희에게 분부한 모든 것을 가르쳐 지키게 하라. 볼지어다! 내가 세상 끝날까지 너희와 항상 함께 있으리라 하시니라."(마 28:18-20)

우리의 사귐 – 독일 쾰른을 다시 방문하다

이아브라함, 사라 선교사

하나님의 은혜로 겨울 방학을 맞아 작년에 이어 다시 유럽 선교지 방문을 하게 되었다. 이번 방문은 선교사 계속 교육 프로그램으로 성경공부와 선교 보고를 통해서 선교사들과 현지 리더들을 격려하고, 함께 유럽과 아프리카 캠퍼스 선교를 위해서 기도하기 위해서였다.

이번에는 작년에 방문하지 못한 지역을 중심으로 일정을 잡았다. 하라레를 떠난 에티오피아 항공 비행기는 잠비아 루사카를 들렀다가, 한밤중에 아디스아바바 공항에 도착했다. 이곳에서 비행기를 바꿔 타고, 사우디아라비아 제다를 들렀다가, 다음 날 아침 독일 프랑크푸르트 암마인((Frankfurt am Main) 국제공항에 도착했다. 비행시간만 열여섯 시간, 바꿔 타는 시간까지 스물두 시간이 걸렸다.

유럽지역의 선교 책임자인 발터 넷, 윈넬 넷 부부가 쾰른에서 프랑크푸르트 공항까지 와서 우리를 반갑게 맞아줬다. 1년 만에 만나는 너무나 반가운 만남이었다. 올해에는 8월 중순 독일에서 유럽지역 국제 수양회가 열린다. 이번 수양회의 주제는 "하나님을 믿어라"(막 11:22)이다. 이 수양회를 통해서 유럽의 청년들 가운데 새로운 영적 부흥이 일어나게 되기를 기도하고 있다. 프랑크푸르트 공항에서 쾰른까지는 가는 데에는 아우토반을 두 시간 달려야 했다. 쾰른으로 가는 동안 국제 수양회 준비의 총 책임을 맡은 발터 넷은 그동안의 준비상황을 자세히 들려줬다.

독일 쾰른은 우리의 공동체를 통한 세계선교역사에서 매우 역사적인 도시다. 하나님께서 우리 공동체의 전문인 자비량 선교역사를 정식으로 시작하신 곳이 바로 쾰른이기 때문이다. 지금으로부터 45년 전, 그러니까 1969년도에 파독 간호사 중에 우리 모임의 세 명의 간호사들이 있었다. 우리 모임의 리더였던 고 이사무엘 선교사는 이들에게 단기간의 선교사 훈련 후, 자비량 선교사 임명장을 수여하고, 안수하여 서독(통일 전이므로 서독이었다)으로 파송했다. 당시에는 한국에서 파송된 전문인 자비량 선교사가 거의 없었던 때인데, 이들은 우리 공동체의 전문인 자비량 선교의 첫 포문을 연 역사적인 인물들이다.

독일에 파송된 세 명의 간호사 선교사들은 독일에 도착한 후 낮에는 병원에서 간호보조사로서 고된 노동을 하고, 밤에는 기숙사에서 일용할 양식 소감을 발표하며 성경 읽기에 전념했다. 그리고 합심하여 기도했다. 이때 이역만리 타향 땅에서 외로움과 영적 갈급함을 안고 있던 많은 한국인 간호사들이 이 성경 읽기 모임에 모여들었고,

함께 성경을 읽고 기도를 했다. 이것이 독일 선교의 시초가 되었다.

3년 후인 1972년도에 하나님은 우리 모임에서 정식으로 선교사 훈련을 받은 간호사 선교사 8명을 서독에 파송하게 하셨다. 이들은 한국에서 대학생 시절에 마가복음, 창세기 등 성경공부 훈련과 어느 정도 독일어 훈련을 받은 분들이었다. 이들을 통해서 일대일 성경공부가 시작되었다. 이들은 간호사로 일하면서, 주말에는 캠퍼스를 방문하여 학생들에게 복음을 전했다.

그중 한 사람이 지금까지도 쾰른에서 사역하고 있는 이기향(사라) 선교사다. 42년째인 셈이다. 이사라 선교사는 6.25 한국전쟁 중에 아버지와 할아버지를 한꺼번에 여의고 과부가 된 어머니 밑에서 자라야 했다. 그래서 아픔과 상처와 운명적인 마음이 있었다. 그러나 예수님을 인생의 구주요 주인으로 영접한 후, 그녀는 변화되었다. 그녀는 자원하여 훈련을 받고 서독에 간호사 선교사로 파송을 받았고, "독일 땅에 뼈를 묻겠다"는 결단을 하였다. 그리하여 간호사로서 힘들게 일하면서 충성스럽게 개척 선교역사를 섬겼다.

하나님의 축복 가운데 이사라 선교사는 이강복(아브라함) 선교사와 선교가정을 이루었고, 1978년에 이아브라함 선교사가 서독에 파송됨으로써 공식적인 독일 캠퍼스 선교역사가 시작되었다. 이아브라함 선교사는 서독 선교지부장의 책임을 맡고 이사라 선교사와 함께 충성스럽게 선교역사를 섬겼다. 후에는 유럽 전체 책임을 맡은 유럽 선교지부장으로도 충성했다.

1979년 초, 이아브라함, 사라 선교사들이 선교지를 부퍼탈에서 쾰른으로 옮겼고, 상당수의 간호사 선교사들이 쾰른에 새로운 직장을 얻어 쾰른 선교역사에 합류하였다. 개척 초기에는 이아브라함 선교사의 아파트 방에서 주일예배를 드리며 많은 기도를 드렸다. 이렇게 하여 쾰른은 우리 공동체의 독일 캠퍼스 선교의 본부가 되었고, 후에는 선교센터 건물도 짓게 되었다. 하나님은 자비량 선교사들의 헌신적인 사역을 축복하시고, 폴커 켈러, 발테 넬, 에버하르트 그로스, 안드레아스 크라빙켈 등 많은 독일 현지인 지성인들이 예수님의 제자로 헌신되는 열매들을 주셨다.

오후 4시, 쾰른 센터에서 첫 선교사 계속 교육 성경공부를 두 그룹으로 가졌다. 나는 현지인 리더들과 영어로, 안나 선교사는 한국 선교사들과 한국어로 요한일서 1, 2장, "아버지와 함께한 사귐"을 공부했다.

우리의 신앙생활이란 그리스도를 통한 하나님과의 사귐이 깊어지고, 이로써 이웃과의 사귐이 깊어지고 넓어지는 것이다. 이는 곧 하나님의 사랑을 부음 받아 이웃을 사랑하는 것이다.

하나님의 말씀은 살았고, 운동력이 있다. 하나님은 연약한 자들을 통하여 복음의 능력을 드러내신다. 그러므로 지금도 연약한 자들을 통하여 세계 구원의 역사를 계속하고 계신다. 예배 후에 우리는 쾰른 본 공항으로 가서 오스트리아 비엔나로 가는 비행기에 올랐다.

"우리가 보고 들은 바를 너희에게도 전함은 너희로 우리와 사귐이 있게 하려 함이니 우리의 사귐은 아버지와 그의 아들 예수 그리스도와 더불어 누림이라."(요일 1:3)

적은 무리여 무서워 말라
- 빈 대학의 선교개척자들

빈 자비량 선교사들

오스트리아 빈 대학의 선교 개척자들은 한제임스, 한사라, 양다니엘, 양다니엘라 선교사들이다. 한제임스, 사라 선교사 부부는 이곳에서 자비량하면서 17년째 선교역사를 섬기고 있다. 한국에서 재료공학을 공부한 제임스 선교사가 이곳에서 전기화학 분야를 새롭게 공부하는 것이 큰 도전이었다. 그는 이 공부를 하는 동안 기숙사 세미나실에서 매일 새벽마다 하나님께 부르짖으며 기도를 하였다. 그는 배터리 연구로 박사학위를 취득했고, 지금은 국가과학기술연구소에서 자동차 배터리를 개발하는 연구원으로 일하면서 선교사역을 섬기고 있다.

처음엔 한 가정 개척자들로서 많은 어려움도 겪었지만, 박사학위 취득 및 영주권을 얻고 직장을 얻는 과정에서 성령님의 동행하심과 은총을 많이 체험했다. 이 때문에 이들은 이곳에서 끝까지 하나님의 소명을 지키며 선교역사를 섬길 수 있었다. 자녀들인 리디아, 사라, 로이스, 다윗, 빠울라들이 부모들의 신앙과 선교사의 삶을 따라 하나님의 자녀들로 잘 자라고 있다. 부모들은 이것이 하나님의 은혜라고 말한다. 큰딸 리디아는 올해 고등학교를 졸업하고 7월 초에 의대 입학시험을 준비하고 있다. 자녀들이 신앙 안에서 아름답게 자라는 것은 이들에게 큰 위로와 힘이 되었다.

이후에 합류한 양다니엘 선교사는 공관에서 일하면서 선교역사에 동역하고 있다. 동역자인 다니엘라 선교사는 전문 가이드 자격증을 얻기 위해서 1년간 이 과정의 공부를 마치고 마지막 시험을 남겨두고 있다. 자녀들인 사랑, 다니엘 역시 부모들의 신앙과 선교사의 삶을 따라 아름다운 하나님의 자녀들로 잘 자라고 있다.

이들은 1년 전에 빈 대학 근처에 아담한 지하층 한 칸을 셋집 선교센터로 얻었다. 낡은 창고였던 이곳은 선교사들의 기도와 헌신을 통해서 아름다운 센터로 단장이 되었다. 센터는 열댓 평 정도 되는 두 개의 홀로 이뤄져 있는데, 하나는 예배와 새벽기도의 홀로, 하나는 말씀 공부와 식사 교제 등을 하는 홀로 사용하고 있다. 센터를 단장할 때 양다니엘 선교사가 사다리를 놓고 천장 페인팅을 하다가 바닥으로 떨어져 기절하여 병원에 실려 가는 사태가 벌어졌었다. 다행히 조그만 외상 외에는 다른 부상이 없었다. 이를 통해서 다니엘라 선교사는 하나님의 크신 은혜와 구체적인 보호하심을 체험했다고 한다.

이곳에서 매일 새벽기도를 하면서 말씀과 기도의 단을 쌓고 있다. 선교사들과 중학생 이상 2세들은 새벽마다 이곳에 모여 일용할 양식 말씀을 읽은 후 찬송가 시디를 틀어놓고 모두 뜨겁게 개인 기도를 한다. 기도 후에는 함께 아침 식사를 하고 출근하거나 학교에 간다. 또한 이 센터에서 매월 1회 성경학교를 열고 학생들을 초청하고 있다.

우리는 센터에서 선교사들과 함께 성령론을 공부했다. 선교 일선에서, 특히 적은 무리의 동지들이 개척하는 곳에서 하는 말씀 공부는 은혜와 감동이 많다. 하나님께서 특별한 은혜를 주시는 것 같기도 하다. 이들의 사정과 기도 제목들을 알고, 서로 격려하며 기도할 때, 주님의 은혜가 넘침을 체험했다. 저녁에는 2세들까지 모두 한자리에 모여 안나 선교사가 인생 소감 및 짐바브웨 선교 보고를 발표했고, 제임스 선교사가 독어로 통역을 했다. 이후에 나는 2세들과 함께 영어로 성령론을 공부했다.

한제임스, 사라 선교사들과 함께 쇤부른 여름 궁전에 갔다. 유네스코 세계문화유산에도 등재되어 있는 합스부르크 왕가의 여름별궁인 쇤브룬 궁전을 방문하는 이들의 시선을 사로잡는 것은 원 상태 그대로 보존된 아름다운 방의 내부 장식들이다. 가장 호화로운 응접실은 나폴레옹 제국 붕괴 이후에 개최된 빈 회의에서 무도회장이 된, 길이 40미터, 폭 10미터의 대회랑이었다. 모차르트가 여섯 살 때 연주했던 거울의 방도 일품이었다. 한편 합스부르크 왕족들의 생활 공간은 호화찬란한 응접실이나 홀과는 절묘한 대조를 보였다. 생활 공간의 내부 장식은 섬세하고 우아한 스타일 안에 다른 세상에 대한 동경을 표현하고 있어 합스부르크 왕가의 감성과 정서를 느낄 수 있었다.

양다니엘 선교사 집에서 닭백숙 삼계탕으로 맛있는 점심을 먹었다. 이후에 좀 휴식을 취한 후 중앙 공원묘지에 가서 유명한 음악가들의 무덤을 보았다. 저녁 먹은 후에는 선교사들이 모두 모여서 요한일서 1-2장을 공부했다. 안나 선교사가 인도했다. 하나님의 말씀은 공부할 때마다 새로운 은혜를 부어주신다.

오스트리아는 847만 명의 인구가 살고 있는 서부 유럽 알프스산맥에 있는 내륙국이다. 유럽의 중앙에 위치해 여러 나라의 국경이 맞닿아 서쪽으로는 스위스, 리히텐슈타인, 북쪽으로는 독일, 체코, 동쪽으로는 헝가리와 슬로바키아, 남쪽으로는 이탈리아와 슬로베니아가 있다. 오스트리아는 세계에서 가장 부유한 국가 중 하나로 1인당 GDP가 높다. 국민을 위한 높은 생활수준을 갖고 있고, 수도 빈은 수년 연속 세계에서 가장 살기 좋은 도시로 선정되었다.

우리는 빈 대학을 방문하여 캠퍼스에서 기도 모임을 가졌다. 빈 대학은 학생이 10만 명이나 된다. 650여 년의 긴 역사를 갖고 있다. 이곳에서 120명의 예수님의 제자들을 세워주시도록 기도하고 있다. 에바브로디도가 천문학과 학생으로 공부하면서 선교역사를 섬기고 있다. 우리 선교사들의 사역을 통해서 비엔나 대학에 예수님의 제자들이 세워지고, 오스트리아가 중부유럽을 섬기는 왕 같은 제사장 나라로 쓰임 받게 되도록 기도하고 있다. 우리는 오후 2시 기차로 비엔나를 떠나 헝가리 부다페스트로 향했다.

한제임스, 사라 선교사들이 기차에 올라 우리의 자리를 잡아주려다가 내리지 못해서 같이 55분 거리까지 함께 기차를 탔다. 선교지에서 오랜만에 만났다가 헤어질 때는 너무나 큰 아쉬움을 남긴다. 우리는 부다페스트로 가는 기차 안에서 간절히 기도했다.

"주님께서 비엔나의 적은 무리의 선교사들을 지켜주시고, 이들을 통해서 하나님의 나라 복음이 전파되며, 예수님의 제자들을 일으켜 주시기를…"

"적은 무리여 무서워 말라. 너희 아버지께서 그 나라를 너희에게 주시기를 기뻐하시느니라."(눅 12:32)

그의 영광을 나타내실 때에
- 부다페스트의 선교 개척자들

헝가리 자비량 선교사들

비엔나를 떠난 기차는 두 시간을 달려서 헝가리의 수도 부다페스트에 도착했다. 이곳에서 사역하고 있는 김사라 선교사와 2주 전에 이곳에 도착한 마태 선교사가 기차역에서 우리를 기다리고 있었다. 언제나 그렇지만 한두 가정이 사역하고 있는 외로운 선교사들을 선교지에서 만날 때, 감사와 기쁨과 반가움이 얼마나 큰지 모른다. 우리는 택시를 타고 시내로 들어와 다뉴브 강변에 자리 잡은 숙소에 짐을 풀었다. 처음 와본 부다페스트의 다뉴브강이 너무나 아름다웠다. 숙소 휘트니스 클럽에서 운동을 하고 휴식을 취했다.

부다페스트는 김안드레, 김사라 선교사 가정과 정마태, 레베카 선교사 가정이 개척역사로 섬기고 있다. 김안드레, 사라 선교사 가정은 유고연방이 해체되기 전에는 그곳(지금의 세르비아)에서 8년 반 동안 개척선교사들로서 섬겼다. 그곳에서 사역하는 동안 일용할 양식(큐티책), 찬송가, 복음성가 등을 번역 편집하고, 4복음서와 창세기, 출애굽기 등 강해 메시지를 현지어로 쓰면서 선교역사의 기초를 놓았다.

김안드레, 사라 선교사들은 그곳에서 사역하는 동안 유고슬라비아 내전과 코소보 전쟁 등 매우 어려운 시기를 지내야만 했었다. 심한 내전 때에는 외국인들이 모두 유고를 떠날 수밖에 없었다. 외국 공관들도 철수하면서 자국민들이 철수하도록 권고했다. 김안드레, 사라 선교사들은 생명의 위협 가운데서 고민을 해야만 되었다. 그동안 목양하던 양들을 전쟁터에 두고 떠날 수 없었기 때문이었다.

김안드레, 사라 선교사들은 포화의 위험을 무릅쓰고 유고에 남기로 결단을 했다. 그들은 "오직 그리스도의 고난에 참여하는 것으로 즐거워하라."(벧전 4:13)라는 말씀을 붙들고, 양들의 고난에 동참하기로 결단한 것이다. 이들은 어려운 시기를 인내의 믿음으로 통과했다. 목양하던 양들을 사랑하여 전쟁의 포화 속에서도 선교지를 지킨 이들의 이야기는 전 세계의 선교 동역자들의 마음을 감동케 했고, 이들을 위해서 간절하게 기도하게 했다. 하나님은 이들을 지켜주셨다.

유고연방 해체 후에 이곳의 선교역사를 고다니엘, 룻 선교사 가정에 인계했다. 그리고 이들은 믿음으로 새로운 선교 개척지 헝가리 부다페스트로 옮겨서 새로운 개척역사를 시작했다. 이후에 세르비아에서 동역하던 배요셉, 마리아 선교사 가정은 크로아티아에 개척선교사들로 파송했다.

김안드레, 사라 선교사는 헝가리에서 새롭게 자비량하면서 선교역사를 섬기기 위해서 많은 수고를 감당했다. 지금은 여행업을 하면서 자비량 선교사로서 사역을 섬기고 있다. 선교지에서 태어난 두 딸 은혜와 소망이는 이제 고등학생들이 되었다. 그들은 2세 선교사들로서의 정체성을 갖고 하나님의 말씀 가운데 잘 자라고 있다. 또한 부모들의 든든한 선교 동역자들이 되었다.

정레베카 선교사는 5년 전에 헝가리 선교역사에 동참하게 되었다. 한국 회사에서 일하면서 동역하고 있다. 레베카 선교사는 지난 2월 한국에서 정마태 목자와 선교가정을 이뤘고, 마태 선교사는 2주 전에 이곳에 도착해서 어학 공부를 시작했다.

언제 어느 곳에서나 개척자들에게는 고난이 따른다. 이는 역사의 교훈이다. 개척자들은 마른 땅을 파고, 척박한 땅을 일구어 옥토를 만들어야 한다. 길이 없는 곳에 길을 내야 한다. 땀을 흘리며 씨를 심어야 한다. 그들은 외롭다. 선교의 개척자들도 이와 같다. 그러나 개척자들이 있음으로써 새로운 역사는 창조되고, 후손들은 많은 혜택을 누린다. 개척자들은 위대하다. 선교역사에 개척자로 쓰임 받는 자들은 고난이 따르는 만큼 하나님과 더욱 긴밀한 사귐을 갖는 은혜도 있다.

부다페스트에는 세멜바이스 의대, 부다페스트 공대, 경제대, 엘테 인문자연대학교가 있다. 이곳 선교사들은 부다페스트 공대 근처에 셋집을 얻어서 생활하면서 선교의 센터로 사용하고 있다. 세 명의 형제 조상들을 세워주시도록, 안드레 선교사님의 헝가리어 메시지 위해서 기도하고 있다.

우리는 이곳에서 요한일서 1-2장과 성령론 말씀을 공부했다. 안나 선교사가 인생 소감 및 선교 보고를 발표했다. 성령님께서는 우리의 말씀 공부를 축복하셨고, 은혜와 감동이 충만하게 하셨다. 김안드레, 사라 선교사의 두 딸 은혜와 소망이도 참석했다. 큰딸 그레이스는 고등학교를 1년 남겨놓고 있고, 둘째인 소망이는 3년을 남겨놓고 있다. 말씀을 잘 받고 질문도 했다.

헝가리는 중앙 유럽에 위치한 내륙국이며 수도는 부다페스트다. 서쪽과 북서쪽으로는 오스트리아, 북쪽으로는 슬로바키아, 북동쪽으로는 우크라이나, 동쪽과 남동쪽으로는 루마니아, 남쪽으로는 세르비아, 남서쪽으로는 크로아티아, 슬로베니아와 국경을 맞대고 있다. 폴란드, 체코, 슬로바키아와 함께 비셰그라드 그룹의 일원이자, 유럽연합의 정회원국이다. 헝가리의 주민은 대부분 우랄족에 속하는 헝가리인이다.

도시 중심에 도나우강이 흐르고 있어 '도나우의 진주', '도나우의 장미'라고도 불린다. 구릉 지대인 부더는 기복이 심하고 녹음이 우거져 있다. 도나우강과 이어지는 언덕에는 변화의 역사를 겪어온 왕궁이 장엄하게 서 있고, 서쪽에는 야노슈산이 우뚝 서 있다. 그 산자락에 한적한 주택가가 펼쳐지며 평온한 분위기를 자아내고 있다. 양안을 연결하는 대표적인 다리가 세체니 다리다.

아침에 운동 삼아 숙소 근처에 '자유의 여인상'이 있는 야산에 올라가 부다페스트 시내를 내려다보았다. 강줄기를 중심으로 형성된 도시는 정말 아름다웠다. 김안드레 선교사의 온 가족과 함께 부다페스트에서 자동차로 한 시간 거리에 있는 산 위의 비셰그라드 궁전터에 올라갔다. 넓은 다뉴브강이 내려다보이고 산 위에 자리 잡은 마을들이 너무나 아름답게 보였다.

극한 고난의 날에도 목양하던 양들을 떠나지 않고 그들과 함께 고난을 감당했던 김안드레, 사라 선교사, 그들이 지금은 새로운 개척지에서 헌신하고 있어 하나님께 영광을 돌렸다. 선교사의 삶은 영광스럽고 존귀한 직분이지만 언제나 고난이 따른다. 그러나 그리스도 복음을 위해서 받는 고난은 그리스도의 남은 고난에 참여하는 영광스러운 고난이다. 그리스도와 함께 받는 고난이다. 그리스도의 고난에 참여하는 것을 즐거워하며 소명의 길을 달려갈 것을 다시 다짐해 본다.

> "오히려 너희가 그리스도의 고난에 참여하는 것으로 즐거워하라. 이는 그의 영광을 나타내실 때에 너희로 즐거워하고 기뻐하게 하려 함이라."(벧전 4:13)

너희는 왕 같은 제사장들이요
- 슬로바키아의 선교개척자들

슬로바키아 자비량 선교사들

김안드레 선교사가 운전하는 자동차로 아름다운 평원을 지나며 2시간 반을 달려서 슬로바키아의 수도 브라티슬라바에 도착했다. 이곳은 난생처음 밟아본 땅이었다. 국경을 넘는 절차 없이 자유롭게 다른 나라로 들어갈 수 있는 것이 좋았다. 우리는 이곳에서 7년 전부터 캠퍼스 선교의 개척자들로 충성하고 있는 폴, 에스더 장 선교사 부부와, 최그레이스 선교사를 반갑게 만났다. 김안드레, 사라 선교사는 다시 헝가리로 돌아가야 했기 때문에 슬로바키아에 도착하자마자 모두 함께 3시간 동안 진지하게 성령론 말씀을 공부하며 은혜 충만한 교제의 시간을 가졌다.

김안드레, 사라 선교사들은 교제 후 헝가리로 돌아갔다. 이렇게 귀한 하나님의 사람들과의 작별이 정말 아쉬웠다. 조금 휴식을 갖고 우리는 선교사들과 함께 브라티슬라바의 옛 도시를 둘러보고 성에도 올라가 봤다. 그리고 다뉴브강 강변에 있는 찻집에서 차를 마시며 많은 대화를 나눴다. 선교 일선에서 충성하고 있는 선교사들에게는 하나님으로부터 개인적으로 받은 특별한 은혜들이 있고, 간증할 이야기들이 있다. 그 이야기들을 함께 나눌 때, 피차간에 격려가 되고, 힘이 된다.

이후에 아름다운 호메니우스 대학교 캠퍼스를 방문했다. 캠퍼스는 우리 선교사들이 살면서 선교센터로 사용하고 있는 홈 센터와 담장이 붙어 있었다. 우리는 정보과학대학교에서 이 캠퍼스에 믿음이 조상 아브라함과 사라를 세워주시도록, 열두 제자들을 일으켜 주시도록, 슬로바키아를 세계를 섬기는 제사장 나라 거룩한 백성으로 축복해 주시도록 간절히 기도했다.

저녁에는 홈 센터에서 안나 선교사가 인생 소감 및 선교 보고를 발표했다. 그리고 요한일서 1-2장 말씀을 진지하게 공부했다. 밤중까지 말씀을 나누며 많은 대화 가운데 영적인 교제의 시간을 가졌다. 슬로바키아에 첫발을 디딘 선교사는 2007년 12월 헝가리를 통해서 들어온 장에스더 선교사였다. 다음 해에 폴 장 선교사가 출애굽기 19장 5-6절 말씀을 붙들고 슬로바키아에 들어와 실제적인 가정교회를 통한 개척역사가 시작되었다.

슬로바키아는 폴란드, 우크라이나, 독일, 루마니아, 오스트리아 및 체코 등으로 둘러싸여 있다. 1985년 시작된 고르바초프의 개혁과 개방 정책의 물결이 1989년 동유럽 혁명으로 이어지면서 체코슬로바키아에서도 벨벳혁명으로 공산주의 체제가 무너졌다. 이후 1993년 체코슬로바키아 연방해체로 슬로바키아공화국으로 분리 독립하였다.

2004년 나토와 이유(EU)가입 및 2006-2007년간 유엔 안보리 이사국 진출을 계기로 정치, 안보, 사회적으로 안정을 이룩하고 경제 개혁정책을 지속적으로 추진하여 고도성장을 실현하였다.

기후는 전형적인 대륙성기후로서 겨울에는 춥고 건조한 반면, 여름에는 덥고 습기가 많다고 한다. 슬로바키아는 원래 농업 국가였으며, 공산당 통치 시기에 산업 부문에 대한 대규모의 투자 덕분에 체코와 비슷한 정도의 산업화를 달성하였다. 주요 산업으로는 중공업, 군수산업, 철, 강철, 비철금속 등이다.

슬로바키아에는 20개의 공립대학, 3개의 국립대학, 10개의 사립대학교가 있다. 슬로바키아의 유명한 대학은 대부분 공립학교이다. 브라키슬라바에 소재한 코메니우스 대학은 1467년에 설립된 슬로바키아의 최고의 대학이며, 11개 단과대학에 2만 5천 명의 학생들이 수학하고 있다.

슬로바키아 민족은 천 년의 헝가리 지배 속에 있었지만, 그들만의 고유한 민속과 전통문화를 잘 보존하고 있다. 특히 사랑, 슬픔, 기대 등을 노래한 민요와 격렬한 민속춤은 고난의 역사를 살아온 슬로바키아인들에게 삶의 활력소가 되었다. 그들은 고난을 통하여 겸손과 인내를 아는 민족이 되었으며, 슬로바키아 국가의 독립과 성장을 통하여 어떠한 역경 속에서도 자기 것을 지켜내는 힘을 가진 민족임을 보여주었다. 슬로바키아는 유럽의 심장이요, 타트라의 호랑이로 세계를 섬길 준비를 하고 있다고 폴 장 선교사는 말했다.

폴, 에스더 장 선교사들은 베드로전서 2장 9절을 붙들고, 날마다 왕 같은 제사장으로서의 신분 인식을 새롭게 하며, 말씀 연구와 가르치기, 생명을 낳고 키우는 일에 온 힘을 쏟고자 애쓰고 있다. 지금은 선교의 개척기다. 적은 수의 선교사들이 동역하고 있다. 그러나 하나님은 우리 선교사들을 왕 같은 제사장으로 부르셨다. 개척자들은 많은 어려움이 있다. 그러나 개척자들은 소중하다. 하나님께서 이들과 동행하심을 믿는다. 하나님께서 이들의 선교 개척 사역을 축복하시기를 기도한다.

"그러나 너희는 택하신 족속이요 왕 같은 제사장들이요 거룩한 나라요 그의 소유가 된 백성이니 이는 너희를 어두운 데서 불러내어 그의 기이한 빛에 들어가게 하신 이의 아름다운 덕을 선포하게 하려 하심이라."
(벧전 2:9)

너희는 먼저 그의 나라를 구하라
- 스웨덴의 선교개척자들

스웨덴 자비량 선교사들

비행기 이륙 시간 때문에 새벽 3시 반에 일어나 떠날 준비를 하여 4시에 홈 센터를 출발했다. 폴 장 선교사가 자동차를 운전하여 우리를 오스트리아의 빈 공항까지 바래다주었다. 공항으로 가는 중에도 우리는 많은 대화를 나눴고, 좋은 교제의 시간을 가질 수 있었다. 공항에서 폴, 에스더 장 선교사들과 함께 슬로바키아의 선교 사역을 위해서 간절히 기도했다. 성령님께서 이 땅의 개척자들을 지켜주시고 친히 일하실 것을 믿으며, 아쉬운 작별을 했다. 우리는 북유럽의 스웨덴 스톡홀름으로 가는 에티오피아 항공기에 탑승했다. 2시간 20분을 날아서 스톡홀름 아를란다(Stockholm Arlanda) 국제공항에 도착했다. 주요한, 그레이스 선교사님들이 우리를 반갑게 맞아주었다. 40분을 달려 숙소에 도착했다.

저녁에 주요한 선교사님은 집에서 푸짐한 바비큐 파티를 준비했다. 첫딸 그레이스는 한국에 갔고, 웁살라 대학교 약대에 다니는 둘째 안나, 고등학교에 들어갈 셋째 조이, 중학생인 넷째 요한, 초등학생인 다섯째 이삭 등 2세들이 신앙적인 분위기에서 선교자의 자녀들로 잘 자랐음을 알 수 있었다. 주요한, 그레이스 선교사들은 많은 자녀를 둔 다복한 가정이었다.

다음 날 아침 11시에 홈 센터에서 주일예배를 드렸다. 내가 한국말로 메시지를 전했다. "복음의 감격을 회복하자." 하나님의 말씀은 전할 때마다 새롭게 내 마음에 감동을 일으키고, 또 역사하는 것을 볼 수 있었다. 하나님의 말씀은 살았고, 운동력이 있다. 우리의 내면에서 복음의 감격이 식지 않고 뜨겁게 타오를 때, 우리는 어떤 어려움과 장애물도 이길 수 있고, 사명을 능히 감당할 수 있다. 메시지 후 안나 선교사가 은혜로운 인생 소감 및 선교 보고를 발표했다. 그리고 짐바브웨 사진을 보여줬다. 모두가 감동이었다.

점심 후에 둘째 딸 안나와 함께 고속도로를 50분 달려 그녀가 다니고 있는 웁살라 대학교를 방문했다. 우리는 먼저 학교 바로 옆에 안나가 거처하고 있는 셋집에 들어갔다. 이곳에서 안나의 대학 생활과 이곳 대학을 축복해 주시도록 간절히 기도했다. 그리고 안나가 다니는 약대 건물 안에 들어가서 또 기도를 드렸다. 안나가 믿음의 어미로 성장하며, 이 대학의 복이 되게 해주시도록 기도했다.

웁살라는 1477년 창립된 웁살라 대학을 중심으로 발전한 도시다. 시내 곳곳에 연구소와 강의실이 흩어져 있어 마치 도시 전체가 대학 캠퍼스 같은 느낌을 주었다. 대학 도시답게 다른 도시보다 서점과 도서관이 많고, 그 규모 또한 놀랄 정도였다. 강변을 함께 걸으며 아름다운 도시를 구경했다. 화창한 주말에는 강변에서 각종 중고서적을 사고파는 시장이 열려 아카데믹한 분위기를 더해준다고 한다.

웁살라를 지탱해온 것은 16세기의 웁살라 성을 축조한 국왕 구스타브 바사를 비롯한 당시의 권력자들이다. 종교가들은 웁살라를 기독교 세계의 일대 거점으로 하여, 북유럽 최대의 대성당을 건립했다. 정치와 종교가 밀접한 관계를 맺으면서 대학과 도시도 자연히 발전해 나갔다. 웁살라 북쪽에 있는 왕가의 묘 '감라 웁살라'는 6세기에 세워진 것으로 알려져 있다. 이런 연유로 웁살라를 '스웨덴의 역사박물관'이라고 한다.

아침에 숙소에서 선교사들과 함께 요한일서 1-2장을 진지하게 공부했다. 이후에 스톡홀름 시내에 가서 바다가 내려다보이는 아름다운 곳에서 함께 점심을 먹으며 교제했다. 스톡홀름은 에게해가 굽이쳐 들어오는 매우 아름다운 도시였다. 오후에 우리 선교사들이 개척하고 있는 중심 대학인 쉐데르턴 대학을 방문하여 이곳에 아브라함과 사라를 세워주시도록 기도했다. 저녁에 숙소에서 선교사들과 성령론을 공부했다.

다음 날 그레이스 선교사와 함께 숙소에서 점심을 먹고 시내로 나갔다. 유명한 역사박물관인 노벨박물관을 관람했다. 노벨박물관은 스톡홀름 구시가지 중심부에 자리 잡고 있었다. 이 박물관은 창의적인 교육방식과 전시기법, 첨단 기술과 세련된 디자인과의 조화를 통해 자연과학과 문화에 대한 지식을 전파하고 관심을 일깨우는 한편, 과학에 대한 토론문화를 활성화하고 있다고 한다. 노벨박물관은 모든 연령층을 대상으로 다양한 교육의 기회를 제공한다.

노벨은 그의 유언에서 물리, 화학, 의학, 문학 분야 및 세계 평화의 발전에 크게 기여한 사람들에게 매년 자기 재산의 수익금 일부를 희사하겠다는 뜻을 남겼다. 노벨상은 이미 제정할 당시부터 세계적인 행사로서 주목을 받았다. 노벨상과 같이 다양한 분야와 다양한 국적의 수상자를 아우르는 상은 없었기 때문이다. 노벨상 수상자들의 이야기를 담은 영상물들은 우리에게 희망과 영감을 잃지 말고 앞으로 나아가야 한다고 이야기한다. 영상관에서는 편안히 기대어 앉아 단편 영상물들을 감상할 수 있다. 퀴리 부인의 실험실을 들여다보거나, 감옥에서 나오는 넬슨 만델라를 만날 수 있다. 평화상을 받은 한국의 김대중 대통령 전시물도 볼 수 있었다.

스웨덴은 2002년 주요한 선교사를 통해서 개척이 시작되었다. 그는 한국에서 한의사로서 안정된 생활을 할 수 있었지만, 예수님의 선교명령에 순종하여 아무 보장이 없는 스웨덴에 개척선교사로 부름을 받았다. 그리고 하나님의 도우심으로 다음 해에 여행사를 열어서 일하는 동안 영주권을 얻게 되었다. 이후 그는 한의원을 개원하여 자립하면서 선교역사를 섬기고 있다. 그리고 한국에서 약사였던 아내 주그레이스 선교사는 이곳에서 어학 과정과 전공시험과 실습 과정을 통과하여 약사로서 일하고 있다.

주요한, 그레이스 선교사는 낯선 선교지에 와서 처음에 무엇을 어떻게 해야 할지를 몰랐지만, 마태복음 6장 33절 말씀을 붙들고 먼저 그의 나라와 의를 구했다. 그랬을 때 하나님께서는 이들에게 선교개척자로서의 길을 보여주시고 친히 한 걸음씩 인도하셨다. 이를 통해서 하나님을 인격적으로 체험하게 하셨다.

예수님은 제자들에게 산상보훈의 말씀을 주시면서 무엇을 먹을까, 무엇을 입을까, 염려하지 말라고 말씀하셨다. 그리고 먼저 그의 나라와 의를 구하라고 명하셨다. 그리하면 모든 것을 이에 더하여 주실 것이라고 약속하셨다. 예수님의 선교명령에 단순히 순종하고, 믿음으로 먼저 그의 나라와 의를 구한 주요한, 그레이스 선교사들에게 모든 것을 더하여 주셔서 개척선교사로 살게 하신 하나님께 영광을 돌린다.

"그런즉 너희는 먼저 그의 나라와 그의 의를 구하라. 그리하면 이 모든 것을 너희에게 더하시리라."(마 6:33)

오직 성경으로
- 제네바의 선교개척자들

스위스 수양회

스톡홀름에서 새벽 5시 반에 숙소를 떠나 공항으로 갔다. 공항 근처 맥도날드 가게에서 가볍게 아침을 먹고, 8시 25분발 제네바행 비행기를 탔다. 2시간 30분을 날아 스위스 제네바 국제공항에 도착했다. 사모하던 폴 선교사와 폴 주니어와 반갑게 만났다.

제네바는 스위스에서 세 번째로 큰 도시다. 제네바 레만 호수, 140미터 가량 치솟는 제또 분수, 종교개혁의 중심지, UN본부 등이 제네바를 수식하는 몇몇 이름들이다. 스위스의 다른 도시들과 비교하면 제법 다양한 민족, 인종과 맞닥뜨리는 곳이기도 하다. 중앙역인 코르나뱅 역은 유럽 각지에서 오가는 열차들로 늘 분주하다.

이 도시에 종교개혁가 마르틴 루터, 칼뱅의 숨결이 닿았고, 볼테르, 바이런, 레닌 등이 망명해 왔다. 사상에 대한 관용은 제네바가

지닌 프랑스색을 덧칠한다. 그래서인지 몰라도 도심을 걷는 템포는 유달리 부드럽고 가볍다. 제네바는 스위스가 자랑하는 로망의 도시 중 한 곳이다. 호수를 유람하는 다양한 테마 열차들은 제네바를 경유한다. 몽블랑 거리로 이어지는 번화가에는 명품상점과 커피 한잔의 여유가 깃든 노천카페가 가득하다. 이 도시에서는 트램이나 가로등마저도 운치 넘친다. 길목에서 10분만 벗어나도 요트가 정박한 제네바 호수와 알프스의 설산이 어우러진다. 론 거리를 지나치면 제네바의 옛 모습과 빠르게 조우한다. 구시가지에서는 성피에르 대성당, 시청사 외에도 제네바 대학 학생들의 단골서점과 오래된 가게들이 유물처럼 들어서 있다. 제네바의 구시가 골목에서 만나는 북 카페들은 유달리 인상적이다.

제네바 선교 개척역사는 이사라 선교로부터 시작되었다. 이사라 선교사는 대학시절에 예수님을 만나 거듭난 후 예수님의 선교명령에 순종하여 미싱공으로라도 세계선교에 쓰임 받고자 준비하며 기도하고 있었다. 그러다가 1989년 제네바 대표부에 직원으로 채용되어서 제네바로 오게 되었다. 이곳에서 고된 업무를 성실하게 감당하면서 주말이면 캠퍼스를 방문하여 기도하고 학생들에게 복음을 전했다.

그러다가 이사라 선교사는 이바울 선교사와 선교의 가정을 이루었고, 이바울 선교사는 1992년에 사도행전 1장 8절 말씀을 붙들고 제네바로 파송을 받게 되었다. 이바울 선교사는 이곳에서 자비량하기 위해서 전자상거래를 독학하여 스위스 시계를 파는 인터넷 전자상거래를 시작했다. 그러다가 2002년에 제네바에 한국 기업인 L화학 법인이 설립되어, 이곳에서 일하게 되었다. 하나님과 동행하는 영의 사람인 이바울 선교사는 회사에서도 가장 신뢰를 받고, 또 영향력을 끼치는 사람이 되었다.

아침에 숙소에서 식사를 하고, 이바울 선교사의 픽업으로 11시에 홈 센터에서 함께 예배를 드렸다. 현지인 중에서 어뜨마가 참석했다. 이바울 선교사가 시편 23편, 시편 103장 1-5절, 마태복음 16장 14-20절로 원고 없이 성령에 감동되어 메시지를 전했다. 은혜와 감동이 있었다. 특히 마태복음 16장 20절, "천국열쇠를 너희에게 주노니" 하신 예수님의 말씀을 통해서 예수 그리스도의 이름으로 무엇이든지 구하면 받는다는 말씀을 체험적으로 증거했다.

칼뱅은 성경에서 벗어나 잘못된 길을 걸어가던 교회를 하나님의 말씀으로 돌아가도록 방향을 돌리는 종교개혁을 완성한 인물이다. 위클리프나 후스 등이 타락한 중세 로마교회의 상부 구조에 타격을 가한 종교개혁의 선구적 인물들이라면, 루터는 그 상부 구조물의 잔해를 청산하고, 말씀 위에 토대를 둔 새로운 구조물을 짓는 작업을 시작했다. 그리고 그 새로운 건물의 완성이 칼뱅을 통해 이루어졌다고 할 수 있다. 탁월한 영성과 예민한 지성의 사람 장 칼뱅은 선배들의 업적과 잘 조화되도록 자신의 사명을 완수했다. 그는 훌륭한 목회자요, 성경 해석자요, 위대한 조직 신학자요, 심오한 기독교 사상가였다.

칼뱅 신학의 특징은 하나님의 주권과 섭리다. 하나님이 창조하시고, 구속하시고, 다스리시며, 완성하신다. 오직 하나님께만 영광을 돌리는 신학이라고 할 수 있다. 그의 신앙과 신학 사상은 5대 솔라(sola)로 요약된다. '오직 하나님께만 영광을', '오직 하나님의 은혜로', '오직 성경으로', '오직 믿음으로', '오직 그리스도 안에서'이다. 그는 말하기를 "인간의 궁극적인 목적은 하나님을 알고 그의 존재를 인정하는 것"이라고 했다.

칼뱅이 제네바에서 종교개혁을 일으키고 장로교회를 창립하자 그의 영향을 받은 존 낙스는 스코틀랜드로 건너가서 장로교회를 세웠고, 다른 많은 지도자들도 유럽 각지로 흩어져 개혁교회들을 세웠다.

칼뱅에게는 개인적인 갈망이 있었다. 그것은 매우 단순하고 명료했다. "주여, 내 심장을 주님께 바칩니다. 신속히, 그리고 진실한 마음으로!" 장 칼뱅은 생전에 남긴 업적도 대단했지만, 세상을 떠날 때도 큰 영적 교훈을 남기고 갔다. 칼뱅이 남겼던 유언은 지금도 유명한 일화로 전해지고 있다. 자기의 무덤을 만들지 말며, 인간을 칭찬하는 고별사도 하지 말라는 유언이었다.

칼뱅의 무덤 앞에 섰을 때, "오직 하나님께만 영광을!" 돌리고자 했던 하나님을 향한 그의 뜨거운 열정을 생각하며 가슴 뭉클함을 느꼈다. 나는 그의 무덤 앞에서 그의 유언을 음미해봤다. 몸의 부활과 영생과 하나님의 나라를 믿는 자라면 칼뱅처럼 이 땅에서 "오직 하나님께만 영광을!" 하는 목적을 붙들고 살아가야 하지 않겠는가?

이바울 선교사는 처음 선교지에 왔을 때 부족한 것이 없어 보이는 선진국 스위스 지성인들 앞에서 기가 조금은 죽을 수밖에 없었다고 한다. 그러나 그는 '오직 성경으로'라는 모토를 붙들고 1년 동안 마음을 쏟아서 집중하여 성경을 읽고 묵상하는 데 시간을 보냈다. 이렇게 했을 때 그는 마음에 담대함을 갖게 되었다고 한다. 하나님께서 자신을 성경 선생으로 이곳 선진국 국제도시에 보내신 것을 받아들였다. 그리고 사명감을 갖고 언어를 공부했다. 또한 새벽을 깨워 하나님과 깊이 개인적으로 만나는 기도에 매달렸다. 제네바 선교

개척자들로서 이들의 도전은 그 영성에 있어서 장 칼뱅의 영성과 맥을 같이 하고 있다.

하나님께서는 폴, 사라 선교사들에게 성령의 충만을 부어주셨고, 말씀에 갈급한 사람들을 하나둘 보내어주셨다. 그리하여 이들을 말씀으로 섬길 수 있었다. 폴, 사라 선교사들은 성령님에 대하여 매우 민감하다. 매일 성령의 충만을 받고, 성령님과 동행하고자 기도를 많이 한다. 자동차를 타고 여행을 가면서도 운전하는 사람만 눈을 뜨고, 그 외는 모두 눈을 감고 스위스의 선교역사를 비롯하여 전 세계의 기도 제목을 붙들고 몇 시간씩 합심 기도를 드린다. 이들의 영적 권세가 오직 성경으로 신앙과 그 많은 기도의 노동에 응답하시는 성령님의 권세임을 알 수 있었다.

> "모든 성경은 하나님의 감동으로 된 것으로 교훈과 책망과 바르게 함과 의로 교육하기에 유익하니 이는 하나님의 사람으로 온전하게 하며 모든 선한 일을 행할 능력을 갖추게 하려 함이라."(딤후 3:16-17)

제5부

김옥희의
단상들

이 땅의 사람들에게 무엇이 필요한가?

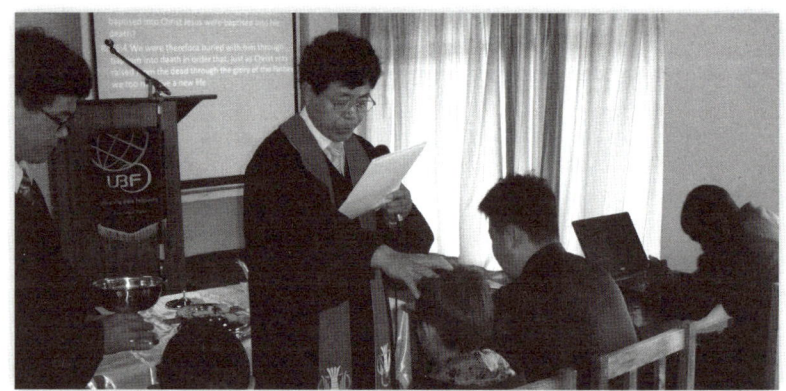

세례와 성찬식

한두 나라를 제외한 거의 모든 아프리카 나라들이 우리가 상상하는 이상으로 가난과 온갖 질병으로 어려움을 겪고 있음을 보았고, 또 들었다. 이 땅의 사람들에게 물질적인 지원, 의료적인 지원이 절실히 필요하다. 그러나 그것으로 충분할까? 그렇지는 않다고 본다. 장기적인 안목에서 이 땅의 사람들에게 무엇이 진정으로 필요한가? 그 사회와 나라와 국민들을 사랑하며 영향력을 발휘할 수 있는 지도자들, 하나님의 말씀으로 훈련된 예수님의 정신을 가진 제자들이 서는 것이 더 필요하고 시급하다. 이것이 아프리카 선교사 생활 6년 만에 내 마음에 임한 결론이다.

구제 사역, 복음 전도사역, 교회 개척, 교육 사역, 의료 사역 등 모두가 필요하고 절실하다. 그런데 더 중요한 것은 하나님을 경외하고 백성을 진실로 사랑하는 목자와 같은 지도자가 서는 것이다. 그러므로 그 나라의 미래의 지도자가 될 대학생들을 일대일 성경공부로 도와서 거듭나게 하고, 제자로 세우는 사역이 매우 중요하다고 본다.

내가 만난 대학생들 대부분이 자신을 크리스천이라고 말하지만, 실제 삶은 많이 다름을 보았다. 그런데도 성경을 공부하고자 하는 소원이 있어 일대일로 성경공부를 하러 온다. 성경 말씀에 '예스'라고 반응도 한다. 그러나 죄에 대한 인식이 부족하고, 그러니 참된 회개와 거듭남의 체험도 부족함을 보았다. 오랫동안 식민지 백성으로 살면서 당한 압제와 고통 때문에 조금이라도 억눌림이나 압박감을 느끼는 것을 원하지 않기 때문이지 않나 하는 생각도 든다.

하나님의 말씀도 회개, 고난, 순종, 자기 부인, 자기 십자가 같은 말씀보다는 축복, 은혜, 사랑 같은 말씀을 선호하는 것 같다. 거기다가 씨족 중심의 사회와 문화가 형성되어 있어 국가에 대한 주인의식이 부족한 것 같다. 지도자들도 권력을 가지면 자기 부족의 유익을 우선시하고 부정을 일삼기 때문에 국민들이 국가 동질 개념을 갖지 못하게 되는 것 같다. 그래서 같은 나라 안에서도 부족 간의 오랜 갈등과 피 흘리는 내전이 계속되는 것 같다.

돌아보면 한국도 60-70년대에는 너무나 가난했고, 젊은이들이 미래에 대한 희망을 갖기가 어려웠다. 이런 때 성경 속에서 하나님의 비전을 발견하고, 단순하게 믿고 순종했던 신앙의 선배들이 있었다. 나 자신도 70년대 중반에 창세기를 공부하며 창세기 17장 16절 말씀을 통해 '열국의 어미'의 비전을 인격적으로 영접하고 흥분했던 때가 있었다. 이를 계기로 먼저 나 자신이 열국을 품고 기도하는 믿음의 어미 '사라'로 성장하며, 열국을 품고 기도하는 '사라들'을 낳고 세우는 종으로 쓰임 받고자 하는 강렬한 소원을 갖게 되었다.

하나님께서는 이 소원과 기도를 받으시고 여러 인생 문제로 갈등하고 있는 자매들도 하나님께서 능히 이 시대의 '사라'들로 세우실 것이라는 믿음을 갖게 되었다. 그리하여 이들과 함께 말씀을 붙들고 씨름할 수 있었다. 이 비전을 품고 말씀을 심으며 기도의 물을 주었을 때, 하나님은 그들을 키우셔서 여러 나라에 자비량 선교사들로 파송하셨고, 지금까지도 각 나라의 '사라'들로 귀히 쓰고 계심을 감사드린다.

말씀을 통해서 얻은 하나님의 비전과 우리의 기도 제목을 요약한 '성서 한국, 세계 선교'의 슬로건 아래 하나님의 비전을 붙들고 믿음으로 열렬히 기도했을 때, 하나님은 무수한 학생들을 자기의 개인 문제를 뛰어넘어 복음을 들고 세계로 달려 나가는 일꾼들로 세우시는 것을 볼 수 있었다.

당시의 한국과 현재의 짐바브웨의 형편은 거의 비슷한 것 같다. 남편과 나는 하나님의 비전과 소망을 붙들고 부지런히 "예수님의 제자란 어떤 자인가"를 가르치며, 참제자를 세워 주시도록 기도하고 있다. 동시에 자기 나라에 대한 주인의식을 갖고, 자기 나라와 이웃 나라를 품고 기도하는 '제사장 나라, 거룩한 백성'의 비전을 심고 있다. 자매들에게는 창세기의 사라, 곧 '열국의 어미'의 의미를 가르치고, 짐바브웨의 '사라'로서 자기 문제를 뛰어넘어 이 나라와 세계를 품고 기도하도록 믿음과 비전을 심고 있다.

남편은 자주 학생들을 향하여 "10년, 20년 앞을 바라볼 때 여러분들은 이 나라의 리더들이 될 인물들이다. 하나님의 말씀으로 훈련되고, 하나님의 마음과 비전을 품은 그리스도의 제자들로 성장하기를 기도한다. 그리고 이 나라의 백 년 후를 바라보며 복음의 씨를 심고 기도의 물을 주는 개척자들이 되기를 바란다."라며 소망과 꿈을 심는다. 이 역사는 이제 시작이고, 진행 중이다.

하나님께서 짐바브웨에 복음으로 훈련된 참 제자요 영적인 주인들을 몇 사람이라도 세워 주실 것을 간절히 소원하며 기도한다. 이들이 영육 간에 가난한 이 나라에 소망의 싹이 될 것이다. 또 한 가지 고민이 되었던 것은 나와 밀착되어 성경을 공부하는 학생들이 너무나 가난하다는 것이다. 등록금을 내야 할 때는 전전긍긍하는 모습들을 보게 된다. 이들의 형편을 잘 아는 나로서는 자립정신이라는 명분으로 이를 외면하는 게 옳은지 고민이 되었다. 이곳에서 오랫동안 사역한 선교사들의 말에 의하면, 물질을 도와준 사람들은 모두 떠났다. 또는 물질을 빌려주었을 때 혹 물질이 생겨도 갚는 경우를 보지 못했다고 한다. 그러니 물질로 도와주면 의존심만 키우는 것이 된다고 한다. 그렇다고 목자와 양의 관계인데 이들의 다급한 형편을 외면할 수도 없어 고민이 되었다.

남편과 나는 우리에게 분별력과 긍휼의 마음을 동시에 주시도록 많은 기도를 하였다. 그리고 이들에게 하나님을 믿고 기도하도록 도왔다. 이들이 이 어려운 상황을 통해서 개인적으로 하나님을 체험하고, 믿음의 사람들로 한 단계 성장하도록 이들과 함께 간절히 기도했다. 그리고 혹 물질을 빌려주더라도 꼭 갚도록 도왔다. 이런 과정을 통해서 양과 목자로서 서로를 알게 되고 사랑의 관계성을 깊이 맺기도 하였다. 목자로서 나름대로 고정관념을 가지고 아무것도 안 하는 것보다 때로 손해를 보고 속을지라도 뭔가를 하는 것이 훨씬 유익함을 배웠다.

영육 간에 열악한 가운데 한 사람 한 사람을 붙들고 씨름하며 참 제자를 세우고자 해산의 수고를 감당하고 있는 아프리카 선교사님들을 생각하며 격려와 응원의 박수를 보내며 기도한다.

"성령님께서 이 귀한 역사에 주가 되셔서 축복해 주소서!"

그리고 여전히 고민하며 기도한다.

"주여, 이 땅의 사람들에게 무엇이 진정한 도움일까요?"

목자, 선교사가 되는 것이란?

보츠와나 자비량 선교사들

본국에서는 '목자'란 '사랑하는 직분' 정도로 단순하게 생각했다. 그러나 선교사가 되어 보니 사람을 사랑하는 직분인 것은 변함이 없는데, 그 스케일 면에서 크게 달라야 함을 알게 되었다. 선교사가 한 개인을 사랑하는 사람으로만 안주한다면 한 개인의 목자도 될 수 없음을 깨달았다. 왜냐하면, 한 개인의 삶의 뿌리는 그 나라의 역사와 문화에 깊이 뿌리내려 있기 때문이다.

많이 아는 만큼 많이 이해하고 사랑한다는 말이 있다. 예수님은 요한복음 10장에서 "나는 양을 안다"고 하셨다. 얼마만큼 아느냐 하면 하나님께서 예수님을 아시고 예수님이 하나님을 아신 것만큼 아신다고 하셨다. 이는 완전한 앎이다. 예수님은 예수님의 어린양인 우리의 모든 것을 나 자신보다 더 잘 아신다는 뜻이다. 그러므로 예수님은 양을 위해 목숨을 버린다고 하셨다.

선교지에 뚝 떨어졌다고 저절로 선교사가 되는 것이 아님을 시간이 지날수록 절감하고 있다. 시간이 필요하고 이곳 학생들과 많은 부대낌이 필요하다. 그러면서 조금씩 알아가게 된다. 그런가 하면 이곳에서는 사람을 알면 알수록 정이 떨어진다는 말을 듣기도 하는데, 이 말이 이해가 되기도 한다. 앞서 사역한 선교사들에게 많은 학생들이 와서 성경을 공부하다가 떠나갔다. 황당한 일들도 많이 겪었다.

이들을 알아감에 따라 나의 기도 제목도 바뀌게 되었다. 하나님께서는 변함없이 이들을 사랑하시고 소망을 두고 계시는데, '저에게 이들을 향한 하나님의 소망을 알게 하시고 하나님의 사랑을 덧입혀 주소서!' 나 자신에게는 이들을 향한 사랑과 소망의 깊이가 너무나 낮음을 보았다. 그래서 하나님의 사랑을 부음 받고, 하나님의 소망을 나의 소망으로 갖고자 애쓰고 힘쓴다.

도로에서 경찰에게 별 이유 없이 딱지를 떼고 돈을 뜯길 때 나도 모르게 욕이 나오고, 이 나라를 무시하는 마음이 불끈불끈 솟아오르기도 했다. 이곳 학생들도 자기 나라의 가장 큰 문제는 관리들의 부정부패라고 말한다. 동시에 나는 학생들의 그 끝을 알 수 없는 가난과 질병, 부모의 이혼으로 인한 고통을 더 알게 되었다. 겉으로는 멀쩡해 보이지만 이들의 삶의 과정이 상상했던 것보다 더 비참했고, 그것이 보편적이라는 사실이 더욱 가슴 아프다. 이들을 피상적으로만 어설프게 알고, 옳은 말로 가르치려고 든다면 이들의 목자가 될 수 없고, 그 관계는 겉돌게 된다. 이들을 바로 이해하고 조금이라도 공감하는 가운데 나누는 한 말씀이 이들에게 감동과 능력으로 나타난다.

그러므로 선교사란 선교지 사람들의 눈에 보이는 허물과 일그러진 모습을 뛰어넘어 그 이면에 숨은 아픔과 고통을 볼 수 있어야 하고, 그래야 이들의 목자가 될 수 있음을 깨닫게 되었다. 함부로 말하고, 요구하고, 섬김을 당연히 여기고, 때론 속이고 거짓말하는 모습들에서 이들이 얼마나 어렵게 살아왔으면 그렇게 말하고 행동할 수밖에 없는가를 이해하고, 하나님의 긍휼의 마음을 갖고 사랑할 수 있는 사람이 선교사다. 마치 망나니와 같은 자기 아들을 향하여 모든 사람이 다 손가락질을 한다 해도 유일하게 변호하며 감싸는 어머니와 같은 사람이 목자요 선교사다. '어머니 같은 목자, 어머니 같은 선교사', 'mother like shepherd!', 'mother like missionary'

그런 의미에서 나의 만 6년의 짐바브웨의 삶은 너무나 짧고, 함부로 이들을 평하고 논할 수 없음을 깨닫는다. 한 나라의 목자가 되기 위해서는 이들의 긴 역사와 이로 인해 형성된 의식세계를 제대로 알아야 하고 이를 위해 많은 연구와 계속적인 공부가 필요함을 느낀다. 나라의 장점뿐 아니라 약점과 허물까지도 품고 사랑해야 이 나라 백성의 한 사람의 목자가 될 수 있지 않을까? 이것이 하나님의 마음이리라.

목자나 선교사는 그냥 성경을 가르치는 사람이 아니다. 아비요 어미가 되는 자이다. 사도 바울도 일만 스승은 있으되 아비는 많지 않다고 했다. 목자와 양은 삶을 함께 나누고, 기쁨과 아픔도 함께 나누는 존재이다. 그래서 때로는 육신의 부모보다 서로에 대해 더 많이 알고 더 가깝게 밀착되기도 한다. 짐바브웨서 짧은 선교사의 삶은 내게 본국에서보다 더 많은 것을 가르쳐 주었다. 무엇보다도 상대방이 내뱉는 말이나 허물보다 그렇게 할 수밖에 없는 이면의 아픔과 상처를 보는 습관을 갖게 되었다. 그리고 판단하기보다 깊은 연민을 갖게 되고 긍휼의 마음으로 품을 수 있게 되었다. 자기 의가 강해 좁디 좁은 나의 마음을 그래도 많이 넓혀 주셔서 감사하다.

 나는 사랑하는 직분인 목자가 된다는 것은 상대방, 곧 양의 치명적인 허물까지도 품고 사랑하고 아파하며 인내로 섬기는 자임을 배웠다. 선교사가 된다는 것은 그 나라까지도 마음에 품고 기도하는 자요, 그 가운데 구체적으로 한 영혼을 품고 씨름하며, 그가 자기 나라를 품는 영적인 지도자가 되기까지 섬기는 자가 되는 것임을 배웠다.

 여기에 따르는 자기 부인과 아픔이 큰데 그에 비해 보이는 열매는 크지 않다. 그래도 우리 선교사님들은 계속하여 이 직분을 신실하게 감당하고 있다. 이를 위해 날마다 좁은 가슴을 찢어 넓히며 영육 간에 어린 영혼들을 품고 씨름하시는 아프리카 선교사님들을 생각할 때 너무나 감사하다. 이들을 위한 기도를 쉬지 말아야지.

이 나이에 선교사? 그것도 아프리카에?

국립공원에서

우리 공동체의 창립 50주년 기념 선교 보고대회와 선교사 수양회 준비를 한창 하고 있을 때였다. 그 기념대회의 열매 중 하나로 선교사들을 위한 쉼과 재충전 센터를 개설하고자 기도하고 있었다. 몇몇 리더들이 적당한 장소를 물색하며 찾아다녔고, 선교사들에게 설문 조사를 보내고 응답을 받기도 하였다. 90% 이상의 선교사들이 이를 간절히 원하고 있었다. 남편이 한국대표직을 이양하고 은퇴를 하게 되면 우리는 선교사 쉼터 사역으로 섬기고자 하는 소원을 갖고 있었다.

그러나 본국의 시니어들 가운데 이를 위한 공감대가 온전하게 이루어지지 않는 것을 보고 이를 접게 되었다. 이 일이 공적인 일이고 대부분의 선교사들이 간절히 원하는 일인데도 그렇게 접게 되어 못

내 아쉬웠다. 이때 남편과 나는 합심하여 많은 기도를 하였다. 기도 중에 누가 먼저라고 할 것 없이 주님은 우리 두 사람에게 은퇴 후에 현장 선교사로 나아가고자 하는 소원을 심어주셨다. 그것도 가장 열악하다고 하는 선교지 아프리카로 나가고자 하는 소원까지도 일치했다.

50주년을 준비하며 거의 1년 동안 아직 선교사가 파송되지 않은 미개척 140개국의 나라 이름과 개요를 프린트하여 모임 때마다 이 나라들에 선교사를 보내어 주시도록 기도했다. 그런데 그 나라들은 거의 아프리카나 중동, 아시아와 남미에 있는 오지 나라들이었다. 우리 부부는 저녁에 합심하여 기도할 때마다 우리 공동체의 모든 멤버들에게 초창기에 가졌던 개척 스피릿과 선교 정신을 회복해 주시도록 기도했다. 이 정신은 '언제 어느 곳이든 하나님께서 원하시면 오직 복음을 들고 하나님만 의지하여 순종함으로' 정신이다.

우리가 아프리카 짐바브웨의 선교사로 짧은 기간 안에 준비하고 나아올 수 있었던 것은 바로 이러한 기도가 쌓였기에 가능한 일이었다. 그러고 보니 우리는 각각 70년대 초, 싱글이었을 때 선교사 후보들이었고, 선교 훈련도 이미 받았던 것이 기억났다. 남편은 미국 유학생 선교사로, 나는 미국 간호사 선교사로…. 그러나 성령님의 방향을 따라 이를 접고 본국에서 대학생 선교의 전임사역자가 되어 지난 40년 동안 캠퍼스에서 제자양성 사역으로 섬기며 많은 선교사들을 세계 곳곳에 파송하고, 또 선교지를 심방하여 선교사 재충전을 돕는 사역에 쓰임을 받았다. 그런데 이 나이에 이제 우리가 직접 선교사로 파송을 받아 나오게 된 것이다. 항상 제자들에게 믿음의 순종을 가르쳐 왔고 또한 선교사로서 쓰임을 받는 것을 최고의 축복이라고 가르쳐 왔던 우리가 이제 이 부르심에 단순히 순종할 차례가 된 것이다. 그리하여 우리도 이 축복의 자리에 동참하게 된 것이다.

그러면 이제 어디로 가야 하는가? 이 역시 지난 1년 동안 기도해 온 대로 아직 우리 선교사가 없는 미개척 오지의 나라가 우리의 선교지가 되는 것으로 자연스럽게 결정되었다. 6대륙 중에서 아프리카, 그리고 우리 선교사가 없고 영어를 쓰는 서너 개 나라 중에 시에라리온이 눈에 들어왔다. 그 나라를 인터넷으로 찾아보니 아프리카 북서쪽에 있는 나이지리아와 가깝고 오랜 내전으로 모든 점에서 너무나 열악한 모습을 하고 있었다. 한국 사람은 한 사람도 없고 바울선교회에서 한 선교사 부부가 선교하다가 귀국했다는 소식을 들었다. 남편은 전화로 50주년 행사를 마친 후 그 선교사 부부와 만나기로 약속했다.

우리는 겁 없이 시에라리온을 선교지로 점찍어 놓고 한 달 후에 있을 50주년 선교보고대회 준비에 전념하였다. 선교보고대회는 은혜와 감동과 비전이 충만한 가운데 끝났다. 그리고 이후에 선교사 목자 수양회가 열렸다. 이 수양회 기간 중에 남편은, 이 수양회를 마치면서 대표직을 위임하고 아프리카 시에라리온에 선교사로 나갈 계획이라는 것을 처음으로 윤 목자에게 이야기했다. 그는 10년간 UK에서 자비량 선교사로 사역하다가 귀국해서 본국 사역으로 섬기고 있었다.

남편의 이야기를 들은 그는 우리가 이 나이에 선교사 한 사람도 없는 시에라리온에 가는 것은 합당치 않은 것 같다고 말했다. 그곳은 너무 열악하여 두세 달 안에 병이 나서 돌아오게 될 것 같으니 일단 선교사 한두 가정이 있는 곳으로 나가면 좋겠다고 조언했다.

그리고 짐바브웨를 추천해 주었다. 당시 짐바브웨의 선교 책임을 맡은 이 선교사는 20년 넘게 쉼 없는 선교사 생활로 많이 탈진된 상태에 있었다. 그래서 우리는 윤 목자의 조언을 받아들이게 되었다.

우리는 출국일인 8월 말까지 3개월의 준비 기간 많은 기도를 하였다. 기도 중에 우리의 선교사로서 새 삶의 방향은 어떤 눈에 보이는 결과보다 예수님을 배우는 것이 되어야 함을 깨달았다. 앞으로 선교사로서 얼마를 살지, 어떻게 살지, 아무것도 결정된 것이 없이 우리는 다만 성령님의 인도하심을 따라 첫걸음을 준비하였다. 그중의 하나가 부지런히 우리 자신을 비우는 작업이었다. 한편으로는 '이 나이에 선교사? 그것도 아프리카에?' 하는 약간의 염려도 있었지만, 우리의 이상과 계획과 생각, 그리고 좋은 경험과 경륜까지도 철저히 비우기를 원하시는 성령님의 뜻을 깨닫고 순종할 때 어린아이와 같은 기쁨과 평강과 설렘을 주셨다.

그런데 하나님은 내게 시편 103편 5절 말씀을 주셨다.

"좋은 것으로 네 소원을 만족하게 하사 네 청춘을 독수리같이 새롭게 하시는도다."

이 말씀은 내 인생에서 가장 좋은 날은 아직 오지 않았다는 메시지를 주었다. 하나님께서 친히 주신 위로의 메시지였다.

남편 68세, 내 나이 63세에 시니어 선교사로서 짐바브웨 하라레 공항에 첫발을 디뎠다. 1개월 여행 비자를 들고서⋯

아름다운 짐바브웨

광복절에 대사관 행사에서 춤추는 학생들

짐바브웨는 아프리카 남부에 위치하여 북쪽으로는 잠비아, 동쪽으로는 모잠비크, 남쪽으로 남아프리카 공화국, 그리고 보츠와나와 국경을 접하고 있는 내륙 국가다. 수도인 하라레가 해발 1,450미터라고 하는데 끝없는 평지다. 나라의 90%가 이 정도의 고지대에 평지를 이루고 있다. 그래서 북쪽 아프리카 나라들과는 달리 기후가 너무 무덥지는 않으면서도 가을 날씨처럼 따뜻하다. 공기도 맑고, 1년에 300일 이상이 화창하다. 대부분의 국토가 경작이 가능한 땅으로서 땅은 비옥하여 농사가 잘되고, 나무도 잘 자란다. 풍부한 지하자원도 갖고 있다. 국토의 크기는 한반도의 1.8배이나 인구는 1200만 정도이다.

짐바브웨는 1년에 몇 모작을 할 수 있어 과거에는 세계 곳곳으로 옥수수, 사탕수수 등을 수출했고, 1980년대 중반까지 '아프리카의 빵 바구니'로 불릴 만큼 부유한 나라였다고 한다. 영국인들은 이 나라의 화창한 날씨와 적당한 고도 때문에 수도 하라레를 아름다운 휴양도시로 만들었다고 한다. 그들이 심은 나무들이 이제는 아름드리나무가 되어 도시 전체가 울창한 숲을 이루어 거대한 정원과 같다. 그 거목들은 대부분 가지각색의 꽃을 피우고, 그 색깔도 밝고 화려하며 원색적이다.

하라레의 주택가는 한국식으로 계산하면 대략 1,000평 정도의 크기의 땅으로 나누어서 그 안에 집을 지었으므로, 거의 모든 집에 수영장이 있고, 테니스 코트가 있는 집들도 많다. 도심으로부터 5-10킬로미터 떨어진 곳에 위성도시를 형성하여 원주민들이 이곳에 살면서 수도로 출퇴근하며 일을 할 수 있는 구조가 되게 하였다. 수도를 벗어나면 원주민들이 사는 집들과 환경이 매우 열악하다. 지방은 아직도 농경사회와 같다. 그러나 좋은 자연환경과 기후 때문인지 사람들의 성품은 대체로 착하고 매우 밝다. 중부와 북부 거친 환경과 기후에 사는 사람들과는 많이 다르다.

짐바브웨는 국민소득은 매우 낮지만 좋은 땅과 기후 때문에 굶어 죽는 사람이 없다고 한다. 온갖 열대 과일들, 망고, 파파야, 아보카도, 바나나는 기본이고, 이름을 알 수 없는 향토 과일들이 풍성하다. 농촌 사람들은 대체로 자기 집 주위에 밭을 일구어 밀, 감자, 토마토 등을 심고, 닭이나 돼지 등 가축을 키우며 생활한다. 그러나 이들에게는 1불도 손에 넣기가 쉽지 않다고 한다.

38년이나 계속된 한 사람 독재도 문제고, 서방세계로부터 고립되어 산업화의 기회를 잃어버려 생필품마저도 대부분 남아공에서 수입을 한다. 짐바브웨 최고 대학인 짐바브웨 국립대학은 한때 아프리카 여러 나라에서 유학을 온 학생들로 붐볐다고 하는데, 지금은 좋은 교수들이 많이 떠나고 유학 오는 학생들이 거의 없어졌다고 한다.

하라레에서 버스로 12시간, 비행기로 2시간 거리에 세계 3대 폭포 중의 하나인 빅토리아 폭포가 있다. 빅토리아 시는 전체가 국립공원으로 지정된 곳이다. 자연 동물원과 같다. 짐바브웨의 유일한 산악 휴양지로 니양가 국립공원이 있고, 국립공원인 풍게와 거대한 인공호수 카리바에서는 야생 코끼리와 원숭이들이 떼를 지어 다니고, 하마, 악어 떼들을 쉽게 볼 수 있다. 이곳에서 한 가지 새롭게 안 사실은 코끼리가 매우 예민하고 성질이 사납다는 것이다. 그래서 종종 숲속에서 코끼리가 튀어나와 길 가던 사람이 코끼리 발에 밟혀 죽기도 한다고 한다. 한 번은 카리바에서 코끼리 떼가 자동차 길을 가로막고 서 있어서 차들이 한참을 기다리다가 결국은 모두 후진하여 되돌아서 다른 길로 숙소를 간 경험도 있다.

우리가 처음 도착했을 때, 위생문제와 에이즈로 인해서 평균 수명이 40세란 이야기를 듣고 깜짝 놀랐다. 인구 중 3분의 1이 에이즈에 걸려 있다는 말이 있다. 씨족사회인 이곳은 학생들이 자주 부모님, 형제, 그리고 먼 친척들의 장례식일지라도 반드시 참석하는 것을 보았다. 여비를 빌려서라도 교통이 불편한 그 먼 길을 가는 것을 보았다.

심성이 착하고 좋지만 변화와 성장, 개척 정신 같은 것은 부족하다고 느꼈다. 무엇보다도 청년 고아들이 많다. 십대 미혼모의 아들, 딸들로 태어나서 할머니나 이모의 손에 자란 아이들도 많다. 경제 능력이 있으면 여러 부인을 두거나 가족들에게 무책임한 아버지로 인해 고통당하는 아내, 자녀들도 많이 만났다.

치안 문제도 심각하다. 모든 집 담벼락에는 전류가 흐르는 펜스가 둘러 있다. 그것도 모자라 사설 보안회사의 보안장치를 설치하고 매달 비용을 내는 집들도 많다. 전기 사정이 좋지 않아 우리가 도착했던 첫해에는 하루에도 10시간씩 전기가 끊기는 일이 자주 있었다. 수돗물도 자주 끊긴다. 병원의 장비들은 열악하다. 문제를 생각하면 끝이 없다. 그러나 이 나라는 매우 아름다운 자연환경과 좋은 기후, 기름진 땅을 갖고 있다. 의식이 있고 국민들을 사랑하며 장래에 대한 비전을 품은 지도자가 필요하다. 이들은 목자 없는 양과 같다. 이들의 아픔과 연약함을 품고 섬길 목자가 필요하다. 니느웨가 그 폭력성과 잔인함으로 소망이 안 보였지만 하나님은 이들이 좌우를 분별하지 못하기 때문에 아끼신다고 하셨다. 하나님은 연약하고, 허물이 많고, 문제가 많은 소자들을 더 아끼신다.

하나님께서 영육 간에 연약하고 문제가 많기 때문에 짐바브웨 사람들을 더욱 사랑하신다는 것을 아는 목자가 필요하다. 그래서 이러한 하나님의 마음과 소망을 소유한 목자를 세워 주시도록 기도하고 있다. 아무리 문제가 많아도 하나님의 눈으로 보면 소망이 있고, 그 소망으로 기도할 수 있다. 이 소망 가운데 한 사람을 섬길 수 있다.

아름다운 공동체 만들기

잠비아 자비량 선교사들

선교역사에서 동역의 문제는 꺼내어 다루기가 쉽지 않은 주제임에 틀림이 없다. 하나님의 역사에 동역의 문제는 어디든지 있다. 동역은 참으로 중요하고, 아름다운 동역은 하나님의 역사에 절대적이며 필수적이다. 본국이든 선교지든, 나이 차이가 많든 적든, 같은 공동체에서 파송되었든지 아니면 다른 공동체에서 파송을 받았든 상관이 없다. 예수님께서 제자들을 전도 여행을 보낼 때도 둘씩 보내셨다. 가룟 유다가 제자 그룹에서 탈락했을 때, 맛디아를 새 동역자로 주셔서 열두 제자의 그릇을 만들어 사도행전의 역사를 이루게 하셨다.

나와 남편은 선교지로 나아갈 때 동역 문제에 대해서 그다지 염려하지 않았다. 현지에 있는 선교사들과 나이 차가 많기도 했고, 우리가 나아가는 목적을 역사를 이루려는 데 두지 않고 다만 예수님을 배우는 데 두었기 때문이다. 그러나 막상 선교지에서 살다 보니 동역의 문제가 대두되었다. 선교사들은 20년 넘게 자비량하며 아프리카에서 사역하고 있고, 우리는 전임사역자로서 40년이란 세월을 본국에서 사역했으니 너무 다른 세계에서 열심을 내어 살았던 것이다.

우리는 선교지에 나오기 전에 민감하게 성령님의 인도하심을 받기 위해서 자기의 계획과 이상과 좋은 경험과 경륜들을 많이 비우고 왔다고 생각했다. 그러나 선교지 현장에서 살아 보니 더 많이 비워지고 깨져야 함을 알게 되었다. 우리의 무의식 속에는 나름의 기준과 선입견과 고정관념 등이 있음을 발견했다. 곧 '선교사는 이래야 하고, 목자는 이래야 하고, 선교사역은 이렇게 섬겨야 한다'는 등의 기준 말이다.

이런 가운데 오해가 오해를 낳고, 서로 실망하고, 상처를 주는 일이 종종 발생했다. 이 나이에 오지에 갑자기 낙하산 떨어지듯 떨어진 것도 적응이 쉽지 않은데 때로는 후배 선교사들로부터 오해를 받게 되니 좀 서럽기도 했다. 그러나 내가 한 가지 간과한 것이 있었다. 내가 나이와 상관없이 이제 막 선교지에 온 영 미셔너리(young missionary)라는 것을 깜빡한 것이다.

하나님께서는 이 문제를 통해서 나와 남편을 실제 삶에서 더 낮추시고 겸손하게 하셨다. 우리가 성령님의 다스리심 가운데 있었기 때문에, 빨리 성령님의 일하시는 방향을 캐치할 수 있었고, 우리를 향하신 성령님의 뜻에 신속하게 부응할 수 있었다. 우리는 아무리 본국에서 오랫동안 하나님의 역사를 섬겼어도 아프리카에 대해서는 무지하다는 것을 인정하게 되었다. 1년, 2년, 3년 학생들과 부대끼고, 여러 가지 일들을 겪으며 시간이 지날수록 학생들의 내면세계를 알 수 없고, 그들의 문화와 의식을 알려면 더 많은 시간이 필요함을 알게 되었다.

선교사님들은 20년이 넘게 때론 성취도 있었지만, 동시에 여러 아픔과 실패와 상처들도 경험했고, 지금도 진행 중이었다. 중요한 것은 학생들을 섬기고 양육하는 과정에서 수많은 상처도 입었지만, 변함없이 자비량하며 그들을 말씀과 사랑으로 섬기고, 매주 주일 메시지를 준비하여 신실하게 예배의 단을 쌓고 있다는 것이었다. 우리는 이를 통해 이 종들이 하나님 편에서 얼마나 존귀하고 위대한 하나님의 종들인가를 알게 되었다. 눈에 보이는 결과나 약점들에 상관없이 선교 동역자들 사이에 서로를 존귀하게 여기는 마음이 동역의 바탕이 되어야 함을 배웠다.

우리는 선배로서 뭔가를 가르치고자 온 것이 아니고, 이들의 격려자요 위로자로 보냄 받았음을 깨닫게 되었다. 그래서 기회가 되는 대로 음식으로, 그리고 칭찬으로 위로하고자 애를 썼다. 그리고 조용히 캠퍼스에서 일대일로 학생들에게 성경을 가르치며 기도하고, 주일에는 자동차로 학생들을 픽업하여 예배에 초청하는 일에 집중하였다.

또 한 가지는 학생들을 돕고 제자 양성하면서 부딪치기 쉬운 것은 서로 한 사람에 대한 관점이 다르고 그 돕는 방법도 다르기 때문에 일어나는 갈등이다. 우리도 이 문제에 부딪혀 잠시 어려움을 겪었다. 우리가 선교사이기 때문에 당연히 제자의 열매를 맺고 그 나라의 주인들로 세우기 위해 많은 기도와 수고를 감당해야 한다. 그러나 자칫하면 그 열매가 우상이 될 수도 있다는 것을 여러 나라의 사례를 통해 알게 되었다. 복음서를 공부하며, 특히 요한복음을 반복하여 공부하는 가운데 양보다 동역자와의 사랑의 관계를 조금 더 중히 여겨야 함을 배웠다. 예수님은 제자들 간에 사랑의 공동체를 이루기 원하시고 반복하여 말씀하셨다. 그리고 그 공동체를 통해 일하기 원하심을 알게 되었다. 그래서 예수님은 반복하여 제자들의 하나 됨을 강조하셨다.

공동체의 하나 됨은 한 공동체의 최고의 덕목인 것 같다. 이는 예수님의 깊은 겸손과 용납하심과 사랑과 믿음을 덧입은 성숙한 자에게 맺히는 열매이기 때문이리라. 그러므로 예수님과 아주 친밀하고도 밀착된 관계가 없이는 순종이 불가능한 일임을 보게 된다.

이처럼 건강하고 사랑이 넘치는 공동체를 통해 양들이 거듭나고 제자훈련을 받고 건강한 제자들로 자라게 되는 것은 당연한 결과이다. 무엇보다도 양들을 거듭나게 하고 자라게 하는 것은 어떤 좋은 방법이나 경험이 아니고 오로지 성령님의 역사로 이루어짐을 깨달을 때 더욱 그러하다. 갈등하고 괴로워하다가도 우리 공동체와 각 개인의 주인이 주님이심을 믿을 때 나의 방법과 생각을 기꺼이 내려놓고 상대방의 방향에 마음을 합할 수 있다. 감사하게도 우리의 관계가 지금까지 아름답게 이어지고 서로 깊이 사랑하고 신뢰하는 관계로 발전했다는 것이다.

본국과 전 세계의 크고 작은 공동체에 오직 예수님이 한가운데 계시고 또한 성령님의 역사를 기대하는 믿음으로 충만하게 되기를 기도한다. 그리하여 모든 경험과 좋은 의견과 방법을 뛰어넘어 성령의 한 그릇, 사랑의 한 그릇을 만들어 가기를 간절히 기도한다. 그래서 지치고 외롭고, 방황하며 쉴 곳을 찾아 헤매는 젊은 영혼들이 끌려 들어갈 수밖에 없는 아름답고 생명력 있는 처소가 되기를 기도한다.

성령님 따라 살기

남아공 이다니엘 미소 시니어 선교사

"성령을 따라 행하라 그리하면 육체의 욕심을 이루지 아니하리라."
(갈 5:16)

나는 오랫동안 목자, 혹은 사모의 삶을 살면서도 성령님에 대해 무지했다. 그럼에도 불구하고 성경 선생으로 쓰임 받는 은혜와 축복을 누렸다. 말씀이 때마다 내게 감동을 주고, 힘을 주고, 사랑을 주고, 소망을 공급해 줌으로 사명 감당이 가능했다. 이렇게 내 안에 들어온 말씀과 내 삶에서 체험된 말씀을 양들과 동역자들과 부지런히 나누었다. 그리고 기도 생활의 특권을 누렸다. 절박한 기도의 응답의 체험은 하나님께서 내 아버지이심을 눈물로 고백하게 했다.

그러나 거기까지였다. 늘 공동체 안에서 일어나는 수많은 일들과 고난들 가운데 항상 노심초사하며 나의 무력함과 허물들이 더 많이 부각됨으로 후회와 책임감으로 참평강을 누리지 못했다. 기쁜 일이 있으면 잠시 기쁘고, 어렵고 슬픈 일이 있으면 금방 낙심되고 염려하고 근심하고, 때로는 하나님께 대한 불신과 원망이 고개를 들기도 했다. 그리고 고아의 심정이 들 때가 많았다.

요한복음 공부 때마다 성령님께서 보혜사로 항상 함께하신다는 예수님의 말씀을 듣지만 다분히 이론적이었고 실제 삶에 적용되지 못하였다. 그 이유가 무엇인지 짐바브웨에 선교사로 나가서야 알게 되었다. 성령님은 인격적인 주의 영으로서 자아가 펄펄 살아 있는 자를 통해서는 일하시지 못하는 것을 알게 되었다. 항상 나와 함께는 하시지만 정작 나는 성령님을 인식하지 못했고, 그러므로 성령님도 활발하게 일하시지 못하셨음을 깨달았다.

책임감, 사명감, 혹은 선한 의지나 진심 같은 선한 것일지라도 그러한 것들이 성령님을 대신할 수 없다. 성령님은 진심으로 마음이 비워지고 가난하고 겸손하여 간절히 사모하고 전폭적으로 의지하는 자를 다스려주시고 인도하심을 알게 되었다. 이 나이에 짐바브웨에 선교사로 나오게 된 것 자체로 충분히 가난하고 외롭고 겸손해진 나는 성령님의 충만한 임재를 소원하게 되었고, 이를 위해서 기도할 때 충만한 임재하심을 느끼게 되었다. 그리고 오직 성령님을 겸손히 의지할 때, 성령님께서 섬세하게 인도하시는 것을 체험하게 되었다. 이것이 선교사가 누리는 제일 큰 축복이 아닌가 싶다.

성령님을 새롭게 공부하며 가장 먼저 들어온 말씀은 '너희를 고아와 같이 버려두지 않겠다'는 약속의 말씀이었다. 이 말씀에서 제자들을 향하신 예수님의 사랑이 절절히 느껴졌다. 그리고 나를 향하신, 고아의 심정을 자주 느끼던 내게 이 말씀은 너무나 큰 위로가 되었다. 항상 내 안에 영으로 계셔서 24시간 도우실 준비를 하고 계시는 성령님이 계시다는 사실 하나만으로 감격이 되었다. 너무나 누추하고 보잘것없는 내 안에 하나님이시며 거룩하신 성령님이 항상 함께하신다는 것은 놀랍고 신비 그 자체로 느껴졌다. 그리고 다음으로 갖게 된 감격은 성령님이 진정한 성경 선생이라는 사실이다. 성령님이 하시는 일이 말씀을 생각나게 하시며 우리를 모든 진리 가운데로 인도하신다고 가르쳐 주셨다.

나는 본국에서 수없이 일대일로, 그리고 그룹으로 말씀을 섬겼다. 그리고 잘 준비된 노트가 있었다. 그래서 많은 경험과 지식으로 스스로를 유능한 성경 선생이라고 자부해 왔다. 그러나 아무리 조리 있는 말과 완벽한 논리로 가르쳐도 아무 일도 일어나지 않을 때가 많았다. 그래서 성경 선생으로서 불의함과 무력감을 느낄 때가 많았다. 때로는 내 힘으로 뭔가 변화를 이루고자 하는 마음이 앞서서 양들이나 동역자들과 신경전을 벌일 때도 있었다. 이러한 목자의 삶은 진정으로 행복하지 못했다.

무엇이 잘못인가? 진정한 성경 선생인 성령님을 철저히 의지하지 않는 무지와 교만이 문제였다. 선교지에서 영어가 짧은 큰 핸디캡도 나를 겸손히 성령님을 의지하게 하는 요인 중 하나가 되었다. 나는 성령님을 진정한 성경 선생으로 영접하게 되었다. 양들의 모든 결과는 다 성령님의 책임이지 나의 소관이 아님을 인정하니 참으로 자유로워졌다. 그동안 성령님이 하실 일을 내가 가로챔으로 월권행위를 많이 한 것이 깨달아졌다. 나는 다만 단순한 믿음으로 말씀만을 섬기고, 양들은 있는 모습 그대로를 사랑함으로 사랑의 관계성을 깊이 맺는 일만 하면 되었다.

내가 지적하고 가르치려 하기보다 성령님께서 양들의 내면에 말씀을 심어주시고 순종하게 해주시도록 기도했다. 혹 양들이 엉뚱한 말을 할지라도 낙심하기보다 언젠가 성령님께서 친히 역사하실 것을 믿음으로 변함없이 사랑할 수 있었다. 성령님을 앞세우니 그때그때 눈에 보이는 말이나 행동을 따라 양들을 판단하지 않게 되고 소망을 두었다 났다 하지 않게 되어 목자의 삶이 자유롭고 행복했다. 양들과 사랑을 나누니 그것으로 족했다.

> "주 예수 그리스도의 은혜와 하나님의 사랑과 성령의 교통하심이 너희 무리와 함께 있을지어다."(고후 13:13)

이 말씀을 통해서 성령님께서 우리에게 가장 원하시는 것은 교통, 교제, 곧 코이노니아임을 알게 되었다. 성령님께서 내 안에 계셔서 나와 24시간 교제를 나누기 원하신다는 것이다. 가끔 문제가 있을 때, 혹 필요한 때만 성령님을 찾고 그 외의 시간들은 다시 자기 세계로 돌아와 자기 힘과 의지와 감정과 계획에 따라 사는 것이 아니라 항상 친밀한 교제를 나누며 삶을 함께 나누기를 원한다는 것이다.

기쁨과 슬픔과 고통, 서러움과 근심과 염려와 불안, 그리고 소망과 사랑을 함께 공유하는 가운데 상담을 받고 위로받고 지혜와 사랑과 힘을 공급하는 친구가 되어 주신다는 것이다. 동역 문제로 마음이 서러울 때 눈물로 나아가서 '성령님! 이 아픔이 제게 필요하니까 주신 것이지요?' 하면 충만한 위로와 함께 이 아픔 가운데 두신 하나님의 뜻을 밝히 보여 주신다.

영의 눈을 열어 내 안의 교만과 자기 의를 보게 하시고 깊이 회개케 하시며 이를 수술하고 계시는 하나님의 선하신 손길을 보게 하신다. 겉으로 상대방을 사랑하는 척하는 것이 아니라 진심으로 귀하게 여기고 하나님의 사랑으로 사랑하는 열매를 맺기 원하시는 하나님의 마음이 보인다. 그리고 적극적으로 이를 순종할 방향과 힘과 사랑과 지혜와 그리고 덤으로 설렘까지도 갖게 하신다.

어느 날 아침에 일어났는데 마음이 왠지 불안하고 답답할 때 성령님께 물으면 그 원인을 알게 하신다. 그것은 대부분 회개 제목으로 돌아온다. 다시 뭔가 눈에 보이는 성과에 매이면 '내가 하는 어설픈 영어 성경공부가 무슨 의미가 있는가?' 낙심되어 하루를 시작하기가 싫어지기 때문이다. 이때 성령님께 묻고 기도하면 어느새 생긴 조급함과 욕심을 발견하게 하시고, 회개를 통해서 내려놓게 하시며, 성령님만을 의지하는 단순한 믿음과 사랑으로 하루를 시작하게 하신다.

학교에 갈 때 언제나 성령님과 대화하며 도우심을 구한다. 항상 마음을 열고 친히 마음과 생각과 감정을 다스려주시고 매일 최선의 길로 인도해 주시도록 의지한다. 이러한 의지적인 연습을 통해서 성령님과 많이 친밀해졌다. 오랫동안 나 홀로 살아온 습관 때문에 성령님과 동행하고 교제하는 의지적인 연습이 필요함을 느낀다. 특히 자아가 강하고 책임감과 의지력이 강한 나로서는 더욱 성령님께 겸손히 모든 것을 맡기고 교제하는 연습이 필요하다.

내 삶의 모든 영역, 말하자면 감정, 의지, 생각, 행동, 언어의 세계 그리고 시공간의 영역까지 모두 성령님이 다스리시도록 내어 주면 그 삶이 곧 성령 충만의 삶으로 이어진다. 수시로 나를 쉽게 지배하는 고질병인 교만, 자기만족, 사람의 인정과 세상 영광을 구하는 육체의 욕심도 당연히 뛰어넘을 수 있게 하신다.

　하나님께서 우리 모임에 너무나 좋은 믿음의 유산들을 주셔서 감사하다. 말씀 사랑, 그리고 말씀대로 살기, 말씀 소감 쓰기, 제자훈련, 자비량을 통한 세계선교 등 셀 수 없이 많다. 그동안 일대일 말씀 공부를 통한 제자양성과 자비량 세계선교에 우리 모임을 귀하게 쓰셨음에 감사하다. 그러나 이제 우리 안에 계시는 성령님을 겸손히 인식하고 의지하고 교제하는 삶을 연습하면 마치 양 날개를 단 것과 같은 큰 은혜를 체험하게 될 것이다. 무엇보다도 우리의 사명의 삶이 기쁘고 행복하고 자유함이 넘치게 될 것이다. 우리 가운데 목자와 목자의 목소리가 부각되기보다 자아가 죽음으로 주님이 드러나고 주님이 영광 받으시는 성숙한 모임으로 더 성장하게 될 것을 바라며 기도한다.

시니어가 된다는 것

시카고 시니어 선교사들과

어느새 우리 부부는 우리 공동체에서 나이가 많은 시니어 자리에 올라와 있다. 많은 후배들을 뒤에 두고 앞서가는 자로서 마땅히 좋은 본을 보여야겠지만 그것이 쉽지는 않다. 우선 공동체의 연약함이 드러날 때마다 그 책임 면에서 결코 자유로울 수가 없다. 그래서 아쉽고 안타까울 때가 종종 있다.

시니어는 계속하여 성장하고 있는 사람이어야 한다. 성장한다는 것은 삶의 푯대가 바뀌는 것이라는 생각이 든다. 젊을 때(60세 이전)는 목자로서 양들을 해산하고 제자로 세우는 능력을 더 많이 갖는 것이 목표였던 것 같다. 그것은 사역자로서 바람직한 목표이기도 하다. 그러나 예수님이 푯대가 되는 것과는 거리가 멀다는 것을 후에 깨달았다. 예수님과 더 친밀해지고, 더 많은 시간을 함께하고, 생각과 사랑을 나누고, 그래서 예수님이 나의 기쁨이 되고 소망이 되고 생명이 되는 것이 예수님이 푯대가 되고 있다는 증거다.

젊을 때는 다분히 예수님 외의 것들이 나의 기쁨이 되었다. 예를 들면, 양육할 대상(양)과의 만남과 성경공부, 그리고 그들의 변화, 온 힘을 다해 준비한 수양회에 많은 사람들이 참석해서 은혜를 받는 것, 이런 것들이 나의 기쁨이 되었다. 그 반대로 어떤 일들이 계획대로 이루어지지 않거나 수고한 만큼 성과가 없으면 마음이 다운되고 여러 불의한 생각들이 마음을 짓눌렀다.

예수님이 푯대가 된다는 것은 눈에 보이는 성과들이 안 일어날지라도, 아니 오히려 더 안 좋은 상황이 발생할지라도, 변함없이 예수님 자신이 위로요 기쁨이요 평강이 되는 것이다. 관건은 평소에 얼마나 예수님이 내 삶의 주로서 나의 중심을 차지하고 있는가이다.

우리가 예수님과 상관없이 예수님의 양들을 먹이고 혹은 여러 복음 사역에 헌신할 수도 있다는 생각이 든다. 자기 이상과 자기만족과 성취감, 혹은 명예를 위해서 얼마든지 헌신할 수 있다. 나도 상당히 오랫동안 이러한 삶을 살았다. 여기에는 진정한 의미의 성장이 없다.

예수님은 마태복음 7장 21-23절에서 분명히 말씀하셨다. 주의 이름으로 귀신을 쫓아내고, 주의 이름으로 선지자 노릇을 하고, 주의 이름으로 많은 권능을 행했다 해도, 예수님과의 인격적인 관계가 없는 사람을 향해서 '도무지 네가 누구인지 모르겠다'고 단호히 말씀하셨다. 혼자 열심을 내고 자기를 불살라 헌신할지라도 이것이 예수님과 상관없는 원맨쇼일 뿐일 수가 있다는 것이다. 참으로 무서운 일이다.

내 삶의 푯대가 예수님 주변 것들이 아니고 오로지 예수님이어야 할 이유가 여기에 있다. 곧 예수님과 아는 사이가 되어야 한다. 많은 것을 희생하고 수고를 했는데도 눈에 보이는 열매가 없을 때, '나의 삶은 뭔가?' 하며 피해의식에 사로잡혀서 불신의 소리를 토해낼 때가 있었다. 그래도 다행인 것은 요즈음은 보이는 성과가 아니고 '내가 예수님 때문에 울고, 예수님 때문에 기뻐하고 있는가?' 스스로에게 질문하곤 한다. 이것은 예수님과의 관계가 조금씩 사실적으로 발전해 가고 있다는 표시다.

여기서부터 진정한 성장, 곧 성숙이 시작되는 것 같다. 예수님을 조금씩 닮아가고 예수님을 더 배우고 더 순수하게, 더 뜨겁게 사랑하고, 동시에 그 가운데 믿음이 함께 자라가는 것이 성숙이라는 생각이 든다. 그런 점에서 과거 열심히 사역을 감당하는 중에 푯대가 분명하게 예수님께로 향해 있지 못하여 알게 모르게 끼쳤을 나쁜 영향을 생각할 때 부끄럽고 안타깝다는 것이다.

한동안 성취 위주의 마인드로 인해 어린 후배들에게 악영향을 끼치고 지금도 그 영향을 받은 후배들이 그렇게 살고 있지 않나 하는 우려도 가끔은 하게 된다. 그래도 선하신 하나님께서 이들을 친히 교정시켜 주시고 예수님과 친밀한 관계 속에서 서로 아는 사이로 성장해 가게 하실 것을 믿으며 마음을 놓는다. 어떤 점에서는 나이가 들수록 눈에 보이는 업적에 더 집착하고, 명예를 더 앞세우게 되는 것 같다. 또 과거의 성취의 경험 때문에 자기주장이 더 강해지는 것 같다. 그러므로 푯대가 되시는 예수님을 잃지 않기 위해서는 아무것도 아님이 되는 투쟁이 두 배로 필요하다.

시니어는 후배들을 가르치는 자가 아니다. 혹 후배와 다툼이 일어날 때 아무리 내 생각과 내 말이 옳다고 생각할지라도 같이 다투는 자가 아니다. 저주고 양보하고 하나님께서 친히 깨닫게 하실 때까지 기다리며 변함없이 사랑하는 자이다. 그냥 예수님을 푯대로 하나님 앞에 서기까지 위를 바라보고 나아가는 자이다. 그래서 그에게서 예수님의 그림자라도 보이고, 예수님의 냄새가 조금이라도 나는 자이다.

그러니 시니어가 되는 것이 얼마나 어려운가? 지금은 어려울지라도 조금씩 달라질 것을 기대하며 한 걸음씩 나아간다. 시니어는 예수님을 푯대로 삼고 예수님을 따르기 위해서 어떻게 몸부림치고 있는가를 보여주는 자이다. 후배들이 스스로 예수님을 푯대로 삼고 예수님을 배우도록 길을 가로막지 않고 길을 비켜주기 위해 자기 이상도 부인하고, 때로 존재 자체도 부인할 수 있는 사람이 시니어다.

간혹 후배를 만나면 나의 인생의 노하우를 진심을 다해 말하는 것보다 조용히 그의 말을 경청하고 위로 한 마디 건네고 기도해 주는 사람이다. 가르치고 훈수를 두고자 하는 마음을 절제하는 것이 시니어에게 가장 크고 어려운 덕목인 것 같다. 자기중심을 벗고 예수님 중심으로 전환된다면 많은 시니어들이 앞장서서 하나님 나라에 이르기까지 성장하며 행진할 것이다. 후배들이 우리 뒷모습만 봐도 괜찮으니까….

선교지에 내린 복

국립공원에서

마태복음의 팔복은 우리가 받을 수 있는 최고의 복이라는 생각이 든다. 세상이 주는 복을 완벽하게 받은 많은 사람들이 진정으로 행복을 누리지 못하는 것을 익히 보고 있기 때문이다. 오히려 더한 목마름으로 더 많은 죄를 짓고 생수를 찾아서 온 세상을 헤매는 모습들을 보기 때문이다.

더구나 세상의 복들은 너무나 한계적이고 일시적이며 그리고 우리의 인생의 길이는 너무나 짧아 행복을 느꼈다 싶으면 종점을 향해 달려가고 있는 자신을 발견하게 된다. 참으로 허무할 뿐이다. 그런데 팔복은 우리에게 참되고 영원한 행복의 비밀을 가르쳐 준다. 나는 짐바브웨에서 이러한 복을 맛보았다. 그래서 종종 그곳이 그립다.

어느 때보다도 완전하지 않지만 비교적 마음이 가난하고 애통하고 목마르고 온유하고 긍휼히 여기며 화평케 한 시절이었다. 외적으로는 슬프고 외롭고 불안하고 목마르고 부담감으로 충만하여 긴장의 연속이었지만 하나님께서 주시는 복들로 인해 진정한 행복과 자유와 평강을 맛본 기간이었다. 만 6년이라는 짧은 기간이었지만 인간적인 계획이나 도피로 나아간 것이 아니라 오직 성령님을 따라 순종하여 나아갔기 때문에 선교사로서 축복과 특권을 많이 누린 것 같다.

먼저는 하나님을 새롭게 만난 복을 누렸다. 하나님께서는 마음이 슬프고 가난한 자를 주목해 보시고 섬세하게 돌보시는 분이심을 체험하였다. 나 자신도 자나 깨나 앉으나 서나 하나님만을 의지할 수밖에 없었다. 그래서 하나님이 마치 곁에 계신 인자한 아버지처럼 느껴졌다. 모든 기도 제목을 기도한 대로 즉시 응답해 주셔서 하나님께서 선교사인 우리를 편애하신다고 자랑하며 다녔다.

곁에서 우리를 보는 선교사님들도 부러워했다. 무엇보다도 나와 깊이 교제하시기 원하시고 조용한 이곳으로 따로 불러주신 하나님의 속마음이 느껴져 기도 때마다 감격이 되어 눈물이 났다. 고목과 같이 된 내가 하나님을 새롭게 만나게 된 것은 복 중의 복이다. 그래서 고목이 보들보들한 새싹과 같은 나무가 되었다. 이는 앞으로 무한히 자랄 수 있다는 증거이기도 하다.

하나님만 계시면 누구든 아무것도 문제 될 것이 없다. 한 가지 토를 달자면 머리로 아는 하나님이 아니고 내 안에 살아 움직이시는 하나님을 말하고 있다. 그래서 지금도 문제 가운데 기도 부탁을 해 오는 동역자들을 위해 이 고난의 때에 가장 큰 복인 하나님을 새롭게 만나게 해 달라고 기도하게 된다. 하나님만 만나면 다 된 것이다.

어떤 위험한 병에 걸렸거나 자녀 문제나 결혼 문제 등 심각한 문제일지라도 하나님께서 내 중심에 계시면 오히려 이 모든 고난이 복으로 전환이 된다. 이 아버지 하나님으로 인해 무시로 기도하며 무엇이든지 섬세하게 아뢰어 기억하지 못할 만큼 많은 응답을 받았다. 마치 숨 쉬듯이 하나님의 사랑과 은혜를 누리게 되었다.

두 번째는 예수님의 성육신의 삶을 조금이라도 배우게 된 복이다. 나를 거듭나게 한 말씀은 요한복음 1장 14절 말씀이다. 하나님 나라 황태자이신 예수님께서 거짓과 위선으로 마음이 굳어져 있고 차갑게 얼어붙은 나의 친구가 되기 위해 이 땅에 오셨다는 사실을 깨달았을 때, 나는 한없이 눈물을 흘렸다. 나의 얼어붙은 마음이 녹아내린 것이다. 예수님께서 어떻게 이렇게 낮아지실 수 있었을까? 그 이유는 단 하나, 죄인들을 사랑하셨기 때문이다.

우리는 한 사람을 사랑하고자 할 때 많은 시간이 걸리고 자기 부인의 많은 투쟁이 필요하다. 그러나 예수님은 처음부터 우리를 아시고 사랑하셨기 때문에 오랜 시간이 필요 없이 곧바로 아무것도 아닌 자처럼 낮아지셨다. 그리고 온 힘을 다해 섬기시고 사랑하시고 결국 십자가에서 죽으셨다.

짐바브웨의 양들을 알아갈수록 사랑하게 되는 것이 아니라 더 사랑하기 어려워졌다. 소망이 잘 보이지 않았다. 거짓과 의존심과 정욕과 깊은 인본주의, 물질주의, 그리고 그 속마음을 알 수 없는 것이 참 어려웠다. 나의 노력으로 할 수 없음을 알고 성육신하신 예수님께 무엇보다도 그 사랑과 소망을 덧입혀 주시도록 기도했다.

나의 진심은 금방 바닥이 났지만 예수님의 소망과 사랑의 눈으로 양들을 보니 소망이 생겼다. 사랑이 생겼다. 그러니 낮아져 인내하며 때로 속아주며 사랑을 지속할 수 있었다. 사랑하면 그 생명을 살리기 위해 낮아지고 손해 볼 수 있다. 사랑치 않으면 져줄 수 없고 소망을 둘 수 없다. 또한 예수님이 나를 그렇게 보신 것처럼 겉을 보기보다 그 이면을 보는 법을 조금 배웠다.

동역자들과의 사이에서도 나이에 상관없이 상대방을 사랑하면 오해도 참을 수 있고 낮아질 수 있음을 배웠다. 마치 엄마가 아들을 사랑하기 때문에 항상 져주는 것과 같다. 이를 통해 많은 부분에서 자유함을 누리게 하셔서 더 감사하다. 예수님의 성육신의 은혜를 조금이라도 흉내 내게 하셔서 감사하다.

셋째는 성령님과 동행하는 삶을 연습하게 된 것이다. 항상 홀로 생각하고 홀로 행동하는 것이 몸에 배여 있고 자기 진심과 열심을 앞세움으로 자기 의와 불의를 오르락내리락하는 삶에서 성령님을 인식하고 함께하는 연습을 하게 된 것은 큰 축복이었다. 특히 사랑하는 마음이 절실히 필요할 때 사랑을 구하면 성령님께서 희한하게 진심에서 우러나오는 사랑의 마음을 부어주심을 체험한 것이다.

항상 나의 진심을 사랑으로 착각하고 열심히 쏟아붓다가 나중에 피해의식에 빠지거나 판단과 함께 그동안 참고 많이 섬겼다는 자기 의에 빠졌었다. 그러면서 나는 사랑이 많은 자라고 착각까지 했다. 그러나 실상은 지독한 자기 사랑에 중독된 자요, 때로 무정 무자비한 나의 속마음이 드러날 때 절망이 되기도 했다. 나에게서는 사랑이 개미 눈곱만큼도 나올 수 없음을 인정해야 했다. 성령님은 주님의 종으로 마땅히 가져야 하는데 가지지 못한 사랑, 소망, 믿음, 겸손, 인내, 온유 등을 위해 겸손히 간구할 때마다 이를 부어주신다.

지금도 성장해야 하는데 막막하고 냉랭하기만 할 뿐 한계에 부딪

힐 때마다 성령님께 도우심을 구한다. 당장 들으시는 것도 있지만 인내로 오랜 시간 기다리며 그릇을 준비해야 할 제목도 있음을 느낀다. 성령님은 인격의 영이며 그 성품이 온유하시다. 결코 강압적이지 않다. 그래서 겸손하고 가난한 마음으로 간절히 사모하며 도우심을 구하는 자에게 임하셔서 다스리시고 인도하시고 교제하시며 또한 필요한 것들을 공급해 주신다. 무언가 나의 목적과 욕심을 이루기 위해 도구로 생각하고 요구하면 결코 관계가 시작될 수 없음을 배웠다. 짧은 선교사의 삶을 사는 동안 너무나 많은 복들을 하늘로부터 부어주심에 감사가 많이 된다. 이 복들이 앞으로 남은 나의 삶에 기초가 되고 길잡이가 되어 능히 나의 마지막 날에 담대히 주님 앞에 서게 할 것을 믿고 안심한다.

갱신 혹은 개혁이란

김 목사 형제의 짐바브웨 방문

마르틴 루터가 종교 개혁을 부르짖을 당시 교황청의 권세는 절대적이었고 하늘을 찌르듯이 막강했다. 모든 것이 하나님의 뜻과 예수 그리스도의 이름으로 행해졌으나 정작 그 안에는 하나님이 없었고 예수님이 없었다. 예수님 당시에도 같은 상황이 전개되었다. 종교 지도자들과 바리새인들과 서기관들은 하나님과 하나님의 율법을 앞세우며 그리고 거기서 나온 전통들을 절대시하였지만 정작 그들 안에 하나님은 없었다. 예수님은 그들을 '회칠한 무덤'이라고 하시며 회개를 촉구하셨지만, 종교적 행위와 전통으로 굳어진 이들은 예수님의 말씀을 들을수록 더욱 완악해졌다. 결국은 그리스도 예수님을 십자가에 못 박도록 내어준 주인공들이 되었다. 참으로 무서운 일이다.

이 두 역사적인 교훈을 통해 교회는 지속적으로 갱신되어야 하고 개혁되어야 함을 배운다. 그러기 위해서는 아무리 좋은 도구나 전통을 가지고 한때 귀히 쓰임 받았다 할지라도 항상 새롭게 하나님 앞에서 두렵고 떨리는 겸손을 가지고 자신을 성찰하며 새 심령과 새 믿음과 새 사랑을 주시도록 엎드려야 함을 배운다. 이 자세는 내가 왕이 아니고 하나님이 우리의 왕이심을 인정하는 한 증거이다. 여기에 갱신, 곧 개혁의 희망이 있다.

우리 모임의 나이가 벌써 57세이다. 이 나이에 걸맞게 우리가, 아니 나 자신이 그만큼 성숙해져 있는가 물을 때 자신이 없다. 초창기 시절, 구원의 은혜 때문에 감격하고 말씀이 주시는 비전과 소망을 인해 흥분하며 너도나도 앞다투어 순종하였던 때가 있었다. 그때 전체 수양회 때 어느 개척지부 사모가 앞에 나와 특송을 했는데, 그 찬송은 "오 거룩하신 주님 그 상하신 머리"였다. 모두가 고난의 주님을 생각하며, 동시에 그가 베푸신 한량없는 은혜로 인해 감격하며 눈물을 흘렸던 기억이 있다. 하나님께서는 이러한 우리의 단순하면서도 순수한 믿음과 주님께 대한 뜨거운 사랑과 순종을 쓰셔서 캠퍼스에서 수많은 제자들을 일으켜 세우셨고, 자비량 선교사들을 일으켜 세우셔서 90여 나라 선교개척을 이루셨다. 이로 인해 우리는 큰 자부심을 가졌었다. 얼마의 세월이 흐른 지금 각 개인과 전체가 새롭게 갱신되고 개혁되기 위한 몸부림과 기도의 싸움이 필요함을 느낀다. 우리가 새롭게 되는 것은 어떤 강력한 구호로 되지 않고 두 배의 열심을 내어도 안 되는 것임을 체험을 통해 알게 되었다. 마르틴 루터는 개혁의 방향으로 "오직 말씀, 오직 믿음, 오직 은혜"로 돌아가자고 외쳤다. 이 외침은 한 마디로 '오직 예수 그리스도'라고 말할 수 있다.

우리가 짐바브웨로 선교사로 나아올 때, 기도 중에 주신 방향이 '예수님을 배우는 삶'이었다. 이 한 가지 방향을 붙든 것만으로 하나님께서는 많은 부분에서 우리를 갱신하게 해주셨다. 이것은 큰 축복이요 은혜였다. 오랫동안 몸에 밴 책임 목자로서의 권위, 혹은 최고 선배로서의 권위를 다 내려놓고 예수님의 한 허물 많은 어린양으로서 애통히 회개하게 하시고 낮아져 품고 섬기는 법을 몸에 익히게 하셨다. 여러 문제가 많고 아픔이 많은 양들을 섬기며 모든 전통적인 방법을 벗고 이들과 사랑의 관계를 맺기 위해서 손해를 보고 속아주고 자존심을 내려놓는 훈련도 받게 하셨다. 전통적인 방법이란 몸에 밴 잘못된 습관과 의식들을 발견할 때 가르치고 책망하고 훈련을 주는 것들이다. 그러나 이곳에서는 이런 것이 잘 통하지 않았다. 어느 단계에서는 이것이 필요하겠지만 적어도 우리의 상황에서는 아직 그런 단계에 이르지 못했었다.

그러므로 모든 경험을 내려놓고 항상 예수님을 의지하여 묻고 답을 구하고 예수님을 배우고자 애쓰게 되고 이를 통해 예수님의 마음과 사랑과 소망을 많이 덧입게 되었다. 무엇보다도 개인적으로 예수님과 더 친밀한 교제를 나눔으로 예수님을 많이 알게 되었다는 것이다. 그리고 예수님을 좀 더 사랑하게 되어 예수님을 사랑함으로 양들을 사랑하고 인내하고 손해를 볼 수 있게 되었다. 이러한 과정을 통해 나의 마음이 새로워졌다는 것이다. 그러자 내가 얼마나 큰 죄인이었고 그 죄들로 인해 여러 분야에서 깊이 병이 들었고 지금도 여전히 죄인인데 이런 나를 어떻게 구원하셨고 동행하시고 치료하셨는지 구석구석 기억하게 되고, 매일 나의 속마음으로부터 구원의 감격이 펌프질하듯 퍼 올려짐을 체험하였다. 지금도 그 작업은 계속되고 있다.

그런 가운데 하나님과 사람을 향해 마음이 더 활짝 열리게 되고 많은 부분에서 고정관념과 편견을 벗게 되었다는 것이다. 또한 목적 지향적인 데서 그냥 사랑하는 관계로 발전했다는 것이다. 동역자들을 사랑하고 양을 사랑하면 결과는 주님이 책임지시고 성령님이 알아서 일하실 것을 믿는 믿음을 주셨다. 이것이 내 안에 일어난 갱신이고 개혁이다. 그래서 갱신, 곧 개혁은 예수 그리스도로 모든 것의 중심이 바뀌는 것이라는 결론을 내렸다. 나의 삶의 중심과 사역의 중심이 예수님을 사랑하고 예수님을 배우고 닮고, 예수님 자신으로 인해 기뻐하고 즐거워하는 것이다. 다시 말하면 내가 옛날에 경험한 예수님에 관하여 지식으로 설명하는 것이 성경 선생의 역할이 아니라 현재 예수님 자신의 생명과 기쁨을 내가 누리며 그 생명과 기쁨과 사랑을 증거하는 삶이 목자의 삶이라는 것이다. 곧 증인 된 삶이다.

그래서 나는 지금도 모든 일에서 하나님을 만나고 예수님의 은혜를 체험하므로 산 증인의 삶을 살게 해 달라고 간절히 기도하고 있다. 우리의 방향은 요한복음 17장의 예수님의 고별기도인 '하나 되게 하소서'이다. 참으로 고무적인 방향이어서 감사를 많이 했다. 그러나 한 걸음 더 들어가서 모임 전반에 대한 깊이 있는 성찰이 필요한 것 같다. 하나님께서 새해를 위해 합당한 말씀과 방향을 주시도록 간절히 기도하고 있다.

> "우리 모임의 주인 되시는 하나님께서 우리 모임을 사랑하셔서 여러 시련을 통해 깨어 기도하는 종들을 많이 일으켜 세워 주시고 기도하게 하셔서 감사합니다. 저희 모임이 새 부대가 되게 하소서. 하나님께서 계속 귀히 쓰시는 그릇이 되게 하소서."

축령산 프라이빗 쉼터

축령산 리트릿홈

때로 하나님께서는 어느 날 갑자기 큰 이벤트를 준비하여 선사하기도 하신다. 내 마음속 깊은 곳의 소원을 아셨다가 생각지도 못했던 때, '짠' 하고 내미신다. 그것은 감동 그 자체이다.

짐바브웨에서 2년마다 장기 체류 비자 연장을 받았다. 만 4년이 지났을 때 이민국은 당연히 받을 것으로 믿었던 장기 체류 비자 연장을 거절했다. 아무런 이유도 설명도 없었다. 서류를 보강해서 제출하고 방학을 맞아 한국에 잠깐 들어왔는데 장기 체류 비자 연장이 거절되었다는 연락을 받았다.

이때가 구정 연휴 기간이었는데, 남편과 나는 경기도 수동에 있는 축령산 부근을 찾게 되었다. 그곳은 우리 공동체의 창립 50주년을 기념하여 공적으로 세우고자 했던 선교사 재충전 센터의 제일 후보 장소가 있던 곳이다. 우리는 이민국의 장기 체류 비자 거절에 우리를 향한 하나님의 다른 계획이 있을 것으로 믿고 기도를 했다. 이때 하나님은 우리에게 사적으로라도 선교사들을 위한 쉼과 재충전의 집을 운영하고자 하는 마음을 주셨다.

우리는 수동에서 선교사 쉼터를 할 수 있는 마음에 딱 맞는 집을 한 번 보고 발견했다. 젊은 사진작가가 신혼집으로 설계하여 지은 집으로 아주 싼 가격에 나와 있었다. 1층에는 방 하나, 욕실 하나, 그리고 전체가 홀로 되어 있고, 2층은 방 세 개와 욕실을 갖춘 집이었다. 우리는 바로 계약을 하고, 다음 날 선교지로 떠났다. 한양공동체에서 우리가 살던 사택을 형제들의 캠프장막으로 사용하기로 하고, 사택 이전비로 중도금을 치러주었다. 그리고 부동산에서 2층은 세로 내주었다. 우리는 여름방학을 맞아 한국에 나와서 남은 잔금을 지불하고 1층으로 이사를 했다.

짐바브웨 국립대학교에서 진행되고 있는 한국어 과정을 갑자기 중단할 수 없어 이후 2년 동안 네 학기를 네 번의 여행 비자로 오가면서 수업을 진행했고, 그 사이에 이페트라 선교사가 온라인으로 한국어교사 3급 자격증을 취득했다. 그리하여 우리는 한국어 과정 수업을 페트라 선교사에게 계승하고 귀국하여 선교사들의 쉼과 재충전을 위한 '축령산 리트릿홈'을 열게 되었다.

바로 집 앞에 축령산에서 발원하여 흐르는 맑은 계곡물이 흐른다. 그리고 집 앞으로 마석역에서 축령산을 오가는 셔틀버스가 다닌다. 길가 1층 언덕을 파서 주차장을 만들었고, 집은 한층 높은 곳에 건축하여 한적하고 조용하다. 집 뒤로는 축령산이 병풍처럼 두르고 있다. 그래서 마치 깊은 숲속에 들어와 있는 것 같다. 하나님께서 친히 예비하신 것이라 위치와 규모와 환경 등 모든 것이 완벽했다.

잔금은 힘들게 지불하였지만 2층 전세금이 빚으로 남아 있었다. 그것은 사실 우리에게 큰 부담이었다. 그런데 아르헨티나의 C선교사 부부가 이를 지원해 주었다. 너무나 뜻밖의 선물에 감사하기도 하고, 사실 쉼터를 운영하는 것에 약간의 고민과 머뭇거림이 있었는데 이 일을 하나님께서 원하시는 것을 확신하게 되었다.

2018년 3월에 '축령산 리트릿홈' 프라이빗 쉼터를 오픈했다. 이때 하나님께서 쉼터의 요절로 시편 84편 7절 말씀을 주셨다.

"그들은 힘을 얻고 더 얻어 나아가 시온에서 하나님 앞에 각기 나타나리이다."

이곳에서 참쉼을 얻고 힘을 얻어 각자의 사역지로 돌아가 하나님 앞에서 섬기게 하신다는 적절한 말씀을 주신 것이다. 지난 6년 동안 550여 명의 선교사, 목자들이 이곳을 방문하여 쉼을 얻고 사랑의 교제를 나눌 수 있었다.

우리는 20분 거리에 있는 마석의 5일장에서 장을 봐다가 즐겁게 손님들을 섬기고 있다. 시간이 날 때 밑반찬을 준비해 놓고 주로 남편이 숯불구이를 섬기니 섬김에 큰 부담이 없는 것 같다.

그래도 젊은 선교사들은 선배인 우리들의 섬김을 받는 것이 부담이 될 것 같다. 그러나 오시는 대부분 손님들은 나이에 관계 없이 많은 수다를 떨고 교제의 기쁨을 맛본다. 혹은 필요에 따라 말씀 공부를 하고, 나라와 모임과 여러 기도 제목을 가지고 합심하여 기도한다. 중보기도 사역이 우리 사명 중 중요한 부분이다. 그리고 축령

머더 배리, 그레이스 리 선교사님들과

산을 산책하거나 주위에 있는 유명한 수목원들을 방문하여 좋은 교제의 시간을 가진다. 거실에는 빔 프로젝트와 스크린이 설치된 영화관, 탁구대가 있고, 도서실 책장에는 다양한 책들이 준비되어 있다.

우리는 이 쉼터를 시작할 때 앞으로 10년간 이 일을 할 수 있도록 하나님께 기도했고, 지금도 기도하고 있다. 그때가 되면 남편은 85세가 되고, 나는 80세가 된다. 우리의 생애 황혼기를 이 쉼터를 통해서 주고, 나누고, 베푸는 삶을 살게 하시는 주님께 무한 감사를 드린다.

우리 모임의 개척자들은 '이 땅에서 열심히 주님의 일을 하고 쉬는 것은 천국에 가서 하자'라는 정신으로 달려왔다. 전임사역자들도 안식년이 없이 달린다. 선교지의 선교사들은 거의 모두가 자비량하며 선교를 하고 있다. 그러나 이들은 지원을 받는 선교사들 못지않게 선교사로서의 부르심이 분명하고 4중의 십자가를 지며 충성하고 있다.

본국의 여러 분야에서 자비량하며 섬기는 사역자(평신도)들도 마찬가지로 목자로서 부르심이 절대적이기 때문에 개인의 스케줄을 따라 살기보다 하나님의 역사에 맞추어 사느라 제대로 된 휴가를 가지 못한다. 나는 때로 아프고 탈진된 사모나 선교사들에게 책망조로 '쉼을 편히 가지지 못하는 것은 병이다'라고 말하지만 속으로는 이렇게 훌륭한 종들이 어디 있을까 생각한다.

사역자들은 잠시 쉴 줄도 알아야 한다. 하나님께서 필요하셔서 우리에게 쉼터를 운영할 마음을 주시고 작은 처소를 예비해 주셨다. 그것도 6년의 선교 현장을 경험한 후에 말이다. 하나님의 계획은 완벽함을 느낀다. 우리가 낮은 자리에서 그들을 깊이 알고 이해하고 높이도록 기회를 주신 것이다. 그리고 지금 이들의 위로자로 쓰시고 계신다.

우리 부부의 남은 삶 동안, 이 쉼터 사역을 마지막 사명으로 알고 섬기며 중보기도의 노동을 감당함으로 하나님의 세계 구원 역사를 위해 한 모퉁이에서 쓰임 받기를 기도한다.

사명이 있는 것은 참으로 행복한 일이다. 그것이 보이지 않는 기도의 사역이든, 섬김의 사역이든 각자 은사를 따라 하나님께서 주시는 대로 순종하면 가장 의미가 있을 것이다. 이 역시 하나님께서 건강과 성령 충만함과 모든 것에 은혜를 주셔야 가능하다. 오늘도 겸손히 하나님의 은혜를 구한다.

나의 가족

이사무엘 목자 가족

이현정(사무엘) 선교사가 나의 남편이다. 첫인상이 완벽하고 딱딱하게 느껴져 나의 이상형과는 거리가 멀었다. 그러나 그는 나의 개인 영어 선생이었다. 영어 공부를 끝나고 합심해서 기도할 때마다 일생동안 옥희 자매를 섬기는 은혜를 달라고 기도하는 것을 듣고 한 달 만에 그의 겸손한 모습에 마음을 열었다. 그는 인내심이 많고 무엇보다도 온유한 성품을 가졌다.

대신 나는 아버지를 닮아 급하고 혈기가 많다. 하나님께서는 이런 나를 아시고 치료까지 고려해서 그를 나의 배필이 되게 하셨다. 처음에는 몰랐지만, 하나님은 선하시고 완벽하신 분이심을 인정하고 감사하고 있다. 때마다 남편은 나의 약점을 온유로 감당해 주셨다. 이 온유의 조건이 내 결혼에 가장 우선순위가 되어야 했는데, 하나님께서 이를 미리 아신 것이다. 그러나 나는 동역을 잘하겠다는 미명하에 남편을 푸시하며 많이 괴롭게 해드렸다. 그래도 하나님께서 우리 사이에 계시기 때문에 늘 회개하며 다시 연합하기를 반복하며 조금씩 변화 성장하며 지난 52년 동안 함께 사명의 길을 달려올 수 있었다.

하나님께서 우리 가정에 두 아들, 사무엘과 마가를 주셨다. 우리 모임의 초창기에 각 캠퍼스를 개척할 때 우리는 어쩔 수 없이 자녀들을 잘 돌보지 못했다. 에스더 선교사가 싱글 때부터 이들을 감당해서 많은 도움을 받았지만, 이들에게 부모의 섬세한 사랑과 돌봄은 부족했다. 개척기 역사를 핑계 대지만 그것은 사실 핑계에 불과하다. 심성이 착한 아들들이 고등학교 때까지는 잘 따라온 것처럼 보였지만 대학 때부터 자기 하나님을 만나지 못함으로 방황을 많이 하고 반발심을 드러냈다. 특히 큰아들 사무엘의 경우 날카롭고 예술가적인 예민한 성품으로 그 방황과 고통이 더 심했다.

나는 '다만 10년 만이라도 뒤로 되돌릴 수 있다면…' 하는 후회와 회한으로 너무나 고통스러웠다. 그런 가운데 하나님께 무릎을 꿇었다. 하나님의 역사를 핑계로 사실은 이기심과 게으름으로 이들을 방치하고 대신 높은 수준을 갖고 요구하고 책망하는 마음이 많았음을 매일 눈물로 회개하였다. 나의 사랑 없음과 욕심을 중점적으로 회개하며 하나님의 긍휼을 간절히 구했다. 하나님께서 이 기도를 들으시고 이들이 각각 눈물로 회개하고 거듭나 하나님께로 돌아오는 은혜의 역사를 이루셨다. 그뿐만 아니라 이들의 결혼을 위한 간절한 기도를 들으시고 믿음의 여인, 혜진과 은정 레베카를 보내셔서

이마가 선교사 가족

믿음의 가정교회들을 이루게 하셨다.

사실 이들의 결혼 과정에도 많은 믿음의 스토리가 있다. 결론적으로 하나님은 날카롭고 예민한 큰아들, 사무엘을 위해 무조건적인 사랑을 가지고 이해하고 품는 혜진이를 보내어 주셨다. 여러 훈련과 연단과정에서도 이들은 두 딸 안나(고2)와 마리(중2)와 함께 변함없는 사랑을 과시하고 있다. 이들은 세종지부에서 자비량하며 헌신하고 있다.

캐나다에 있는 마가와 은정 레베카는 자비량 선교사 가정이다. 마가는 천천히 결단하고 삶을 잘 즐기는 편이다. 그러나 은정 레베카는 똑 부러지고 결단과 행동이 빠르다. 이들의 두 아들 다니엘(고2), 요엘(중2)과 딸 새론(초6)이는 밝고 건강하게 잘 자라고 있다. 그런 면에서 두 가정의 부부는 서로 부족한 부분이 잘 보완되어 서로 믿음의 성장과 사명을 격려하는 동역자들이다. 우리가 짐바브웨에 있는 동안 두 며느리는 부지런히 위로와 힘이 되는 편지(이메일)를 보내왔었다. 여기서 며느리들의 편지를 일부 소개한다.

사랑하는 아버지, 어머니

중략…

저는 신년 초에 눈물의 새벽기도를 3년이나 드린 한 사모님의 일화와 열왕기하 2장 말씀으로 하나님의 소원을 이루고자 하는 분명하고도 열정적인 방향을 붙드는 은혜가 있었습니다. 매일 새벽 창조주 하나님과 구원의 주 예수님을 깊이 만나는 은혜를 누리게 되면서, 기도로 일하는 목자로 살고자 투쟁하게 되었습니다.

미명에 무릎을 꿇고 머리를 숙이고 눈을 감고 나서야 저를 비롯한 모든 인간의 실존이 실감되어, 회개와 중보기도의 단을 충실히 쌓을 수 있었습니다. 또 모든 것을 다 아시는 주님으로부터 참위로를 받고, 참소망과 비전까지도 친히 보여주심으로 주님 안에서 참 행복한 목자임을 느꼈습니다. 사무엘 목자님(남편)이 돌아오면서 다시 새벽기도에 온 힘을 다하고자 합니다. 제게 맡겨주신 십자가들을 감사로, 성령 충만으로 감당하길 기도합니다.

마리는 가르치지도 않았는데, 교회에서 '할아버지 할머니 어디 가셨냐?'고 묻는 질문에 '아프리카'로 대답해서 정말 깜짝 놀랐습니다. 클수록 더 사랑이 많고, 유머가 넘치고, 온유한 마리로 인해 날마다 감사가 됩니다.

안나는 활동이 많은 유치원에 입학하면서 날마다 활기차고 즐거운 6살 언니의 생활을 하고 있습니다. 요즘은 부쩍 하늘나라나 하나님에 대해 묻는 질문이 많아졌습니다. 며칠 전에는 왜 하나님이 계시는데 아

픈 사람이 있냐고 물었습니다. ^^

안나 1:1 말씀공부를 사무엘 목자님이 감당하는 것도 기도제목 가운데 하나입니다. 부모님이 계신 잠시 동안 말씀과 기도로 섬겨주셔서 부족한 종에게 큰 힘이 되었습니다. ^^ 육신의 질고로 누워 계셨던 것을 생각할 때 마음이 많이 아팠습니다. 새로운 십자가들을 감당하실 것을 생각할 때도 마음이 무거웠습니다. 주님께서 두 분께 필요한 강건함과 성령 충만함을 허락해 주시길 기도합니다. 짐바브웨 캠퍼스 양들과 선교사님들을 섬기시고도 남을 영적인 권세와 사랑을 허락해 주시길 기도합니다.^^ 안녕히 계세요.

혜진이 드림

사랑하는 어머니~ 생신 축하드려요~

아까 전화를 했는데 통화가 안 되었어요. 이런 날 함께 못하는 것이 아쉬워요~ 수양회는 은혜로웠어요. '양과 목자'라는 타이틀처럼 말씀들이 모두 그와 연관된 말씀들로 예수님이 우리의 선한 목자이신 것이 마음 깊이 다가왔어요. 저는 예수님의 십자가 앞에 모든 죄 짐을 내려놓고 죄 사함의 은혜를 누리게 되었어요. 하나님의 주권보다 사람과 상황이나 단체를 바라보고 불신하는 죄, 하나님의 영광보다 사람의 행복을 앞세우는 인본주의와 자기중심성, 자기 본위의 삶 등을 회개할 때 정죄치 않으시고 깨끗하게 하시는 예수님의 은혜를 맛보게 되었어요.

사명이 힘들고 부담스럽게 여겨질 때가 많았는데 죄의 짐을 내려놓고 십자가를 지는 삶으로 인도하신 것이 다만 은혜인 것을 다시금 깨달았어요. 다른 사람의 죄를 지고 가는 것이 얼마나 아름다운 일인지, 또 자기 죄를 주님께 맡길 때에만 목자로 살 수 있음을 알게 되었어요. 주와 복음을 위해 가장 귀하게 여기는 목숨, 가족, 시간, 인생을 잃어버림으로 진정 생명을 누리는 삶을 살기를 방향 잡게 되었어요. 제가 양들의 목자로 살 수 있기를 기도해요.

(중략)

지난주에는 몸도 안 좋은데 아이들이 말을 안 들을 때는 너무 힘들어서 정말 어디론가 도망가고 싶었는데, 겟세마네 예수님의 기도를 생각하면서 십자가를 겨우겨우 감당했어요. 그러면서 생각한 게 나무가 나이테가 생기는 것처럼 자기 죽음을 통해서 나이테가 생기고 성장하는 것 같다는 생각을 했어요. 단순히 나이가 먹는다고 성장하는 게 아니니까, 십자가를 지고 고난받는 것이 은혜인 것 같아요. 다행히 이번 주는 마가 목자님(남편) 직장도 좀 나아지고 저도 건강이 회복되어 정상 궤도로 돌아왔어요. 모든 것이 감사할 뿐이에요.

은정 레베카 드림

하나님은 눈물의 회개를 기뻐 받으심을 배웠다. 그리고 남편과 자녀들을 위한 한 맺힌 기도를 기뻐하시고 응답하심을 체험했다. 신실하시고 긍휼이 많으신 하나님께 감사를 드린다.

나의 인생 이야기

유럽 선교사가 된 자매들과

나는 1949년 전남 순천의 한 크리스천 가정에서, 위로 세 오빠와 아래로 여동생을 두고 장녀로 태어났다. 아버지는 조선대 법대 1회 출신으로, 경찰, 고등학교 교사, 나중에는 간호 고등학교를 설립하여 교감으로 일하셨다. 성격이 급하고 폭력적이어서 사흘에 한 번씩 밥상과 칼과 가위가 날아갔다.

자주 출장을 가시고 가끔 집에 오셔서 친구들과 마작을 하고 잔치를 벌였다. 그때마다 동생과 나는 색동옷을 입고 노들강변 춤을 추었다. 도립병원 관사에서 사는 동안 넓은 잔디밭이 우리 형제들의 신나는 놀이터가 되었다. 어머니는 모든 아픔을 믿음의 기도로 견디시고 많은 이웃과 친척들과 교회분들을 섬기심으로 우리 집은 항상 사람들로 북적였다.

초등학교 5학년 때 4.19가 나고 아버지는 서울로 가셔서 10년 이상 집에 오시지 않음으로 우리는 극심한 가난에 시달렸다. 어머니는 미국 선교사 집에서 가정부로 중노동을 하셔야만 했다. 지금 세브란스의 인요한 박사님과 그 형제들을 모두 어머니가 돌보셨다.

나는 초등학교를 졸업한 후에 중학교에 진학하지 못하고 1년을 쉬면서 매일 점심에 극빈자들에게 나눠주는 옥수수죽을 타기 위해 냄비를 들고 일부러 좁은 골목길을 돌아 급식소를 갔다 왔다 했다. 참으로 슬프고 비참한 시절이었다. 나는 2년 만에 검정고시로 중학 과정을 마치고 인문 고등학교에 들어갔는데, 학기마다 수업료를 내지 못해 늘 교무실에 불려가야 했다. 매일 방과 후에 교회로 달려가 눈물을 흘리며 하나님께 나의 슬픔을 토로했다. 그리고 3년 동안 학비와 기숙사비가 없는 전주 예수병원 간호대학에 합격하게 하시면 일생 하나님을 섬기겠다고 눈물로 서원 기도를 하였다.

하나님의 은혜로 높은 경쟁률을 뚫고 합격하였지만, 나는 곧바로 서원 기도를 잊어버렸다. 2학년 때는 1학년이 투표하여 뽑은 그해의 나이팅게일이 되어 가관식 때 후배들에게 촛불을 붙여 주는 영광을 얻었지만, 실제 나의 내면은 어둡고 무의미하고 목말랐다.

졸업 후에 광주 기독병원 수술실에서 1년을 근무하고 미국 이민 수속을 위해 서울 국립의료원 수술실로 옮겼다. 광주 기독병원 의사였던 전요한 목자님의 소개로 서울 종로 5가에 위치한 대학생성경읽기선교회의 예배에 참석하였는데, 다른 교회와는 달리, 마치 군부대에 온 것 같았다. 교회에서는 '아—멘' 하는데, 이곳에서는 '아멘!' 하여 나는 너무 무서워서 그날로 발을 끊었다.

나는 세계 문학 전집과 함께 닥치는 대로 책을 읽으며 책 속에서

종로3부 여름수양회

삶의 모델을 찾고자 하였고, 《바람과 함께 사라지다》를 읽으며 주인공 스칼렛보다 고상하고 헌신적인 멜라니의 인생을 사모하였다. 그러나 기숙사 간호사들의 부도덕한 생활을 보며 판단과 동시에 가치관의 혼돈이 생겼고, '어떤 상황 속에서는 어쩔 수 없지 않는가?' 하는 상황 윤리에 빠지게 되었다. 나는 24시간 두통과 불면증으로 매일 수면제를 먹어야 잠을 잘 수 있었다. 나는 고상하게 살고 싶었지만 다른 사람과 다름없이 속물인 자신, 그리고 불신과 미움과 냉소적인 마음으로 인해 고통하며 자학했다.

대학생성경읽기선교회와 국립의료원이 가까운 관계로 목자님들이 줄기차게 심방 오셨는데 나는 기숙사 문도 열어주지 않고 '제발 날 그냥 내버려 두세요' 하며 밀쳐냈다. '당신들이 나에 대하여 뭣을 알아?' 하는 심정이었다. 나는 교만과 고집으로 도저히 소망을 두기 힘든 양이었다. 그러나 하나님은 나를 내버려 두지 않으셨다. 하나님께서는 내가 드린 서원을 기억하시고 한 치의 오차도 없이 정확하게 내 생을 인도하고 계셨다. 한 대학 선배가 매일 퇴근 시간에 맞추어 나의 기숙사 방에서 기다렸다가 건물 옥상으로 데려가 일주일간 창세기 6강까지를 강제로 일대일로 가르쳤다.

나는 바로 그 주일날부터 내 발로 예배에 나가기 시작했다. 나의 소원은 "단 몇 분 만이라도 평강을 누릴 수 있다면…"이었는데, 나의 심령에 강 같은 평강이 임하고 잠도 잘 잘 수 있게 되었다. 창세기를 통하여 하나님에 대한 오해가 풀린 것 하나로 내 속에 평강이 찾아온 것이다. 인과응보의 하나님께 대한 두려움을 넘어 반발심으로 충만했던 내가 평범한 자들을 인격적으로 찾아오시고 만나 주시는 하나님을 알게 된 것이다. 나는 은혜에 취하여 고등학교, 대학교 동창들을 계속하여 종로 모임에 데려갔다. 그러나 나는 그 당시에는 죄 사함을 주시는 예수님을 만나지는 못했다.

1972년 11월 말에 광주에 책임자로 내려가신 이현정(사무엘)과 가정을 이루었다. 나는 24살 어린 나이에 사모로서 준비되지 않는 가운데 광주에 내려가게 되었다. 부엌에서 항상 찾아오는 학생들을 위해 상을 차리는 것부터 힘들고, 누구 하나 "사모님, 식사하세요." 말하는 이가 없어 슬프고 지친 마음에 밤에는 자주 울었다. 결국 석 달 만에 큰 트렁크에 짐을 싸서 들고, 이미 미국 이민 비자가 나와 있었기 때문에 선교사로 가겠다며 서울로 올라왔다. 이를 보신 고(故) 사무엘 선교사님은 크게 놀라시고, 여러 권면의 말씀으로 도와주셨지만 효과가 없었다.

드디어 선교사 후보 13명이 살고 있는 종암 아파트에서 식순이 훈련이 시작되었다. 같은 또래의 선교사 후보들을 위해 새벽 4시부터 밤중까지 도시락 싸고 빨래하며 뼈 빠지게 일했다. 나는 너무나 자존심이 상해서 2주간 동안이나 밥이 한 톨도 목에 넘어가지 않았고 눈물만 흘렸다.

어느 날 배사라 선교사님이 심방 오셔서 요한복음 9장 3절 말씀을 주셨다. 날 때부터 소경 된 사람의 불행이 누구의 죄도 아니고, 그에게서 하나님의 하시는 일을 나타내고자 하신다는 예수님의 말씀이 내게 소망을 주었다. 이후 바로 요한복음이 일용할 양식 말씀으로 시작되었는데, 나는 너무 갈급한 나머지 한 절 한 절에 대해 1페이지씩 소감을 썼다. 그러던 중에 1장 14절 말씀이 나의 심령을 강하게 때렸다.

> "말씀이 육신이 되어 우리 가운데 거하시매 우리가 그 영광을 보니 아버지의 독생자의 영광이요 은혜와 진리가 충만하더라."

흠도 점도 없으신 하나님의 황태자 예수님이 나의 친구가 되시기 위해 육신으로 낮아져 오신 사랑 앞에, 굳게 닫힌 마음이 열리고 녹아내렸다.

나는 더 이상 자존심을 내세우며 겉만 고상한 척하며 거짓되게 살지 않아도 되었다. 나는 처음으로 진실되게 자신이 얼마나 춥고 외롭고 목마른 자인가 인정하게 되었다. 또한 내가 일생 동안 주님의 종들의 식순이로 섬길 수 있는, 이것이 얼마나 큰 특권인가 절절히 깨닫게 되었다. 상황은 변하지 않았는데 일순간에 지옥이 천국으로 변했다. 나는 기쁨과 정성으로 선교사 후보들의 식사를 섬겼다. 이렇게 말씀을 통한 성령의 역사로 거듭나게 되고 새 삶이 시작되었다.

1978년부터 시작된 한양대 개척 6년 동안, 학생들이 1학년 때부터 거듭나고 제자로 세움을 받는 풍성한 말씀 역사에 쓰임 받는 축복을 누렸다. 한양대생이 한 명도 없는 가운데 개척을 시작했는데 예배가 70명대로 늘어났다. 남편은 버스에서 한양대생 배지(badge)를 단 학생들만 보아도 아들과 같아 너무나 사랑스러웠다고 하셨다. 그러나 1984년 5월 뜻밖의 목장 이동 명령은 큰 충격이었다. 6년 동안 한양대 개척에 올인하였기 때문에 짧은 시간이었음에도 마치 딛고 있던 땅이 꺼지는 것 같았다. 우리는 예수님께서 가르쳐 주신 기도 중에 '이름이 거룩히 여김을 받으시오며, 나라이 임하옵시며' 말씀을 붙들고 새로운 목장으로 나아갔다.

새로운 사역지인 종로 3부에서 적응하고 순종하느라 40대가 어떻게 지나갔는지 모른다. 그곳에서 남편은 본부 일에 동역하면서 캠퍼스 복음 역사를 섬겨야 했다. 그리고 한 캠퍼스 선교에 집중하는 것이 아니라 성균관대, 시립대, 외대, 경희대, 서울대, 적십자 간호대, 서강대 등 거의 20개 캠퍼스의 학생들을 섬겨야 했다. 그곳에서 새롭게 창세기를 더 깊이 공부하는 기회를 가졌다. 창세기를 통해 비전의 하나님, 역사의 하나님을 만나고 나의 세계관이 달라졌다. 그 가운데 창세기 17장 16절 말씀을 인격적으로 받게 되었다.

> "내가 그에게 복을 주어 그가 네게 아들을 낳아 주게 하며 내가 그에게 복을 주어 그를 여러 민족의 어머니가 되게 하리니 민족의 여러 왕이 그에게서 나리라."

한양선교센터 봉헌

말씀을 통해서 열국의 어미로의 부르심을 깊이 영접하게 되었다.

당시 인생 문제가 깊은 여러 자매들을 섬기고 있었는데, 이들을 어떻게 섬겨야 할지 몰라 기도를 많이 하였다. 기도 중에 이들을 열국의 어미로 키우시는 소망의 하나님을 보게 되고, 마음으로 이들을 사랑하게 되었다. 결국 이들을 통해 유럽의 여러 나라들이 개척되었고 (헝가리, 스위스, 덴마크, 아일랜드, 이스라엘, 폴란드), 미국과 남미의 몇 지부가 개척되었다. 몇 사람은 본국에서 전임 사역자들의 사모가 되었다.

11년 만에 또다시 어려운 문제로 앓고 있는 한양지부로 사역지를 이동하게 되었다. 사역지를 옮길 때마다 남편과 나는 많은 투쟁을 해야 했다. 우리는 이미 종로 3부의 학생들의 목자가 되어 있었다. 그 의미는 목자와 양의 관계가 형성되어 서로를 알고 사랑하는 관계가 되었다는 뜻이다. 우리는 다시 모든 것을 내려놓고 마가복음

10장 45절 말씀을 붙들고 이동에 순종할 수 있었다.

"인자의 온 것은 섬김을 받으려 함이 아니라 도리어 섬기려 하고 자기 목숨을 많은 사람의 대속물로 주려 함이니라."

그곳에 가서 여러 어려움을 겪으며 개인적으로나 전체적으로 자만심과 자기 의와 낡은 가죽 부대와 같이 된 내면을 채찍질하시는 하나님의 손길을 느꼈다. 2006년에서 2011년까지 남편은 한국대표직을 맡으면서 동시에 한양지부도 섬기게 되었다. 지나놓고 보니 너무 준비 없이 큰 직분을 맡게 되어 남편과 나에게 아직도 아쉬운 마음과 죄송한 마음이 남아있다. 그동안 우리는 한양지부를 위해 합당한 후계자를 세워 주시도록 기도해 왔다. 그런데 중국에서 10년 동안 선교사로 충성하다가 추방된 김모세, 사라 선교사가 고향인 한양지부로 돌아오게 되었다. 그들은 우리가 한양 개척 때 한양대 경영학과, 국문학과생으로 불신자에서 말씀 공부로 거듭나 훌륭한 선교사요 제자로 성장한 종들이다. 2010년 우리는 하나님의 뜻임을 확신하고 이들에게 한양지부의 책임을 위임했다. 처음에는 너무나 다른 사역 스타일로 어려움이 조금 있었다. 그러나 나는 찾아오는 멤버들에게 권면했다. "누구에게나 치명적인 장점, 그리고 약점이 있다. 하나님은 주의 종의 장점을 쓰신다. 지금은 책임 목자가 가진 그 장점과 은사가 필요한 때이다. 주의 종에 대한 불신이 생기면 먼저 나의 신앙 성장이 막힌다. 하나님의 주권을 인정하고 겸손히 마음을 합하라."

우리가 짐바브웨로 떠나게 된 것도 감사한 일이고, 그리고 돌아와서도 한양지부에서 멀리 떨어져 독립적인 사명을 감당하게 된 것도 감사한 일이다. 적지 않은 사역의 규모에서 크고 작은 일들을 겪으며 책임자와 멤버들이 엎치락뒤치락하며 성장하게 되고, 깊은 사랑의 관계가 형성되어 감을 멀리서나마 보게 되어 감사하다. 감사하게도 한양지부는 책임목자 위임 15년이 지난 지금 가장 사랑이 풍성하고 건강한 공동체를 이루고 있다.

어머니가 돌아가신 후 나는 친정아버지를 8년 동안 우리 집에서 모시고 살았다. 아버지는 공무원을 퇴직하신 후 어머니의 압력으로 60이 넘은 나이에 순복음신학교에 들어가셨다. 그리고 목사가 되어 개척교회를 섬기시고 10년이 넘게 교도소를 돌며 재소자들을 섬기셨다. 오랫동안 그 혈기가 빠지지 않았지만 그래도 우리 집에 거하시는 동안 91세에 소천하시기까지 마치 성자와 같이 변화되어 아름답게 천국으로 입성하셨다. 아버지를 섬길 수 있는 기회를 가진 것이 감사 제목이면서도 그러나 적극 사랑을 표현하지 못한 것이 못내 아쉽다.

거칠고 원망과 쓴 뿌리가 많은 내 인생에 하나님께서 인격적으로 찾아오셨다. 성경 말씀으로, 남편을 통해서, 그리고 많은 동역자들의 사랑을 통해서 나를 찾아오셨다. 무엇보다도 지금도 계속되고 있지만 지난 40년 동안 한 주도 빠지지 않고 한 편의 말씀 소감을 쓴 것이 지금의 나를 만들었다. 말씀 소감 쓰기란 그 주에 공부한 성경 본문을 내면화하는 작업이다. 본문 말씀을 깊이 묵상하고, 기도하며 생각하고, 헤아림으로 본문에 나타난 하나님의 사랑과 뜻과 비전과 계획을 나의 것으로 영접하고 나의 삶에 적용하는 작업이다. 여기에 회개와 결단과 감사가 따른다.

이런 과정을 통해서 불신자로 이제 막 거듭난 양일지라도 말씀을 통한 가치관, 세계관, 인간관, 물질관, 결혼관들이 성경적으로 바뀌어진다. 평신도들이 자비량 선교사로 헌신할 수 있는 비결이 여기에 있다. 나의 경우 매주 소감 쓰기를 통해서 현재적인 적용뿐 아니라 과거에 받은 상처로 인한 불신, 미움, 혈기, 열등감, 비교의식, 시기심 등 내면 구석구석의 죄와 병든 것들을 말씀으로 치료받는 은혜를 입었다. 하나님의 은혜로 건강한 하나님의 딸로 자라게 하셨다. 그리고 평생을 한국과 짐바브웨에서, 그리고 2천 명이 넘는 자비량 선교사들을 섬기기 위해 기회를 주시는 대로 선교지 심방과 말씀 섬김으로 하나님의 구원 역사에 동참하며 예수님을 배우는 삶을 살게 하셨다.

내 인생을 돌아볼 때 모든 것이 주님의 은혜다. 나의 나 된 것이 다 하나님의 은혜다. 나의 사랑하는 성 삼위 하나님 아버지께 경배와 감사와 찬송과 영광을 드린다.

"내가 그에게 복을 주어 그가 네게 아들을 낳아주게 하며 내가 그에게 복을 주어 그를 여러 민족의 어머니가 되게 하리니 민족의 여러 왕이 그에게서 나리라."(창 17:16)

에필로그

하나님이 원하시는 길을 따라가는 삶이 가장 복된 삶이다. 그런데 그 길을 찾는 것, 확신 있게 그 길을 걸어가는 것이 쉽지는 않은 것 같다. 돌아보니 하나님이 원하시는 길을 찾으며, 그 길을 따라 살려고 나름 애썼던 나와 아내의 지난날의 삶 자체가 하나님의 은혜의 손길 때문에 가능했고, 무한히 행복했다. 동시에 그 삶이 다른 이들에게도 '복'이 된 것으로 인해 아버지 하나님께 무한한 감사를 드린다.

후배들이 기도 가운데 하나님이 원하시는 방향을 찾고 준비하는 것을 보면 대견하다는 생각이 든다. 어떤 분은 오지에 시니어 선교사로, 어떤 분은 아픔이 있는 사람들과 길을 찾아 방황하는 2세들을 위해 상담학 등을 공부하기도 한다. 하나님께서는 각자에게 두신 계획과 은사를 따라 인도하시고, 혹은 어떤 아픔을 겪게 된 계기로 하나님의 인도하심을 깨닫고 새로운 길을 나서기도 한다.

하나님의 길을 따라간다는 것은 하나님의 마음을 따라가는 것일 것이다. 하나님의 마음은 온 세계의 잃어버린 영혼들, 그리고 오지의 영육 간에 가난한 이들, 전쟁의 고통 가운데 있는 사람들, 고아, 과부, 장애를 가진 사람들, 그리고 요즘은 몸과 마음과 정신이 약하여 어려움을 겪고 있는 이들에게로 쏠려 있지 않을까?

캠퍼스 선교를 할지라도 이 마음을 품고 기도하며 헌신한다면 공동체에서도 이러한 연약한 이들에게 더 관심이 가게 될 것이다. 평소 삶에서 당장 감당해야 할 사역에 집중하게 되는 것은 자연스럽지만, 항상 하나님의 마음이 머무는 곳, 하나님의 마음이 가시는 곳에 초점을 맞추고 기도한다면 하나님께서 기뻐하시는 사역을 섬길 수 있을 것이다. 그리고 그 기도 가운데 성령님께서 나의 길을 한 걸음씩 인도하실 것이다.

　감사하게도 우리 부부는 우리 공동체에서 추구해온 '성서한국'과 '세계선교'라는 사역의 중심에서 오랫동안 섬기는 특권을 받았다. 한국 사역 마지막 해에는 1년 내내 선교의 미개척국 140여 나라를 놓고 기도를 했었다. 당시 우리의 간절한 기도 제목은 "공동체 창립 50주년이 된 우리에게 초창기의 개척정신을 회복시켜 주소서!" 하는 것이었다. 한국대표직을 계승하고 68세의 나이에 두 달 만에 아프리카 짐바브웨로 나아갈 수 있었던 것은 평소 쌓였던 이 기도와 하나님의 마음 때문이었다. 아무것도 결정된 것이 없었지만 하나님께서 행하실 새 일에 대한 기대와 설렘과 함께 자연스럽게 떠날 수 있었다. 그때 우리는 하나님의 마음을 조금이라도 알고 기도가 쌓이면 갑작스럽게 결정된 방향도 우리의 삶에 자연스럽게 적용됨을 체험하게 되었다. 그리고 이후에는 하나님께서 인도하시는 길이 가장 좋은 길임을 알게 되었다. 짧다면 짧은 7년의 시간이었지만 하나님께서 계획하신 너무나 많은 스토리들로 인해 꽉 찬 7년이 되었음을 느낀다. 특히 하나님과의 사랑의 스토리는 우리에게 매일 행복과 많은 감동을 주었다.

　짐바브웨 이민국이 더 이상 우리에게 장기체류 비자를 내주지 않아 우리는 몇 번 다시 시도했지만, 결국 하나님의 뜻으로 영접하고 본국으로 돌아오게 되었다. 그러나 하나님께서는 적절한 장소에 선교사들의 영육 간의 쉼과 재충전을 위한 조그마한 쉼터, '축령산 리트릿홈'을 열어 섬길 수 있는 새로운 길을 열어주셨다. 쉼터 뒤로는 축령산이 병풍처럼 둘러 있고, 앞으로는 축령산 계곡에서 내려오는 맑은 시내가 흐르는 아름다운 곳이다. 선교지에서의 7년은 선교사들의 입장에서 그들을 이해하고 존중하며 섬기는 데 좋은 경험이 되었다.

　이제 내 나이 만 80세, 아내의 나이 75세를 넘기게 되었다. 나의 목자로 나에게 처음 성경을 가르쳐주시고 예수님께로 인도해주신 머더 배리 선교사님, 신앙과 삶의 멘토로서 많은 가르침과 사랑과 삶의 모범을 보여주신 고 사무엘 리 선교사님과, 그레이스 리 선교사님께 감사를 드린다.

　50여 년 함께 캠퍼스 복음전파와 제자양성, 자비량 선교 사역에 동역해온 전요한 선교사님을 비롯한 모든 목자님들과 선교사님들께 감사를 드린다. 지난 52년 동안 같은 길을 함께 걸으며, 서로 격려하며 사랑하고 기도해주고 동역해준 우리 부부는 서로에게 감사한다. 우리의 뒤를 이어 신실하게 하나님을 사랑하며, 우리를 위해 기도해

주고 있는 두 아들 부부 이사무엘, 혜진, 이마가, 레베카, 그리고 사랑하는 다섯 손녀 손자들, 이안나, 마리, 다니엘, 요엘, 새론, 고맙고 사랑한다.

귀한 추천사를 써주신 분들과 책을 멋지게 만들어 주신 쿰란출판사의 이형규 사장님, 수고해주신 오완 부장님과 직원들에게 감사를 드린다.

이현정·김옥희의 짐바브웨 시니어 선교 이야기
길을 떠나니 길이 보였다

1판 1쇄 인쇄 _ 2025년 2월 5일
1판 1쇄 발행 _ 2025년 2월 10일

지은이 _ 이현정
펴낸이 _ 이형규
펴낸곳 _ 쿰란출판사

주소 _ 서울특별시 종로구 이화장길 6
편집부 _ 745-1007, 745-1301~2, 747-1212, 743-1300
영업부 _ 747-1004, FAX 745-8490
본사평생전화번호 _ 0502-756-1004
홈페이지 _ http://www.qumran.co.kr
E-mail _ qrbooks@daum.net / qrbooks@gmail.com
한글인터넷주소 _ 쿰란, 쿰란출판사
페이스북 _ www.facebook.com/qumranpeople
인스타그램 _ www.instagram.com/qrbooks
등록 _ 제1-670호(1988.2.27)
책임교열 _ 김영미·김준표

© 이현정 2025 ISBN 979-11-94464-21-1 03230

책값은 뒤표지에 있습니다.
이 출판물은 저작권법에 의해 보호를 받는 저작물이므로 무단 복제할 수 없습니다.
파본(破本)은 구입처에서 교환해 드립니다.